€ $\frac{49.90}{33.20}$

€ $\frac{49.90}{33.20}$

LE GLAIVE ET LA CROIX

TEMPLIERS, HOSPITALIERS, CHEVALIERS TEUTONIQUES
ET AUTRES ORDRES MILITAIRES AU MOYEN ÂGE

Le Glaive et la Croix

Templiers, Hospitaliers, chevaliers teutoniques et autres ordres militaires au Moyen Âge

Sous la direction de
Feliciano Novoa Portela
Carlos de Ayala Martínez

Anthony Luttrell

Philippe Josserand

Enrique Rodríguez-Picavea matilla

Isabel Cristina Ferreira Fernandes

Luís Felipe Oliveira

Nikolas Jaspert

Feliciano Novoa Portela

F. Javier Villaba Ruiz de Toledo

Adaptation française de
Divina Cabo,
François Mathieu et Monique Le Moing

MENGÈS

© 2005, Lunwerg Editores pour l'édition originale
© 2005, Éditions Mengès – 6, rue du Mail – 75002 Paris
pour l'édition en langue française
© pour le texte : leurs auteurs
© pour les photographies : leurs auteurs

Création, maquette et réalisation : Lunwerg Editores
Tous droits réservés
Toute reproduction partielle ou totale est interdite sans autorisation

Traduction française : Divina Cabo pour l'espagnol et l'anglais (textes de Carlos de Ayala
Martínez, Anthony Luttrell, Enrique Rodríguez-Picavea Matilla, Feliciano Novoa Portela
et F. Javier Villalba Ruiz de Toledo, présentation, légendes et encadrés), François Mathieu
pour l'allemand (texte de Nikolas Jaspert) et Monique Le Moing pour le portugais
(texte d'Isabel Cristina Ferreira Fernandes et Luís Filipe Oliveira).

Coordination éditoriale : Anne Terral
Mise en page : Xavier Féli

ISBN : 2-8562-0465-1
Dépôt légal : octobre 2005

Imprimé en Espagne

Sommaire

PRÉSENTATION

La construction de l'Europe peut être interprétée de multiples façons et analysée à partir des perspectives les plus diverses. Cerner la réalité de ses institutions historiques est l'une de ces approches, et non des moindres. Parmi les institutions qui ont forgé notre histoire, les ordres militaires constituent de fait l'expression la plus achevée de la chrétienté latine, dans laquelle l'esprit européen puise ses racines. Sous l'égide de la papauté, les milices de moines-soldats ont contribué à diffuser un modèle de société qui devait s'étendre jusqu'aux frontières de la chrétienté, en Terre sainte. Ces institutions ont participé à la construction de l'identité de l'Europe qui, ne l'oublions pas, est le fruit de cette période aussi méprisée que méconnue que l'on appelle le Moyen Âge.

Le présent ouvrage est l'occasion de rendre hommage à nos identités passées à travers les contributions d'éminents historiens qui ne se sont pas limités à évoquer une époque révolue, mais qui ont su dégager les clefs nous permettant de comprendre notre présent.

Carlos de Bourbon, infant d'Espagne
PRÉSIDENT DU CONSEIL ROYAL DES ORDRES MILITAIRES

La période historique que l'on nomme conventionnellement Moyen Âge est marquée, du côté chrétien face au monde musulman, par les croisades sept fois répétées, cristallisation de l'affrontement religieux qui caractérise cette époque.

Pèlerinage en armes, la croisade est un phénomène qui va bien au-delà du simple exercice de la guerre : c'est un profond mouvement social, toute une identité collective et mentale, qui trouve dans les armes le symbole et l'instrument de son essence et son existence.

Les ordres militaires vont permettre de structurer l'armée embryonnaire des croisés et d'en faire une organisation relativement permanente.

La naissance de ces institutions est imposée *de facto* par la nécessité d'assurer la protection de la Terre sainte récupérée par les chrétiens. Symboliquement, d'abord, avec la défense du Temple de Jérusalem ; en second lieu, l'assistance aux croisés et aux pèlerins ; et enfin la garde et le culte du tombeau du Christ. Ainsi, les trois premières organisations à voir le jour auront pour nom le Temple, l'Hôpital et le Saint-Sépulcre et seront investies des fonctions correspondantes. Bientôt d'autres ordres avec des objectifs analogues feront leur apparition en Orient, mais également à l'extrémité occidentale de la chrétienté, dans la péninsule Ibérique (Santiago, Calatrava, Alcántara), et aux confins septentrionaux de l'Empire germanique (chevaliers teutoniques).

Une étude systématique du phénomène des ordres religieux-militaires, voilà le projet qu'ont conçu et vaillamment mené à bien les docteurs Feliciano Novoa Portela et Carlos de Ayala Martínez, tous deux formés au département d'Histoire médiévale de l'Université autonome de Madrid et dont l'initiative a reçu le soutien du Musée archéologique national de Madrid.

Le présent ouvrage a le mérite d'offrir une vue synthétique des ordres militaires au Moyen Âge, à travers une analyse de la nature de ces institutions (signification et typologie) et des études consacrées aux ordres de Terre sainte, aux ordres de la péninsule Ibérique et à l'ordre teutonique. Ce panorama se conclut par une étude d'ensemble des activités d'assistance des ordres religieux-militaires.

D'autres analyses sur les évolutions économiques, politiques et sociales viendront sans doute compléter le vaste panorama de la signification historique de ces institutions, depuis la période médiévale jusqu'aux temps modernes.

Les coordinateurs de l'ouvrage, spécialistes des ordres religieux-militaires, ont une connaissance approfondie de la production historiographique sur la question, comme en témoignent les bibliographies exhaustives qu'ils ont mises à jour (cf. « Medievalismo », in *Boletín de la Sociedad Española de Estudios Medievales*, n°s 2, 3 et 12), ainsi que les travaux personnels de recherche et de synthèse publiés récemment par les deux auteurs[1].

Nous ne doutons pas du succès de ce projet, auquel ont participé d'éminents spécialistes internationaux.

Eloy Benito Ruano
SECRÉTAIRE PERPÉTUEL DE L'ACADÉMIE ROYALE D'HISTOIRE DE MADRID

---

[1] Feliciano Novoa Portela, « Los maestres de la orden de Alcántara durante los reinados de Alfonso XI y Pedro I », in *Historia. Instituciones. Documentos*, n° 29, 2002 ; Carlos de Ayala Martínez, *Las órdenes militares hispánicas en la Edad Media (siglos XII-XV)*, Madrid, 2003.

que la terre sainte z le pup
ple ypstiens y demourans
feussent secourus et gardes
contre les impetueulx assaulx
de leurs tresfaulx aduer
semens. et ouurant le tresor
de leglise se donna plain pardon
et remission de paine z de
coulpe de tous leurs a tous
et a uiug chascun de ceulx q

en faueur et pour aydier la ter
re sainte prendroient lenseigne
de la sainte Croix z yroient
en cestui uoyage. Et combien
quil yeust lors es diuerses
parties de ypstiente plusieurs
seigneurs ducteurs z prelaz
Touteffois seulust pour
cestui uoyage mettre comme
lestoere iournal au pnt du

LES ORDRES MILITAIRES
DANS L'EUROPE MÉDIÉVALE :
ORIGINE, SIGNIFICATION, TYPOLOGIE

Carlos de Ayala Martínez

Le règne d'Alphonse X de Castille (1252-1284) marqua un changement d'orientation des relations entre la couronne et les ordres militaires. La sécularisation progressive des ordres entraîna de nombreux affrontements avec la monarchie. Ci-dessus, Alphonse X le Sage. Première Chronique générale d'Espagne *(XVᵉ siècle). Madrid, Bibliothèque nationale.*

Page de gauche :
Il est impossible de comprendre le mouvement croisé et la naissance des ordres militaires sans se référer à la figure de saint Bernard (1090-1153). Son prestige intellectuel et spirituel dans l'Occident chrétien permit de légitimer la règle des Templiers. On voit ici saint Bernard qui prêche la deuxième croisade en présence du roi de France, Louis VII, en 1146. Paris, Bibliothèque nationale de France.

Les facteurs qui participent à un phénomène aussi complexe que la naissance des ordres militaires sont nombreux, mais deux éléments jouent un rôle déterminant dans l'origine de ces nouveaux ordres : l'institutionnalisation de la chevalerie et la cristallisation de l'idée de guerre sainte dans la croisade. Des auteurs classiques tel Maurice Keen, ou plus récemment Jean Flori, ont étudié attentivement les deux phénomènes et leurs conclusions ne laissent aucun doute : entre le XIᵉ et le XIIᵉ siècle, la chrétienté occidentale revêt les nouvelles armes d'une spiritualité militaire, qui christianise les images et les usages guerriers de l'ancienne chevalerie du siècle pour faire du service armé à la cause de Dieu et à la défense de l'Église un moyen légitime de sanctification.

Avec l'essor du culte des saints guerriers – comme celui de saint Georges, qui devient très populaire dans la seconde moitié du XIᵉ siècle –, la frontière s'estompe entre la mystique de la prière et la violence des armes. C'est au point de convergence de ces deux pôles qu'apparaît le premier ordre militaire, manifestation d'une Église triomphante et expansionniste, et archétype de tous les ordres religieux-militaires à venir : le Temple. En 1120, deux décennies après la conquête de Jérusalem par les croisés qui avaient répondu au dramatique appel du pape Urbain II, quelques chevaliers francs décident de suivre les préceptes d'une discipline religieuse qui finiront par former une règle. Leur mission première était de protéger les pèlerins qui se rendaient dans la Ville sainte, mais les Templiers deviendront très vite un bras armé au service permanent du roi de Jérusalem. La première milice religieuse de l'Histoire était née.

Il est difficile de déterminer la nature de la nouvelle entité, mais celle-ci doit nécessairement réunir deux éléments : une vie régulière de type monastique et l'exercice de la chevalerie élevé au rang de vertu. Le grand artisan de la nouvelle formule fut saint Bernard, qui la légitime dans son célèbre traité apologétique, le *De laude novae militiae ad milites Templi* (*Éloge de la nouvelle chevalerie*), alors que les premiers doutes assaillaient la conscience de ceux-là mêmes qui, ayant voué leur vie à Dieu, se voyaient obligés de verser le sang de leurs semblables. L'abbé de Clairvaux lui-même est embarrassé pour qualifier ces « frères », mais il les définit mieux qu'aucun texte canonique en mettant justement en lumière leur radicale nouveauté : « Il est aussi singulier qu'étonnant de voir comment ils savent se montrer, en même temps, plus doux que des agneaux et plus terribles que des lions, au point qu'on ne sait s'il faut les appeler des religieux ou des soldats, ou plutôt qu'on ne trouve pas d'autres noms qui leur conviennent mieux que ces deux-là, puisqu'ils savent allier ensemble la douceur des uns à la valeur des autres. »

Ce passage montre clairement que le Temple, modèle de tous les autres ordres militaires, marie parfaitement le monachisme et la chevalerie, deux institutions qui jusque-là s'excluaient mutuellement. C'est la nouvelle spiritualité militaire des XIᵉ-XIIᵉ siècles qui a réussi à accomplir ce rapprochement miraculeux en utilisant le « discours de la conversion », que la réforme grégorienne arborait comme étendard pour justifier la croisade. Car c'est bien de cela qu'il s'agit : convertir les anciens *milites* – des êtres méprisables qui n'hésitaient pas à s'en prendre aux églises et à la vie des pauvres pour satisfaire leur soif de vaine gloire – en fidèles combattants de Dieu. Il fallait opérer la conversion de la chevalerie séculière et mondaine, la *militia diaboli*, en chevalerie bénie par l'Église et consacrée à sa défense, la *militia Dei*. La règle primitive de l'ordre du Temple institue canoniquement la conciliation entre monachisme et chevalerie. Le prologue lance en effet un appel à tous les chevaliers qui désirent servir l'unique souverain roi et endosser perpétuellement l'armure de l'obéissance monastique, car en cette religion a fleuri et ressuscite l'ordre de la chevalerie.

Monachisme et chevalerie sont donc les deux grands éléments constitutifs des ordres militaires. Il est d'ailleurs impossible de traiter correctement le sujet si l'on perd de vue la nécessaire alliance entre la profession monastique solennelle et l'appartenance à l'ordre chevaleresque.

Du fait même de cette dualité intrinsèque, les ordres militaires sont issus de deux modèles de gestation tout à fait distincts : dans le premier cas, un groupe de chevaliers, spontané ou organisé en confrérie nobiliaire, finit par adopter la vie monastique parce que ses membres ont fait profession religieuse ; dans le second, une communauté monastique militarise sa structure conventuelle pour s'engager activement dans la défense de la foi. La constitution de l'ordre du Temple obéit au premier modèle, de même que l'ordre de Santiago, la plus importante milice ibérique, et les petites organisations baltiques des chevaliers du Christ de Livonie – plus connus sous le nom de Porte-Glaives – et de Dobrin. Au second modèle se rattachent l'ordre de l'Hôpital de Saint-Jean de Jérusalem, les Teutoniques, l'ordre de Saint-Lazare et Calatrava, le plus important des ordres ibériques d'obédience cistercienne créés au XIIᵉ siècle. En revanche, il est possible que les filiales calatravaises de San Julián del Pereiro, qui deviendra Alcántara, et d'Évora, le futur ordre d'Aviz, aient pour origine une confrérie de nobles, comme dans le premier modèle.

Mais quelle que soit l'origine des différents ordres, la composante monastique et la composante chevaleresque sont toujours présentes,

même si leur poids varie selon les cas. Ainsi, on constate une plus grande fidélité à la discipline monastique dans les ordres d'obédience cistercienne que chez les frères dont la règle est fortement influencée par la tradition augustinienne, comme l'ordre de Santiago. Il est vrai aussi qu'à mesure que l'on avance dans le bas Moyen Âge, la sécularisation inévitable qui touche toutes les milices se traduit par une perte progressive des valeurs monastiques. Tous les ordres ont néanmoins conservé officiellement leur indéniable caractère religieux-militaire au moins jusqu'en 1500.

La notion de frontière est un autre élément étroitement lié aux origines et à l'essor des ordres militaires. Les frères chevaliers firent du combat contre l'infidèle leur principal cheval de bataille. Présents aux confins de la chrétienté, ils s'érigeaient en gardiens privilégiés de ses frontières. Quant à déterminer la localisation exacte des frontières de la chrétienté, c'est une autre affaire. Au début du XIIIᵉ siècle, l'éminent évêque et historien Jacques de Vitry situait la frontière là où l'Église était combattue par ses ennemis, à savoir les infidèles musulmans en Terre sainte et en Espagne, les Slaves païens de la Prusse et la Baltique, les schismatiques grecs et les hérétiques disséminés dans toute la chrétienté.

De toute évidence, la conception de Jacques de Vitry est profondément influencée par sa vision d'ecclésiastique. Dans cette perspective, les ordres sont avant tout l'instrument de défense de l'Église. Il est indéniable que tous les ordres militaires dépendaient en dernière instance du pape et qu'ils servaient, par conséquent, les intérêts de l'Église. Il s'agissait d'institutions nées en son sein, qui étaient régulées canoniquement selon les principes de l'organisation ecclésiale. La hiérarchie interne de chaque ordre s'articulait elle-même autour de deux axes de subordination disciplinaire : une organisation purement chevaleresque de type séculier, placée sous l'autorité du maître ; et une autre strictement religieuse, dont les dignitaires ne dépendaient pas toujours directement du maître. Par exemple, dans les ordres ibériques affiliés à Cîteaux, ce n'était pas le

À la fin du XIᵉ siècle, au moment où le pape Urbain II lance l'appel à la première croisade, les armées du monde occidental s'engagent dans une transformation qui aura des conséquences importantes. Si la nouvelle aventure militaire menée sous l'égide du Saint-Siège s'inscrit encore dans la dynamique de la guerre privée féodale, elle se déroule dans un cadre lointain et face à des ennemis ayant une autre organisation militaire. Ce changement de nature va entraîner une évolution progressive de l'art de la guerre. La stratégie comme l'armement s'adaptent aux nouvelles formes de combat ; la première se fait plus dynamique et planifiée, le second plus percutant. Signalons en particulier l'apparition et le développement de l'arbalète, qui permettait de traverser plus facilement les défenses de corps qu'étaient les armures. Cependant, l'évolution la plus importante est sans doute le progrès de la chevalerie, qui annonce une profonde transformation de la conception, la perception et la mentalité de la noblesse, sous-jacente dans l'essence même des ordres militaires.

« Les défenseurs constituent un des trois états voulus par Dieu pour que le monde se maintienne. Car de même que ceux qui prient pour le peuple sont appelés orants, et ceux qui labourent la terre et travaillent aux choses qui permettent aux hommes de vivre et de se sustenter sont appelés laboureurs, ceux qui doivent tous les défendre sont appelés défenseurs. Aussi les Anciens jugèrent-ils bon que les hommes qui doivent se consacrer à cet ouvrage fussent bien élus. Car trois choses sont nécessaires pour défendre : force, honneur et puissance [...]. »
LAS SIETE PARTIDAS, LIVRE II, TITRE XXII. CODE DE LOIS DU ROI DE CASTILLE ALPHONSE X LE SAGE, XIIIᵉ SIÈCLE.

DOMAINE TERRITORIAL DE L'ORDRE TEUTONIQUE VERS 1410

1. Sicile	6. Bolzano	12. Thuringe
2. Pouille	7. Autriche	13. Saxe
3. Romanie	8. Alsace-Bourgogne	14. Altenbiesen
4. Domaine du procureur	9. Lorraine	15. Westphalie
général de l'ordre	10. Franconie	
5. Lombardie	11. Boheme	

maître qui nommait le prieur et ses chapelains, mais le chapitre général cistercien, par l'intermédiaire de l'abbaye mère correspondante.

Malgré leur soumission à l'Église, tous les ordres militaires furent dès le début instrumentalisés par le pouvoir séculier des royautés. Il ne faut pas oublier qu'ils constituaient des troupes permanentes avant l'apparition des armées professionnalisées à la fin du Moyen Âge. Leur engagement perpétuel dans la croisade permettait également aux souverains, qui utilisèrent la croisade pour renforcer leur pouvoir, d'en faire une arme de légitimation.

Les ordres militaires se trouvent donc dans une position intermédiaire, et inconfortable, entre l'autorité séculière qu'ils servaient et l'autorité ecclésiastique sur laquelle se fondaient leur discipline et leur raison d'être. Une telle situation n'a pas été sans provoquer certains problèmes et malentendus, mais c'est cette réalité qui nous permet d'établir une véritable typologie fonctionnelle de l'ensemble des ordres et de suivre l'évolution de leur nature tout au long de leur histoire.

En effet, le degré plus ou moins grand d'instrumentalisation des ordres militaires par la hiérarchie ecclésiastique ou le pouvoir civil nous aide à déterminer leur position dans le réseau

défensif de la chrétienté. Il peut par ailleurs fournir des indications sur la portée du contrôle interne que les autorités de chaque milice réussirent à exercer sur leurs propres structures.

Dans le cas des ordres du Temple et de Saint-Jean de Jérusalem, tous deux nés en Terre sainte sous les auspices de la notion pontificale de croisade encore très vivace dans la première moitié du XIIe siècle, on constate qu'ils font preuve d'une plus grande dépendance à l'égard de la papauté. Considérés comme des institutions de l'ensemble de l'Église, ils furent amenés à intervenir sur tous les fronts de la chrétienté qui était, à l'époque, identifiée avec le siège apostolique de Rome. Leur présence sur toutes les frontières en fait des « ordres universels », qui peuvent donc se soustraire avec une relative facilité à l'emprise politique des différents royaumes ou, ce qui revient au même, préserver un certain degré d'autonomie de leur propre administration.

La situation change lorsque l'universalisme pontifical, sans céder d'un pouce quant à ses prétentions théocratiques, est obligé de reconnaître l'émergence de pouvoirs séculiers de plus en plus puissants au sein de la chrétienté. Les monarchies féodales de la seconde moitié du XIIe siècle envisagent le domaine universel de l'Église comme une somme de territorialités de mieux en mieux définies et contrôlées par les processus d'institutionnalisation qu'elles mettent en œuvre : la chrétienté se fractionne en royaumes, entraînant du même coup la territorialisation de la frontière avec l'infidèle. Templiers et Hospitaliers sont de plus en plus contrôlés par les pouvoirs séculiers de chaque royaume, qui participent de cette manière, quoique sans enthousiasme, à leur croissance régionale. Les autres ordres implantés originairement en Terre sainte, en particulier les Teutoniques et l'ordre de Saint-Thomas, resserrent leurs liens avec les « nations » d'Occident qui les avaient créés. Mais le fait marquant de cette évolution est la création de nouveaux ordres moins dépendants du pape, et par conséquent plus subordonnés aux souverains et impliqués dans leurs projets territoriaux, qui vont s'implanter dans les zones de frontière où leur présence est toujours nécessaire et efficace, là où les infidèles et les païens menacent

Johanniterinnen.

Johanniter.

L'ordre du Temple, à l'origine de tous les autres ordres militaires, alliait à la perfection deux états qui jusque-là s'excluaient mutuellement : le monachisme et la chevalerie ; les anciens chevaliers du siècle rejoignaient la militia Dei. *Cette illustration montre les tenues de différents membres de l'ordre aux XIIe et XIIIe siècles. Madrid, collection particulière.*

la nouvelle conception territoriale de la chrétienté : la péninsule Ibérique et la région des Balkans.

Les nouveaux « ordres territoriaux » font leur apparition entre 1160 et 1180. Ces dates marquent un tournant décisif dans l'histoire de nos institutions : le triomphe de la territorialité face à l'universalisme primitif ou, si l'on préfère, le succès de l'intervention royale face à la tutelle de la papauté. Cette mutation est à l'origine d'un certain nombre de phénomènes inéluctables, tels que l'importance relative

qu'acquièrent dans certaines parties de la péninsule Ibérique – en particulier dans les royaumes de León et de Castille – les ordres militaires fondés en Terre sainte ou l'implantation rapide en terres germaniques des Teutoniques, le seul parmi ces ordres promis à un bel avenir. Les nouveaux ordres seront indéniablement de meilleurs instruments des royaumes séculiers que de l'Église universelle, et ils vont jouer ce rôle au moment où ces royaumes adoptent la notion, en partie sécularisée, de croisade.

« À la demande du roi Jacques d'Aragon le deuxième, le pape Jean vingt-deux, alors à Avignon, donna tous les biens des Templiers qui étaient séquestrés dans le Royaume de Valence pour une nouvelle religion militaire pour la défense dudit Royaume, laquelle s'appelle la Chevalerie de Calatrava et de Notre-Dame de Montesa et de l'Ordre de Cîteaux. Et il donna également tous les biens que possédaient ceux de l'Ordre de Saint-Jean dans ledit Royaume [...]. »

FRÈRE JOAN BORJA, *BREVE RESOLUCIÓN DE TODAS LAS COSAS GENERALES Y PARTICULARES DE LA ORDEN Y CABALLERÍA DE MONTESA, 1624.*

La sphère géographique qui a donné naissance au plus grand nombre d'ordres militaires à caractère territorial est sans nul doute la péninsule Ibérique. D'un point de vue strictement chronologique, le premier fut l'ordre de Calatrava (1158), avec pour berceau la frontière tolédane avec l'Islam. Les deux autres grandes institutions primitives, l'ordre de Santiago et l'ordre de San Julián del Pereiro (qui prendra très vite le nom d'Alcántara), sont apparues dans les années 1170 dans la sphère du royaume de León, sous le règne de Ferdinand II. Alors que Santiago ne tardera pas à déplacer son centre de gravité dans le royaume voisin de Castille, l'implantation castillane de San Julián-Alcántara, par l'intermédiaire de l'éphémère ordre de Trujillo (1188-1196), restera sans lendemain. C'est également aux années 1170 que remonte la fondation de l'ordre d'Évora, rebaptisé ordre d'Aviz lorsqu'il s'installe dans cette ville en 1211. Certains auteurs contestent l'origine indépendante d'Évora-Aviz, considérant l'ordre comme un simple détachement calatravais au Portugal. Pourtant, il semble raisonnable d'admettre une fondation autonome, mais qui ne le restera pas longtemps puisque son affiliation à Calatrava est antérieure à 1187.

Toujours dans les années 1170, on assiste à la création pratiquement simultanée de deux autres ordres militaires. Le premier, l'ordre de Montjoie, apparaît dès 1188 divisé en deux branches : la branche aragonaise, fusionnée avec un hôpital de Teruel sous le nom d'ordre du Saint-Rédempteur d'Alfambra et intégrée au Temple en 1196, et la branche castillane, rebaptisée ordre de Monfragüe et unie à Calatrava en 1221. L'historique de la seconde fondation, l'ordre d'Alcalá de la Selva, est moins compliqué. Il s'agit d'un exemple de militarisation, à l'image de la plupart des ordres de Terre sainte, d'une communauté qui n'avait pas au départ cette vocation. Les *Selvenses* étaient rattachés à la fondation bénédictine de la Sauve-Majeure, près de Bordeaux, qui avait rayonné outre-Pyrénées dans la région de Huesca et de Saragosse dès la fin du XIe siècle. Les frères se militarisent lorsque le roi d'Aragon Alphonse II leur donne, en 1174, la forteresse d'Alcalá, dans la province de Teruel. L'ordre d'Alcalá de la Selva disparaîtra dans la seconde moitié du XIVe siècle.

Malgré les exemples que nous venons de citer, la sphère politique de la couronne d'Aragon sera le berceau d'une seule fondation à caractère territorial, relativement tardive au demeurant. Il s'agit de l'ordre de Saint-Georges d'Alfama, créé en 1201 par Pierre II dans le but de protéger les côtes catalanes de Tortosa contre les pirates musulmans.

À l'autre bout de la chrétienté, la Baltique fut le berceau, dans les premières décennies du XIIIe siècle, de deux ordres militaires de courte existence : la milice du Christ de Livonie ou confrérie de l'Épée, qui s'installe dans l'actuelle ville lettone de Riga en 1202, et l'ordre de Dobrin, fondé en 1228 ou un peu avant dans la forteresse polonaise de Dobrzyn, sur la Vistule. Les deux ordres présentent de nombreux traits communs. Leur création est liée à l'activité missionnaire dans la région et tous deux seront absorbés par l'ordre teutonique en peu de temps, entre 1235 et 1237.

Après les « ordres universels » et les « ordres territoriaux », l'Occident européen donnera encore naissance à un autre modèle d'ordre militaire. Entre la fin du XIIIe siècle et le début du XIVe, on assiste dans l'ensemble du monde occidental à un phénomène qui aura d'importantes conséquences politiques : la naissance, quoique timide et sous une forme très élémentaire, du concept de souveraineté. De Philippe le Bel en France à Alphonse le Sage en Castille, les monarques commencent à affirmer leur prétention politique suprême : être empereurs dans leurs royaumes respectifs, c'est-à-dire ne partager en rien leur souveraineté. Les processus de territorialisation que l'on observait déjà dans les différents royaumes aboutissent à la fixation objective de frontières précises, avec une juridiction exclusive.

L'effet de ce nouveau contexte sur les ordres militaires a certainement été retentissant. Les ordres, qui n'échappent pas aux efforts « nationalisateurs » auxquels les rois soumettent l'ensemble des institutions de leurs royaumes, se détachent de manière croissante de leur ancienne tutelle pontificale, et les règles et la discipline commencent à donner des signes de sécularisation. C'est ainsi qu'apparaît le troisième groupe d'ordres militaires médiévaux : le modèle des « ordres nationaux ».

Si l'on fait abstraction du cas singulier de l'ordre teutonique, qui devient une principauté souveraine en terres prussiennes et livoniennes avec pour capitale Marienburg à partir de 1309, on ne trouve d'exemples vraiment clairs du nouveau modèle d'« ordre national » que dans la péninsule Ibérique, où la présence islamique permettait d'entretenir la tradition croisée. L'ordre de Santa María de España, appelé aussi ordre de l'Étoile ou de Carthagène, qui fut fondé en 1272 par le roi de Castille Alphonse X le Sage, est un représentant précoce de ce modèle. Cette expérience originale d'un ordre spécialisé dans le combat naval est probablement l'institution qui incarne le mieux le désir de créer un ordre militaire à l'image et à la ressemblance de la royauté, comme en témoigne sa courte existence (l'ordre durera à peine dix ans).

Mais cet exemple n'est pas unique. La dissolution de l'ordre du Temple, décrétée officiellement en 1312, aboutit à la création de deux institutions très semblables, l'une d'origine catalano-aragonaise et l'autre portugaise. Le premier de ces deux ordres est Sainte-Marie de Montesa (1317), fondé dans le royaume de Valence. Le nouvel ordre récupère les maisons valenciennes des Templiers, auxquelles on ajoute les biens que l'ordre de l'Hôpital possédait dans le royaume de Valence. Près d'un siècle plus tard, en 1400, Montesa recevra les biens de Saint-Georges d'Alfama.

La fondation de l'ordre du Christ (1319) suit le même schéma que Montesa. Après la dissolution officielle du Temple par le pape, le nouvel ordre est créé sous le contrôle de la couronne portugaise.

Le Portugal est certainement le royaume de la péninsule qui réussit le mieux dans la « nationalisation » des ordres militaires. Dès 1300, l'intervention des souverains portugais favorise la scission de la branche portugaise de l'ordre de Santiago. Dans la pratique, le nouvel ordre au service du roi était indépendant du couvent chef d'ordre castillan, mais il ne sera pleinement reconnu par le pape qu'au milieu du XVe siècle.

Les ordres militaires avaient pratiquement tous le même schéma d'organisation. Au niveau supérieur, on trouve les frères chevaliers et les frères clercs. Les premiers forment le noyau dur de l'ordre, sa raison d'être, et c'est parmi eux que l'on choisit la plus haute dignité, le maître. C'est également aux frères chevaliers que l'on confie l'administration d'une grande partie des biens de l'institution, organisée en circonscriptions nommées baillies ou commanderies dont les revenus assurent l'entretien des baillis ou commandeurs qui les administrent. Les frères chevaliers, qui ont une mission essentiellement militaire, ne peuvent en aucun cas être d'origine servile. D'un point de vue social, la naissance noble s'impose progressivement, devenant une condition nécessaire dès les dernières décennies du XIIIe siècle. En Espagne, on est également très sourcilleux sur l'origine religieuse et des preuves de la pureté de sang (*limpieza de sangre*) sont exigées.

Les frères clercs, qui ont un statut légèrement inférieur à celui des frères chevaliers, sont beaucoup moins nombreux que ces derniers et constituent un secteur bien distinct, une hiérarchie à part de nature strictement religieuse au sommet de laquelle se trouve le prieur de l'ordre. Ils ont à peu près les mêmes origines sociales que les chevaliers, mais pour les clercs on insiste tout spécialement sur la condition parfaitement libre de l'aspirant qui, en plus de prononcer des vœux monastiques, recevait l'ordination sacerdotale. Ce n'est que dans des cas exceptionnels qu'ils sont chargés de l'administration de baillies ou de commanderies. En général, ils jouissent de bénéfices plus spécifiquement ecclésiastiques, par exemple de prieurés locaux ou de chapellenies.

Au-dessous de ces couches supérieures du point de vue sociologique et institutionnel, on trouve des frères de condition sociale inférieure, plus ou moins nombreux selon les cas, qui exercent des fonctions complémentaires de la haute mission militaire et religieuse des chevaliers et des clercs. Dans ce monde complexe de frères non profès, il convient de distinguer au moins trois groupes relativement bien définis. Tout d'abord, les frères sergents qui, chez les Templiers, les Hospitaliers, les Teutoniques et les Santiaguistes, formaient un important corps de cavalerie que

Placés sous la tutelle de la papauté, les ordres militaires du Temple et de Saint-Jean de Jérusalem furent amenés à intervenir sur tous les fronts de la chrétienté. Leur principal champ d'action fut la Terre sainte, en particulier la ville de Jérusalem.

Page de droite :
Plan de Jérusalem dans un manuscrit du XIIIe siècle. Londres, British Library.

Double page suivante :
La conquête de la ville par les croisés sur une prédelle du XVe siècle. Belgique, musée des Beaux-Arts ; Paris, bibliothèque de l'Arsenal.

l'on ne peut absolument pas qualifier de légère, même s'ils disposaient d'un équipement militaire moins complet et sophistiqué que celui des frères chevaliers. Le deuxième groupe est celui des frères d'office ou de métier, bien documentés chez les Templiers mais qui existe aussi dans les autres ordres. Enfin, les frères convers sont une spécificité des ordres ibériques affiliés à Cîteaux. Comme les convers des abbayes et granges cisterciennes, ces frères s'occupaient des travaux agricoles, souvent assistés par des *mercenarii*, c'est-à-dire des salariés qui ne participaient pas à la vie conventuelle.

Mentionnons, pour finir, la place subsidiaire et assez marginale qu'occupent les sœurs dans les ordres qui admettent des membres féminins, principalement l'Hôpital, Calatrava et Santiago (on ne trouve ailleurs que des mentions sporadiques). Les rares communautés de femmes ont un rôle purement contemplatif, sauf chez les Santiaguistes. Dès sa création, l'ordre de Santiago a la particularité d'autoriser le mariage des frères. Il fallait par conséquent prévoir des espaces dûment organisés pour accueillir les épouses, qui n'étaient pas forcément des religieuses, pendant les périodes où la vie conjugale n'était pas autorisée. Des lieux adaptés pour l'éducation des enfants étaient également nécessaires.

En marge de l'organisation conventuelle et de la hiérarchie régulière, on trouve un groupe de personnes associées aux membres de l'ordre en qualité de familiers ou confrères. Il s'agit d'une figure commune à tous les établissements monastiques médiévaux. La personne « se rend donnée », c'est-à-dire qu'elle se donne, elle et tout ou partie de ses biens, et devient un membre de la « famille » de la communauté. En échange, le « donné », ou confrère, bénéficie des avantages spirituels offerts par la communauté, entre autres le repos éternel dans son cimetière. Dans le cas particulier de nos ordres, cette relation périphérique avec l'institution choisie pouvait se traduire par un service temporaire de type militaire. On en trouve des exemples chez les Templiers, avec les *milites ad terminum*, des chevaliers qui servaient à terme pour une durée d'un an, ou encore dans les ordres ibériques qui admettaient dans leurs rangs des « croisés occasionnels ».

Dès le début, les ordres militaires acquièrent, par des voies diverses, un patrimoine considérable qu'il était impossible d'administrer depuis le siège central. Les domaines furent donc fragmentés et la gestion de chaque circonscription confiée à un frère chevalier. Ces baillies ou commanderies, que nous avons déjà évoquées, remplissent trois fonctions importantes dans chaque ordre. Tout d'abord, il s'agit d'une reproduction à échelle réduite de la structure conventuelle centrale, qui permettait à l'ordre d'intégrer des personnes et des biens disséminés géographiquement ; le frère commandeur représentait l'autorité disciplinaire du maître auprès de sa petite communauté. En deuxième lieu, les commanderies fournissaient les revenus pour l'entretien des chevaliers, et le cas échéant des sergents, dont le siège central ne pouvait pas assumer la charge. Enfin, elles étaient une source de financement de la structure centrale de l'ordre, qui recevait une partie des revenus dégagés. L'exemple le plus connu est le système des *responsiones*, que les baillies occidentales du Temple et de l'Hôpital envoyaient régulièrement au siège de Terre sainte.

Les importantes structures économiques des ordres militaires offraient à leurs membres les ressources nécessaires pour remplir leur fonction, essentiellement guerrière, même si l'action charitable n'était pas négligeable du fait de leur caractère religieux. L'étude de la capacité de mobilisation des milices pose cependant des problèmes insurmontables en raison de la rareté des données numériques. Et celles dont on dispose sont approximatives et partielles. La plupart des chiffres ne recensent que les combattants internes, c'est-à-dire les frères chevaliers et parfois les sergents, alors que l'on sait qu'ils étaient assistés d'autres contingents, comme les chevaliers associés du type *milites ad terminum*, les écuyers et les piétons qui faisaient partie des armées de campagne des frères chevaliers, en plus des troupes mercenaires auxiliaires composées de cavaliers autochtones – les turcopoles en Terre sainte et, dans une certaine mesure, les détachements de musulmans utilisés par certaines milices ibériques – et de tous

La péninsule Ibérique est le territoire qui a donné naissance au plus grand nombre d'ordres militaires, la plupart de filiation cistercienne. Après la fondation de Calatrava, en 1158, les ordres d'Alcántara, d'Aviz, de Montjoie, de Santa María de España, de Montesa et du Christ qui se constituent entre les XIIᵉ et XIVᵉ siècles adoptent également une règle inspirée de la tradition bénédictine et d'obédience cistercienne. Les trois premières clefs portent l'insigne des ordres de Calatrava, d'Alcántara et de Montesa (XVIIᵉ siècle). Madrid, Musée archéologique national.

La règle de l'ordre de Santiago s'inspire du mouvement canonial de tradition augustinienne. À droite, clef avec l'insigne de l'ordre de Santiago (XVIIᵉ siècle). Madrid, Musée archéologique national.

les vassaux des juridictions correspondantes que l'on pouvait mobiliser grâce au système féodal de l'ost.

Pour ce qui est du front syrien, nous disposons de quelques données numériques relatives aux deux faits d'armes les plus marquants – les défaites chrétiennes de Hattin en 1187 et de La Forbie en 1244 –, pour lesquels nous savons que les croisés mobilisèrent pratiquement tous leurs effectifs. À Hattin, par exemple, ils s'élevaient à 1 200 chevaliers, environ 4 000 turcopoles et probablement plus de 20 000 piétons. Les sources nous permettent de penser que la moitié du corps de cavalerie était composée de frères templiers et hospitaliers qui, à l'instar des autres croisés, ont dû mobiliser un pourcentage extrêmement élevé de combattants, soit presque la totalité des contingents du couvent central de chaque ordre. Les chiffres pour La Forbie sont tout aussi éloquents. D'après le témoignage digne de foi du patriarche de Jérusalem, l'armée chrétienne comptait 312 chevaliers et 432 turcopoles du Temple, 328 chevaliers et

200 turcopoles de l'Hôpital, plus 400 chevaliers de l'ordre teutonique. La comparaison de ces données avec d'autres sources complémentaires permet d'affirmer que ce contingent de frères représentait soixante pour cent de l'ensemble des troupes chrétiennes. Sur la base de toutes ces informations, nous pouvons conclure avec Alain Demurger qu'en termes quantitatifs, les ordres militaires constituaient l'apport essentiel du système offensif et défensif des États latins.

On ne peut pas en dire autant dans la péninsule Ibérique. Le recrutement des membres des ordres dans les armées royales de la Reconquête s'est presque toujours traduit par des chiffres plutôt modestes. Et non sans peine dans certains cas, en particulier dans la couronne d'Aragon, dont les rois ne réussirent jamais à exercer sur les milices une autorité comparable à celle des souverains castillans et portugais. En 1303, par exemple, Jacques II demanda la collaboration de 100 chevaliers templiers, 60 hospitaliers, 30 calatravais et 20 santiaguistes pour mener une redoutable attaque sur Grenade. Après des

Prieure des religieuses de l'ordre de St Jean de Jerusalem,
à Toulouse, en habit de cérémonies.

Religieuse de l'ordre de St Jean de Jérusalem,
du monastère de Toulouse en habit de chœur.

*Les ordres militaires étaient
des institutions essentiellement
masculines ; certains
admettaient des membres
féminins, en particulier l'ordre
de l'Hôpital, mais aussi
les ordres ibériques
de Calatrava et de Santiago.
Ici, deux sœurs hospitalières.
France, Archives Charmet.*

appels répétés et infructueux – menaces y compris –, le roi d'Aragon n'obtint la présence que de 20 ou 30 frères templiers.

En Castille, les ordres militaires étaient beaucoup plus liés à la royauté, ce qui ne signifie pas pour autant que les contingents réunis par les rois étaient extrêmement élevés. Les effectifs globaux étaient eux-mêmes peu nombreux : en 1280, lors de la désastreuse expédition de Moclín, l'ordre de Santiago perdit 55 frères ; si l'on en croit la *Chronique d'Alphonse X le Sage*, l'ordre en sortit pratiquement démembré. Au XIIIe siècle, c'est probablement Ferdinand III et ses expéditions croisées sur Séville (1248) qui parvinrent à rassembler le plus gros effectif dans une même action militaire, effectif qui ne devait pas s'élever à plus de 200 frères, tous ordres confondus.

Il est par ailleurs difficile d'établir des pourcentages par rapport à l'ensemble des troupes mobilisées par les rois. Nous savons qu'au Portugal, au début du XVe siècle, les chevaliers des ordres militaires dépassaient à peine dix pour cent de l'effectif total. Au plus fort de la croisade grenadine, les Rois Catholiques disposaient d'un contingent des ordres militaires

qui ne représentait pas plus de vingt-cinq pour cent du total des forces réunies, et encore de manière exceptionnelle. Dans l'ensemble, on ne peut pas dire que les ordres militaires ont constitué un contingent numériquement décisif dans la Reconquête espagnole.

Au-delà de l'aspect quantitatif, quelles étaient les qualités de ces troupes spéciales ? Quel que fût le nombre de frères participant aux campagnes militaires, leur présence était réclamée avec insistance par les rois chrétiens et inspirait une crainte manifeste chez leurs adversaires, comme en témoignent des sources musulmanes orientales et occidentales des XIIIe-XIVe siècles. L'effet produit par les combattants des ordres religieux-militaires peut s'expliquer par trois facteurs qui confèrent aux frères une très grande spécificité par rapport aux autres contingents. Leur structure hiérarchisée d'abord, fondée sur le vœu d'obéissance, se traduisait au combat par un niveau de discipline extrêmement élevé. Ensuite, ils étaient spécialisés dans certains types d'actions périlleuses, certainement grâce à un entraînement permanent, même si nous ne disposons pas de preuves évidentes sur ce dernier point. Enfin, ils projetaient une image qui incarnait

La plupart des ordres militaires partageaient le même type d'organisation : ils avaient une structure très hiérarchisée au sommet de laquelle se trouvait le maître. Reconstitution de la figure de Jacques de Molay, dernier maître de l'ordre du Temple, mort en 1314. Gravure de Ghevauchet (XIXᵉ siècle). France, collection particulière.

l'idéal de croisade le plus agressif, ce qui était très efficace pour galvaniser les chrétiens et démoraliser les troupes ennemies.

C'est justement sur le problème de l'image que nous voudrions conclure cette brève présentation des ordres militaires. Certains auteurs, telle Helen Nicholson, ont consacré des études monographiques à cette question et aux multiples facettes sous lesquelles elle se présente. Quelle était l'image publique des frères et comment était-elle perçue socialement ? S'il est indéniable que la société qui a vu la naissance et l'essor des ordres militaires fournit un cadre explicatif, il

ne faut pas oublier que l'apparition de cette nouvelle institution se produit dans un contexte de profondes mutations. C'est pourquoi certains éléments consubstantiels aux frères n'ont pas été bien reçus, au départ, par un secteur de l'« opinion publique » de l'époque. Il est certain que l'image d'un religieux en armes faisant couler le sang, même s'il s'agissait de sang ennemi et infidèle, ne constituait pas une lettre d'introduction acceptée par tous. Nous avons vu que les Templiers ont eux-mêmes douté dans un premier temps de leur vocation, doutes qui ont conduit saint Bernard à légitimer la nouvelle chevalerie dans son *De laude novae militiae*. Ce sont probablement aussi des réticences initiales qui ont contribué à retarder la militarisation des Hospitaliers, ou encore qui ont freiné le processus d'institutionnalisation de l'ordre de Calatrava, créé en 1158 mais officiellement affilié à Cîteaux près de trente ans plus tard. On pourrait même se demander si la fondation, en 1170, de l'ordre de Santiago, beaucoup plus séculier dans sa démarche et plus enclin à séparer les domaines militaire et religieux, n'est pas une « solution de compromis » adoptée juste avant que l'image du moine-soldat ne soit largement acceptée. Toujours est-il qu'au milieu du XIIᵉ siècle un curieux personnage, Isaac de l'Étoile, abbé du monastère cistercien éponyme près de Poitiers, ironisait encore sur le « cinquième évangile » qui autorisait une « certaine nouvelle chevalerie » à employer la force pour répandre le message pacifique de la foi.

Dans le dernier tiers du XIIᵉ siècle et les premières décennies du XIIIᵉ, on assiste à un changement dans la perception des ordres militaires. Leur action se justifie de plus en plus, ce qui conduit à un consensus général, du moins en ce qui concerne la légitimité de leur mission. Ils sont considérés comme indispensables par les autorités latines d'Orient. L'efficacité de leurs interventions militaires leur confère une auréole de valeureux combattants, que même les chroniqueurs musulmans reconnaissent. Dans la région baltico-prussienne, ils joueront un rôle incontestable, à l'initiative même des autorités locales. Dans la péninsule Ibérique, les rois leur confient la défense et le contrôle

وبجل القص والجبالة والقبر والبالة انها ضعت على بالة فنضت بقص من جهتها

نشد من جهتها فلما قرنت ذاتي بالرقعة درهما وقطعة وقلت لها ان رغبت في المشوف المعلم

واسرن الى الدرهم فوبي بالسر المهم وان ابن ان نرجى خذي القطعة واسبرجي

كان الى استخلاص البدر البنم والابلح الهم وقلت دع جدالك بيلغ عاما عبد الك فاسقط

طلع الشيخ وبلده والشغر وابيج بردته فقالت ان الشيخ من اهل شروخ وهو الذي ونى

Page de gauche :
*Les ordres militaires ont fait
du combat contre l'« infidèle »
la principale justification
de leur action. On voit ici
des guerriers musulmans
qui partent à la conquête
de l'Espagne (XIIIe siècle).
Paris, Bibliothèque
nationale de France.*

*Les frères chevaliers, surtout
à partir des dernières décennies
du XIIIe siècle, étaient issus des
hautes classes de la société.
Ci-dessus, le roi David en tenue
de chevalier sur un chapiteau
provenant du monastère Santa
María de Aguilar de Campoo
(XIIIe siècle). Madrid, Musée
archéologique national.*

1

2

3

4

politique de zones d'importance croissante. Parallèlement, les ordres reçoivent des donations qui leur permettent d'accroître leur patrimoine dans l'ensemble de l'Occident.

Cette popularité est inversement proportionnelle à l'hostilité que vouent les évêques aux ordres militaires. Une hostilité motivée par des raisons économiques et pastorales, même si d'autres critiques servaient parfois de prétexte pour justifier les attaques. Il suffit de penser à cet ennemi acharné des ordres militaires que fut Guillaume de Tyr. L'évêque-historien nous a laissé un récit peu convaincant de la crise qui éclata en 1173 entre le roi de Jérusalem Amaury Ier et le maître du Temple Eudes de Saint-Amand, à la suite du meurtre par des frères templiers d'un envoyé de la secte ismaélienne des Assassins, venu négocier la paix avec le souverain. D'après la version de Guillaume de Tyr, cette manœuvre avait pour but de faire avorter un accord qui aurait mis fin au tribut que les Assassins devaient verser aux Templiers à Tripoli : les frères faisaient passer leurs intérêts économiques avant le bien du royaume et la paix dans la région. L'avarice sera en effet un reproche pratiquement constant à l'encontre des ordres militaires en général et du Temple en particulier. Quoi qu'il en soit, il s'agit d'un argument intéressé qui ne se généralisera que plus tard.

Ce sont les dernières décennies du XIIIe siècle qui constitueront le terrain propice aux critiques. Il s'agit d'une période difficile, sans doute le moment le plus délicat pour l'image des ordres militaires. La chute d'Acre, en 1291, avait privé Templiers et Hospitaliers de leur raison d'être. En Baltique, le paganisme avait été vaincu en Prusse et même s'il persistait dans la région de Lituanie, contre laquelle une longue croisade fut entreprise à partir de 1283, les chevaliers teutoniques paraissaient plus préoccupés de défendre leur pouvoir politique face aux princes chrétiens. Dans la péninsule Ibérique, il restait encore un réduit musulman, mais l'occupation de Séville et le rattachement de la région de Cadix au royaume de Castille avaient marqué la fin de la grande reconquête. Quel rôle la société occidentale réservait-elle désormais aux ordres militaires ?

La question fut évoquée au concile de Lyon de 1274. Il est vrai que déjà à cette époque les critiques contre les ordres militaires s'amplifiaient. Dans les années 1260, le franciscain anglais Roger Bacon les accusait d'un zèle brutal et dévastateur qui faisait obstacle à la conversion des infidèles et des païens. Par ailleurs, un roi « croisé » tel Jacques Ier d'Aragon se permettait, en pleine session conciliaire à Lyon, de mettre en doute la capacité de réponse des ordres pour un projet de libération de la Terre sainte. Ces inter-

prétations diverses et contradictoires avaient néanmoins pour dénominateur commun la réticence ou la méfiance à l'égard des ordres militaires.

C'est dans ce contexte que commence à se profiler une idée aussi radicale qu'utopique : la fusion de tous les ordres militaires en une institution unique et dûment réformée. Les rois de la péninsule Ibérique ne veulent même pas en entendre parler, et progressivement le projet se limite aux deux grands ordres « internationaux » du Temple et de l'Hôpital. En 1291, le pape Nicolas IV ordonne à tous les archevêques de la chrétienté de réunir des synodes provinciaux pour discuter de la viabilité du projet. Au bout d'un an, la majorité se prononce pour l'union. Certains théoriciens adoptent même des positions proches du mysticisme pour illustrer la question : le franciscain majorquin Raymond Lulle propose de placer le nouvel ordre unifié sous l'invocation du Saint-Esprit et de mettre à sa tête un *rex bellator* non marié, qui serait chargé de la récupération définitive du royaume de Jérusalem.

Le procès du Temple et sa dissolution, consommée en 1312, qui auraient dû théoriquement porter un coup fatal à l'image déjà bien ternie des ordres, n'ont pas produit les effets escomptés. L'ordre de l'Hôpital en sortit même renforcé, puisqu'il récupéra une grande partie des biens des Templiers, sauf dans la péninsule Ibérique. Son habile neutralité pendant le procès, sa reconversion à marche forcée en un ordre naval qui se révéla efficace dans la défense de la Méditerranée orientale depuis ses bases de Rhodes, et la politique intelligente de réforme institutionnelle menée par ses maîtres sauvèrent l'ordre du désastre. De son côté, l'ordre teutonique était un pouvoir souverain et ses membres n'hésitèrent pas à proclamer leur fonction indispensable en tant qu'avant-garde croisée dans l'interminable guerre contre les Lituaniens, qui avait commencé, fort opportunément, à la fin du XIIIᵉ siècle. Les ordres ibériques bénéficiaient pour leur part de la protection efficace des souverains péninsulaires qui voulaient toujours en faire des instruments de consolidation politique : il valait mieux « nationaliser » les ordres que les supprimer. S'il est vrai que les frères chevaliers se désintéressaient de la guerre contre les musulmans – en 1320, le pape devra leur rappeler de consacrer leurs revenus à la garnison de la frontière plutôt qu'à d'autres dépenses –, les rois avaient eux aussi d'autres priorités.

Des chevaliers croisés soutiennent un siège dans une forteresse. Cantigas de Santa María *d'Alphonse X le Sage (XIIIe siècle). Madrid, bibliothèque du monastère Saint-Laurent de l'Escurial.*

Le contrôle effectif de la maîtrise des ordres par divers moyens – y compris l'élection directe du maître – offrit aux monarchies une source inépuisable de rentabilité politique tout au long des XIVe et XVe siècles. De plus, tous les ordres ibériques, même ceux bâtis sur les cendres du Temple, se sont progressivement transformés en un moyen de récompense très intéressant : les dignités et les charges assuraient à la noblesse des revenus qui ne ponctionnaient pas les finances royales, toujours en mauvaise posture. Les ordres commençaient à remplir une fonction sociale indispensable que personne n'avait intérêt à voir disparaître.

Page de droite :
Portrait du frère hospitalier Nicolas Arringhieri avec, en arrière-plan, la ville de Rhodes pendant le siège de 1480. Œuvre de Pinturicchio (1504). Sienne, Duomo.

RHODI

Jooo ui le ciel ouert ⁊ estes vous un cheoual blanuch · ⁊al ge siet sur ao auoun
seaux ⁊ uerteis ⁊ il iuge en dreiture ⁊ se combat · ces oils euit austcome

Jésus à la tête d'une troupe de chevaliers
croisés (« l'armée du Christ ») dans
une allégorie de l'Église militante.
L'image de Dieu le Père
(en haut, à gauche) et les petits nuages
qui encadrent l'image indiquent
le caractère céleste de la scène :
« Allez avec résolution au combat,
car la victoire est glorieuse et la mort
une récompense » (saint Bernard).
Londres, British Library, XIIIe siècle.

Page de droite :
Le maître de l'ordre
de l'Hôpital (au centre)
et d'autres chevaliers
hospitaliers, tous vêtus de
l'habit de l'ordre, s'apprêtent
à défendre la cité de Rhodes
de l'attaque turque, en 1480.
Enluminure de la fin du XVe siècle.
Paris, Bibliothèque
nationale de France.

Double page précédente :
*Conquête chrétienne
de la ville de Jérusalem.
Paris, bibliothèque de l'Arsenal.*

*Datées vers 1200,
les peintures murales
de l'ancienne chapelle
des Templiers de Cressac
(Charente) présentent un intérêt
artistique et documentaire,
car elles font partie des rares
œuvres conservées où l'on peut
voir une iconographie profane.*

tie lu sime que enflez
du sire z de conuoitise.

Il uuenent li fill
isrl' deuant moy
sei z sia portent .ij.
moinsneaux. z il
prennent l'un des
moineauls si les a
cressent en un
uaissel de or uuecue
z pristrent l'autre
moisnel z l'en laisse
rent uoler.

Et qe li moisneax
fu sacrefiez de lor
uueue se neseoge ie su

*Les ordres militaires ont toujours
maintenu leur vocation charitable
et hospitalière, indissociable
de leur nature monastique.
Ci-dessus, des lépreux
sur une enluminure du* Codex
Vindobonensis *(XIIIe siècle).
Paris, Bibliothèque
nationale de France.*

L'apôtre saint Jacques arborant la croix
de l'ordre de Santiago (XVᵉ siècle).
Madrid, Musée archéologique national.

Page de droite :
À leur retour de Terre sainte,
les chevaliers des ordres
rapportaient des « souvenirs »
qui sont venus enrichir
les trésors des monastères
et autres établissements
religieux. C'est peut-être
l'origine de ces pièces
d'un jeu d'échecs provenant
de la collégiale Sant Pere d'Ager
(Catalogne).

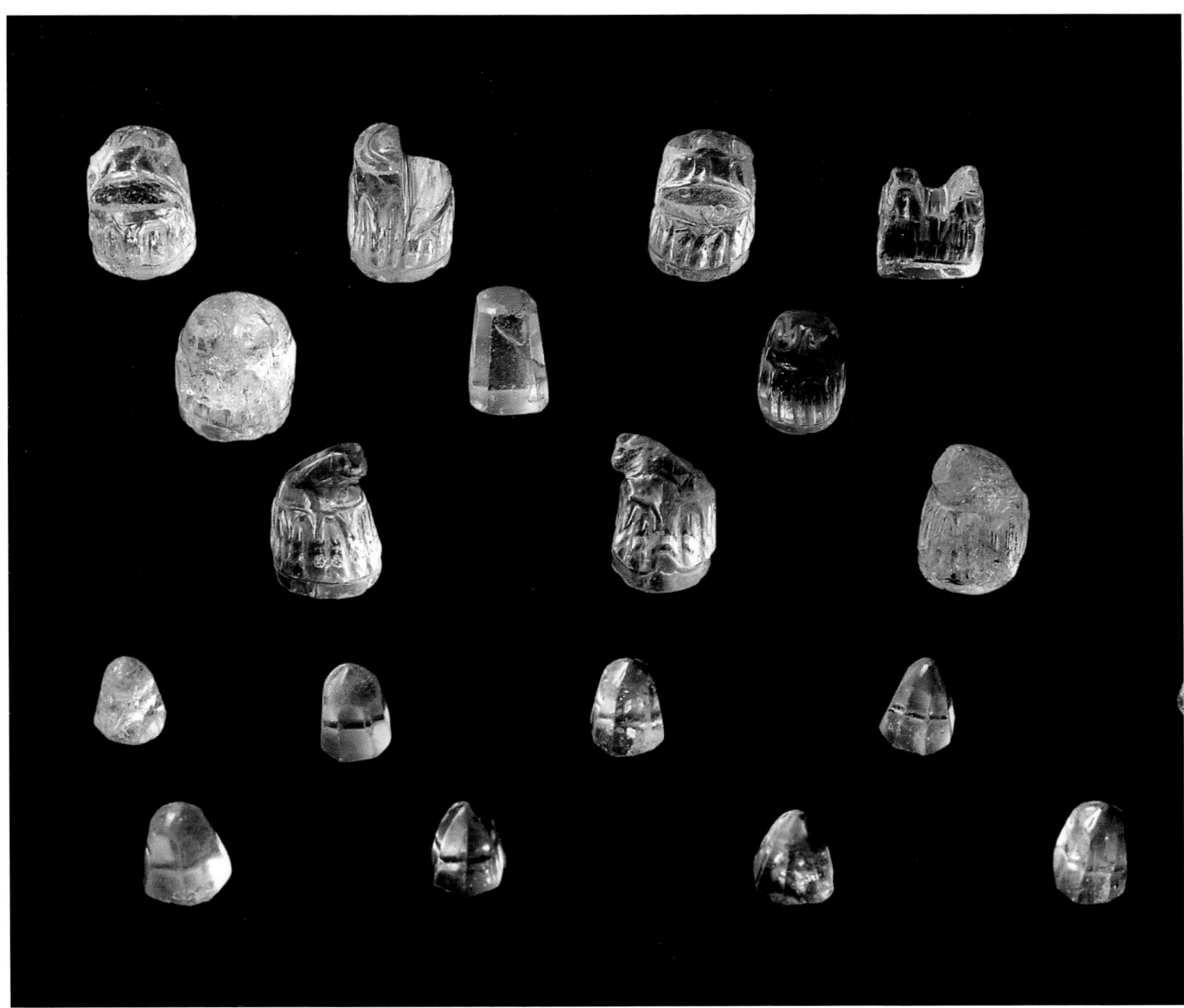

Double page suivante :
Les ordres militaires ont eu trois grands
terrains d'action : la Terre sainte, d'abord,
où ils consolident leur présence dans
le royaume de Jérusalem et les autres
États croisés ; ensuite, la péninsule Ibérique
avec la Reconquête, et, enfin, la Baltique.
Sur les illustrations, frères hospitaliers
et santiaguistes dans le Livre des jeux
du roi Alphonse X de Castille (XIIIᵉ siècle).
Madrid, bibliothèque du monastère
Saint-Laurent de l'Escurial.

Pages 42-43 :
Copie de l'acte fondateur
de l'ordre de Santiago dans un manuscrit
de Lope de Baeza (XIVᵉ siècle).
Madrid, Archivo Histórico Nacional.

L'ordre de Calatrava fut fondé en 1158
par Raymond, abbé du
monastère cistercien de Fitero.
Vues du chevet (en haut)
et du cloître (en bas) de l'abbaye
Santa María la Real de Fitero (Navarre).

Esta es otro iuego departido en q̃a .xix. trebeios q̃ an a seer entablados assi como esta en la figura del entabla miento z an se de iogar desta gsa

Los prietos iuegan primero z dan mate al rey blanco en onze uez es delos sus iuegos mismos o en menos. si los blancos no lo sopieren alongar

El primero iuego darla xaque con el roque prieto en la casa del rey blan co. z tomar lo a el rey blanco por fuer ça. El segundo iuego dar la xaque con el cauallo prieto en la tcera casa z del alfil blanco. z si el rey blanco entre en la casa de so alfil. es mate al p̃mo iuego dandol xaque con ell otro cauallo prieto poniendol en la tcera casa del rey blanco. Pues lo meior es que iue ge el rey blanco en casa de so alfferza: El tcero iuego dar la xaque con ell otro cauallo prieto en la tcera casa del rey blanco. z entrara el rey blanco en la

casa de so alfil. El quarto es iuego es dar la xaque con el peon prieto. en la se gunda casa del cauallo blanco. z entrara el rey blanco en la casa de so cauallo.

El quinto iuego dar la xaque con el cauallo prieto en la segunda casa del al fferza blanca. z entrara el rey blanco. en la segunda casa de so roque. El serto iuego alfferzar el peon prieto en casa del cauallo blanco z dar xaque al rey blanco. z si el rey blanco tomare el alfferza prieto que esta en la casa de so roque es mate al primero iuego dan dol xaque con el cauallo prieto ponie dol en la segunda casa del alfil blanco

Et tomare el peon prieto que es a alfferzado con el alfil blanco sera el se teno iuego xaque del roque prieto e la segunda casa del cauallo blanco. z si el rey blanco tomare el alfferza prieto es mate con el cauallo prieto ponien dol en la segunda casa del alfil blanco. z si tomare el peon prieto que esta en la tercera casa del roque blanco sera e

Este es otro iuego departido en q͂ a. uiii. trebeios q͂ an a seer entablados assi como esta en la figura del entablamiento z an͂a iogar desta guisa

Los puetos iuegan p͂mo z dan mate al Rey blaco en .viii. uezes delas so iuegos mismos si los blacos nolo sopieren a longar.

El p͂mo iuego Rauque con el cauallo p͂eto q͂ esta en la casa del alfil blaco poniendol en la tercia casa dl alferza blā ca. z si el Rey blaco entre en casa de su alferza es mate al p͂mo iuego cō el roque p͂eto poniendol en la casa dl alfil blanco. z por ende es lo meior q͂ tome el Rey blaco el cauallo p͂eto cō su alfil blanco o cō su peon blaco. El .ij. iuego Rauq cō el peō p͂eto en la segu͂ da casa del Rey blaco z si el Rey blaco nolo quisiere tomar cō su alferza blā ca. aura a entrar en la casa de su alferza blaca z sera el tercio iuego Rauq del peon p͂eto en la segunda casa del alfil blaco

z entra el Rey blaco en la casa de so alfil. El .iiij. iuego Rauq z mate cō el Rey puesto en la casa del Rey blanco. z desta guisa sera mate el Rey blanco en q͂tro uezes. z por ende es lo meior por alon͂gar el mate q͂toda Rauq el roque p͂eto al Rey blanco en la su segunda casa q͂ lo tome cō su alferza blaca. z sem el tercio iuego Rauq dl cauallo p͂eto en la segu͂da casa del cauallo blaco z iogara el Rey blaco en casa de su alferza. El q͂rto iuego Rauq con el peō puesto en la segu͂da casa del alfil blaco. z entra el Rey blaco en casa de su alfil. El v. iuego Rauq con el otro peō p͂eto en la segu͂da casa del cauallo blaco z el Rey blan co aura a tomar por fuerça el peō p͂eto q͂ esta en la segunda casa de so alfil. El se xto iuego Rauq con el roque p͂eto en la tercia casa del alfil p͂eto z si entra el Rey blan co en casa de su alferza blaca es mate al p͂mo iuego cō el roque puesto poniendol en la casa del alfil blaco z por ende es lo m͂ meior q͂ entre en la casa de su cauallo b blanco. El seteno iuego Rauq del roq

Estos treinta z tres capitulos q̃ aqui son
estriptos fueron escogidos z sacados
de algunos libros de dichos de apos
toles z de confesores z de santos padres z de
philosophos z de otros sabios z puestos or
denada mente enesta escriptura · porque la no
ble z honrrada caualleria de la orden de santi
ago que con tinua mente ha de fazer en fecho
de armas al seruiço de dios z del apostol santi
ago z del Rey z en saluamiento de la fe catho
lica z non pueden estudiar en libros · breueme͂
te puedan leer esta peqũa escriptura porq̃ pue
dan seruir a dios z su orden bie͂ z honrradame͂
te z saluar sus tienpos · pero q̃ esta obra es
a las peqũa es muy prouechosa a todos los
maestres z freyres q̃ la q̃ tan or z della q̃ tã
obran · ca por ella podran honrrar sus cuerpos
z saluar las animas z como q̃ er q̃ pero lopes
de baeça comendador de mo͂ffrando z deuena
z procurador general por el maestre z por la di
cha orden en la corte de Roma ¶ non fue digno

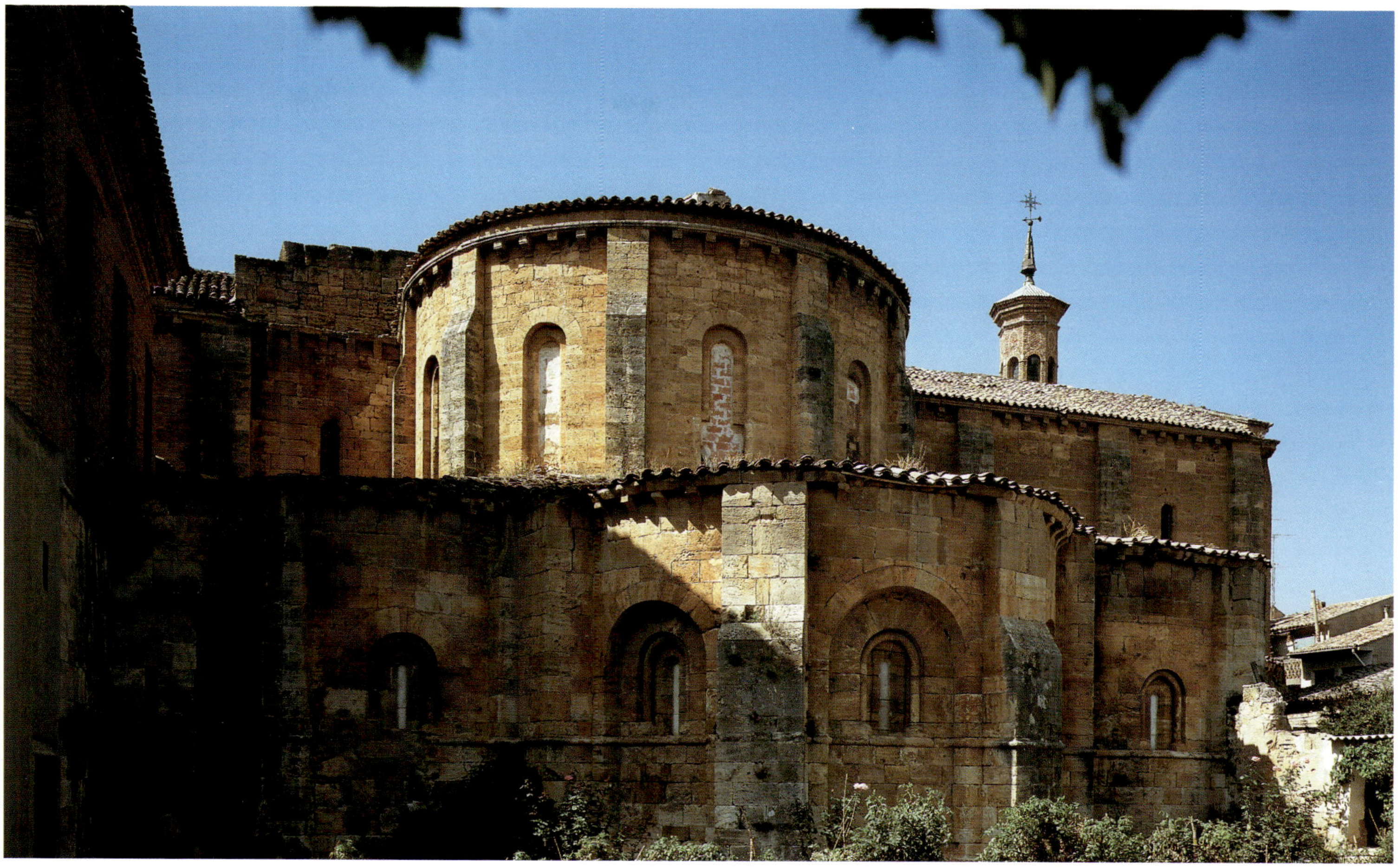

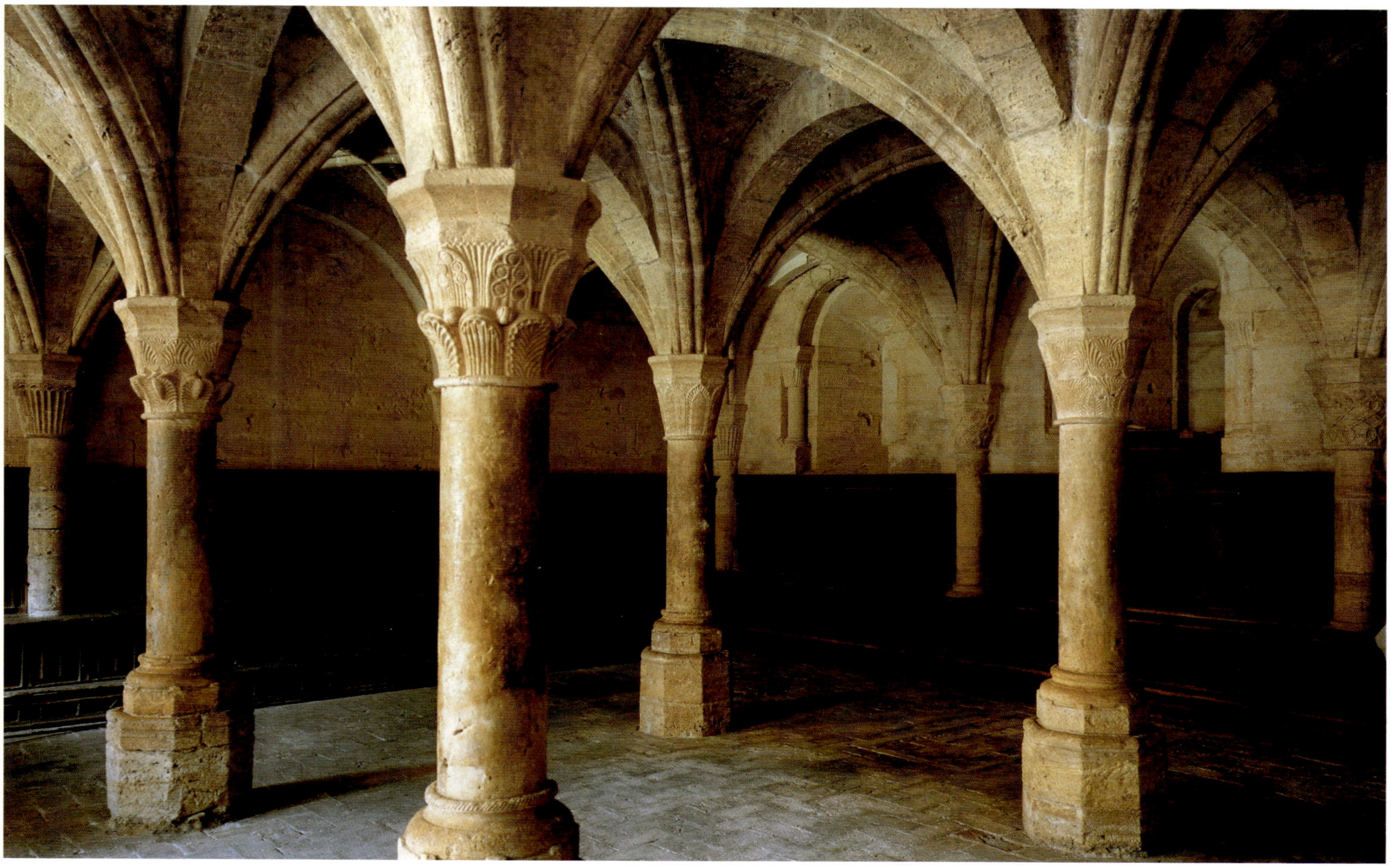

SULTANAT
DE
RÛM

A R M É N I E

Chilvan Kale
avant 1140 ?

Roche-Guillaume
avant 1140 ?

Trapesac
avant 1140 ?

Alexandrette

Portes syriennes

Gaston (Baghras)
avant 1140 ?

Arsuz
avant 1140 ?

Antioche

Alep

Euphrate

Cavea 1168

Shughr-Baqas 1168

PRINCIPAUTÉ

Chastel-Rouge (Rugia)
1168

Arzghan 1168

Basarfout 1168

D'ANTIOCHE

(?) Rochefort 1168

Apamée 1168

Abou Qubais
1168

Margat
1168

SECTE DES
ASSASSINS

Chastel-Blanc
1152

Eixserc 1163

Ces châteaux
sont attribués
aux Hospitaliers,
mais ils étaient
en réalité
sous domination
musulmane

Montferrand 1144

Tortose 1152

Raphanée 1144

Chastel-Rouge (Yahmour) 1177

Tuban 1180

Arima
avant 1152

COMTÉ

Homs 1184

Crac des Chevaliers
1144

Château de La Boquée 1144

Tripoli

DE

Lacum 1144

Felicium
1144

TRIPOLI

ROYAUME

DE

CHYPRE

Famagouste

ÉMIRAT

M
E
R

M
É
D
I
T
E
R
R
A
N
É
E

Damas

DE

Litani

Tyr

ROYAUME

DAMAS

Safed (Safad) v. 1163

Chastellet 1187

Acre

Saffran
v. 1170

Lac
de Tibériade

La Fève (al-Fulah)
v. 1170

Forbelet avant 1182

Belvoir 1168

Merle
avant 1187

Le Petit Gérin
avant 1184

Caco (Qaqun)
avant 1187

DE

Casal des Plains
avant 1187

? Belfort 1153

Amman 1166

Chastel-Arnoul 1160

Naplouse

Toron des Chevaliers v. 1170

Quarantaine v. 1170

Blanchegarde 1168

Maldoin v. 1170

Ascalon

Jérusalem

Bethgibelin
1136

1168

Gaza v. 1150

Belmont
avant 1170

Aqua Bella
1168

JÉRUSALEM

Mer Morte

Jourdain

**LIEUX FORTIFIÉS DES TEMPLIERS
ET DES HOSPITALIERS
DANS L'ORIENT LATIN (1099-1187)**

Territoire des Hospitaliers

Quartier général

Château ou ville fortifiée

Fort

Hôpitaux

Territoire des Templiers

Quartier général

Château ou ville fortifiée

Fort

Territoire musulman

0 10 20 30 40 50 km

L'ordre de l'Hôpital de Saint-Jean de Jérusalem et les chevaliers du Temple

Anthony Luttrell

En 1191, les Templiers firent l'acquisition de l'île de Chypre, où ils vont construire plusieurs châteaux, comme celui de Kolossi, près de la ville de Limassol, qui reviendra aux Hospitaliers après la dissolution du Temple.

À l'instar d'autres sociétés, l'Occident chrétien a donné naissance à une institution qui permettait à des hommes de se consacrer à la vie religieuse tout en combattant par les armes les ennemis de la foi. L'essor des ordres religieux-militaires s'inscrit dans un mouvement de réforme qui se produit à l'intérieur de l'Église romaine pour revivifier la pratique monastique, réformer la papauté, limiter les violences guerrières en imposant la paix de Dieu, donner aux laïcs un rôle religieux, assister les pauvres et les malades, protéger les pèlerins et reprendre les lieux saints de Jérusalem aux mains des infidèles. C'est la première croisade qui est à l'origine des deux principaux ordres militaires internationaux, le Temple et l'Hôpital, bien que leur création obéisse à des schémas différents. Fondé en 1120, le Temple est le tout premier ordre militaire ; l'Hôpital était une institution plus ancienne, mais qui ne se militarisera que plusieurs décennies après la fondation des Templiers. S'ils se sont toujours distingués sur des questions importantes, les deux ordres deviendront de plus en plus proches, d'où le projet de fusion qui sera prôné par certains. Dans les faits, l'unification en un seul ordre se produira lorsque le Temple sera supprimé, en 1312, et la plupart de ses biens attribués à l'Hôpital, qui a survécu jusqu'à notre époque.

Vers 1070, de riches marchands d'Amalfi, en Italie du Sud, fondent à Jérusalem un hospice pour les pèlerins attaché au monastère bénédictin Sainte-Marie-Latine ; on construira par la suite des établissements séparés pour les hommes et pour les femmes. L'hospice était probablement tenu par des Latins qui avaient simplement fait vœu d'obéissance aux moines bénédictins, en prenant peut-être le statut de convers. Ces laïcs ne possédaient pas de biens, ils étaient financés par les moines et les Amalfitains. Lorsque les croisés prennent Jérusalem, en 1099, l'hôpital des hommes est administré par un certain Gérard, d'origine inconnue. À son initiative, l'établissement s'affranchit de la tutelle de Sainte-Marie et s'associe avec les chanoines augustins qui viennent de s'installer au Saint-Sépulcre. Après la fondation du royaume latin de Jérusalem, l'hôpital acquiert évidemment un rôle plus important et reçoit très vite des donations du roi et d'autres bienfaiteurs. En 1113, il obtient un privilège pontifical qui reconnaît son indépendance par rapport au Saint-Sépulcre, lui octroie le pouvoir d'élire son propre chef et confirme ses possessions, en Syrie et en Occident. Le privilège fait mention de sept *xenodochia* (hospices), un dans le midi de la France, cinq en Italie et un en Sicile, mais la plupart de ces établissements n'existaient pas ou n'appartenaient pas à cette époque aux Hospitaliers.

L'hôpital, dédié à saint Jean-Baptiste, est jusqu'en 1113 étroitement lié au nouvel établissement ecclésiastique fondé à Jérusalem autour du Saint-Sépulcre, placé sous l'autorité du patriarche latin, et de ses chanoines qui adoptent une vie régulière en 1114. En Occident, les donateurs ne font pas vraiment la distinction entre toutes ces organisations lorsqu'ils adressent leurs dons à Dieu, au Saint-Sépulcre, à Saint-Jean, aux pauvres et aux malades de Jérusalem, ou à une combinaison de plusieurs de ces destinataires. Tandis que des représentants de l'Hôpital et du Saint-Sépulcre collectent ensemble des aumônes en Europe, les premiers ont pu parfois s'octroyer des églises ou des dotations destinées initialement aux seconds. Le Saint-Sépulcre et l'Hôpital étaient d'une certaine façon la branche liturgique et la branche charitable d'un complexe ecclésiastique qui possédait aussi une branche militaire. Il semble en effet que le Saint-Sépulcre avait à son service un petit groupe d'hommes d'armes, d'origine française pour la plupart, qui devaient obéissance au prieur des chanoines réguliers ; ils étaient peut-être des *milites ad terminum*, c'est-à-dire des chevaliers qui servaient pendant une période limitée. Apparemment, ils logeaient à proximité, dans les bâtiments de l'Hôpital. Ces soldats, au nombre de neuf d'après la tradition mais probablement plus nombreux, finissent par se lasser de leur inaction et, en 1120, demandent congé au prieur du Saint-Sépulcre pour s'installer au Temple. Le roi Baudouin II leur avait en effet donné les écuries de son palais, installé dans la mosquée al-Aqsâ construite sur le site de l'ancien Temple de Salomon, afin qu'ils constituent un groupe de chevaliers voués à la protection des pèlerins occidentaux se rendant à Jérusalem et à la défense du nouvel État latin en Syrie.

Parmi les premiers hospitaliers, beaucoup venaient du sud de la France et du nord-est de l'Espagne, mais on ignore le plus souvent leurs origines exactes. On sait, en revanche, que le fondateur du Temple, Hugues de Payns, et certains de ses compagnons appartenaient à la noblesse de Champagne, de Bourgogne et d'autres régions, et que pendant les premières années ils reçurent le soutien des comtes d'Anjou et de Champagne. La fondation des Templiers intervient juste après la défaite que subissent les Latins à l'Ager Sanguinis, en 1119. Le caractère militaire de l'ordre, qui permet à des chevaliers de suivre une vie religieuse sans abandonner le combat, répond au besoin désespéré du royaume de disposer d'une force armée. Les Templiers sont cependant peu nombreux et connaissent des débuts difficiles. La légitimité de la violence religieuse était controversée : les frères étaient des *religiosi laici*, des laïcs ayant prononcé des vœux religieux, dont la guerre sainte devait être légitimée par des motivations spirituelles. Ils trouveront un ardent défenseur en la personne de l'austère cistercien Bernard de Clairvaux, qui, dans son *De laude novae militiae* (*Éloge de la nouvelle chevalerie*),

exalte les Templiers qui allient les qualités du moine et du chevalier. Vers 1127, Hugues de Payns entreprend avec quelques compagnons un voyage en Occident pour obtenir des aumônes et des appuis. En 1129, le concile de Troyes, auquel assiste saint Bernard, reconnaît officiellement le Temple et la règle primitive de l'ordre est établie ; les frères sont autorisés à porter un habit blanc, auquel sera ajoutée par la suite une croix rouge. À compter de ce moment, le recrutement s'intensifie, les donations affluent et l'ordre obtient des privilèges de la part du pape et d'autres autorités.

Le succès des Templiers a probablement entraîné une diminution des dons faits aux Hospitaliers, mais ces derniers continuent de prospérer, surtout grâce à l'hôpital de Jérusalem, qui fait leur prestige et attire les donations. L'établissement jouait un rôle majeur dans l'assistance des pauvres et malades de toutes nationalités et confessions : il comptait des centaines de lits, des salles pour les femmes en couches et recueillait aussi les enfants abandonnés ; la nourriture était abondante et les malades avaient à leur service des médecins et des infirmiers. L'hôpital accueillait également les blessés de guerre. Une attention spéciale était accordée aux obligations liturgiques et au soin des âmes. En 1143, le pape place l'hôpital de Sainte-Marie des Allemands, qui se trouvait également à Jérusalem mais à quelque distance du Saint-Sépulcre, sous le contrôle des Hospitaliers. Ces derniers doivent recruter des germanophones pour s'occuper du nouvel établissement. La règle des Hospitaliers, que l'on peut dater entre 1130 et 1153, consacre de nombreux articles aux soins à apporter aux pauvres et aux malades. On retrouve cette préoccupation essentielle dans les règlements élaborés à partir de 1182 pour compléter la règle primitive. L'importance accordée au service des autres, plutôt qu'au salut de l'âme des membres de l'ordre, constitue une grande nouveauté.

Curieusement, l'Hôpital commence à acquérir une fonction militaire. Cette évolution presque imperceptible s'explique peut-être par une volonté de rivaliser avec le Temple, ou du moins de l'imiter. Le fait que l'ordre avait en 1126 un connétable (*constabularius*), ou que le roi de Jérusalem lui confie en 1136 la défense du château stratégique de Bethgibelin, ne signifie pas pour autant que

« On entend dire qu'une armée d'un nouveau genre s'est levée sur la terre, et dans cette région même que visita un jour en personne celui qui se lève d'en haut ! Dans ce même lieu d'où il chassa jadis les princes des ténèbres par la puissance de sa propre main, il extermine aujourd'hui leurs complices, la race sans foi, par la troupe de ses vaillants. Aujourd'hui il renouvelle le rachat de son peuple, aujourd'hui il lève à nouveau " le drapeau sauveur, dans la maison de David son serviteur " (Lc 1, 69). Armée d'un nouveau genre, dis-je, et que les âges précédents n'ont pas connue : infatigablement elle lance une double attaque, à la fois contre la chair et le sang, et contre les esprits mauvais. »

BERNARD DE CLAIRVAUX, *DE LAUDE NOVAE MILITIAE*, XIIᵉ SIÈCLE (TRAD. É. DE SOLMS, NAMUR, ÉD. DU SOLEIL LEVANT, 1958).

En 1120, vingt ans après le succès de la première croisade, a lieu la fondation de l'ordre du Temple à Jérusalem, à l'initiative d'un groupe de chevaliers menés par le Champenois Hugues de Payns. Vue de la Ville sainte avec l'esplanade du Temple de Salomon.

les Hospitaliers comptaient déjà dans leurs rangs des frères combattants à l'image des Templiers, lesquels ne se consacraient pas vraiment aux activités médicales ou charitables. L'Hôpital pouvait très bien faire appel à des mercenaires ou des vassaux pour remplir ses obligations militaires. On ne trouve aucune mention d'activités guerrières dans la règle de l'ordre, et les catégories distinctes de frères chevaliers et de sergents ne sont attestées qu'à la fin du XIIe siècle. Quoi qu'il en soit, il ne fait aucun doute que vers 1160 l'Hôpital disposait d'une force armée constituée de membres de l'ordre qui combattaient aux côtés des Templiers.

La popularité de l'action des deux ordres leur attire des recrues, des terres, des revenus, des églises, des privilèges et des exemptions de toutes sortes. Les donateurs sont les rois, des évêques,

des nobles, mais aussi de simples fidèles. Les donations peuvent aller de tout un royaume, comme dans le cas du roi d'Aragon Alphonse Ier le Batailleur qui lègue, en 1131, toutes ses terres au Saint-Sépulcre, à l'Hôpital et au Temple, au don d'un cheval et d'une armure ou d'une petite somme d'argent. La protection du pape et les privilèges pontificaux ont eu une importance capitale. En 1139, la bulle *Omne datum optimum* assure aux Templiers une très grande indépendance par rapport aux autorités épiscopales et leur accorde le droit d'avoir des prêtres et des chapelles ; la bulle *Militia Templi* de 1143 octroie à tout membre de l'ordre la remise d'un septième de sa pénitence. En 1154, la bulle *Christianae fidei religio* concède des privilèges analogues aux Hospitaliers. Il va sans dire que ces exemptions

L'ORDRE DU TEMPLE EN FRANCE VERS 1307

Légende

Domaine royal français ou territoires réunis au royaume

Autres territoires français

Possessions des Templiers par provinces

- Provence
- Aquitaine
- France
- Auvergne

ROYAUME D'ANGLETERRE

Londres

Manche

COMTÉ DE FLANDRE

Gombermond

Douai
Arras

Abbeville
COMTÉ DE PONTHIEU
Oisemont

Montecourt
Bertaignemont
Sommereux
Ste-Vaubourg
Compiègne
Laon
Mont-de-Soissons
Beauvais
Senlis
Reims
Pierrevillers
Metz

Cap de la Hague

Valcanville

Baugy
NORMANDIE
Corval
Renneville
Bretteville
Ivry-le-Temple
Prunay
Paris
CHAMPAGNE

SAINT EMPIRE ROMAIN GERMANIQUE

Golfe de St-Malo

Lagny-sur-Marne

Seine

Étampes
FRANCE
Provins
Payns
Troyes
Thors
Coulours
Bar-sur-Aube

Pointe de St-Mathieu
DUCHÉ DE BRETAGNE
La Nouée

Le Guéliant
Orléans
Épailly
Les Sâles
Besançon

Pointe de Penmarch
La Guerche

Le Saulce-sur-Yonne
Villemoison
Bure-les-Templiers
Dijon

Ancenis
Angers
L'Île-Bouchard
L'Ormeteau
Beaune
Chalon-sur-Saône
COMTÉ DE BOURGOGNE

Les Biais
Nantes
Clisson
Mauléon
Lespinaz
Sevrey

OCÉAN
Landeblanche
AQUITAINE
St-Maixent
Belleville
Laumusse
Ecorcheloup

La Rochelle
Civray
La Marche
Lyon 1305, couronnement de Clément V
ATLANTIQUE
Le Dognon
Gentioux
Montferrand
Vaulx
Vienne

Les Epaux
Vouthon
Limoges
AUVERGNE
Angoulême
Puybonnieux
Magnac

Marcenais
Andrivaux
Brive
Celles
Paulhac
MASSIF
Le Puy
Valence

Bordeaux
Carlat
CENTRAL
Richerenches
Roaix

Garonne
Cahors
Espalion
PROVENCE
COMTÉ DE PROVENCE

DUCHÉ DE GASCOGNE
Agen
La Selve
Alès
Orange
Nice

Argenteins
Ste-Eulalie-de-Cernon
Beaucaire
Tarascon
Aix-en-Provence

Ayguetinte
Toulouse
St-Gilles
Arles

Pézenas
Montpellier
Marseille

Carcassonne
Narbonne
Golfe du Lion
Hyères

Montsaunès
Douzens
Mer Méditerranée

ROYAUME DE CASTILLE
Pampelune
Perpignan
Mas Deu
COMTÉ DU ROUSSILLON

NAVARRE

Rhône

ALPES

PYRÉNÉES

ROYAUME D'ARAGON
COMTÉ DE BARCELONE

Mer Méditerranée

0 20 40 60 80 100 km

LE PRIEURÉ D'ANGLETERRE DE
L'ORDRE DE L'HÔPITAL AU XIIIe SIÈCLE

Quartier général du prieuré

Maison de frères hospitaliers

Maison de sœurs
hospitalières

0 20 40 60 80 100 km

Îles
Orcades

O C É A N   A T L A N T I Q U E

M E R   D U   N O R D

Hébrides extérieures

Hébrides intérieures

Hautes Terres du Nord

Monts Grampians

É C O S S E

Basses Terres méridionales

Chaîne Pennine

Torphichen

Canal du Nord

Île
de Man

Mer
d'Irlande

I R L A N D E

Mont-St-Jean

Beverley

Newland

A N G L E T E R R E

Maltby

Ossington

Skirbeck

Carbrooke

Ysbyty-Ifan

Yeaveley

Dalby

Halston

Dingley

Chippenham

PAYS
DE
GALLES

Monts Cambriens

Canal Saint-George

Cap St-David

Dinmore

Melchbourne

Grafton

Battisford

Shingay

Maplestead

Hogshaw

Standon

Quemington

Clanfield

Tamise

Clerkenwell

Sutton at Hone

Brimpton

Swingfield

Godsfield

Poling

Pas de Calais

Buckland

Ansty

Bodmiscombe

Friar Mayne

Île
de Wight

Trebeigh

Land's End

M a n c h e

F R A N C E

suscitèrent chez les évêques et le clergé séculier un très vif ressentiment à l'égard des ordres.

Le droit canon fut long à définir la complexe mécanique des ordres et des croisades. Les deux ordres étaient des institutions religieuses exemptes de la hiérarchie séculière des cardinaux, évêques, prêtres et fidèles, et dépendaient donc directement du pape. À l'exception des frères chapelains qui étaient des clercs, les membres des deux sexes étaient des *religiosi laici*, c'est-à-dire des laïcs qui avaient prononcé les vœux monastiques de pauvreté, chasteté et obéissance, et menaient une vie communautaire en accord avec la règle de l'ordre. Templiers et Hospitaliers ont en grande partie adopté les usages liturgiques du Saint-Sépulcre ; ils suivaient les sept heures canoniales et non les neuf prières des heures monastiques. Ce n'étaient pas des moines cloîtrés, exclusivement consacrés à la prière et à l'*opus Dei*. Beaucoup, tels les prêtres, les sergents et, dans le cas de l'Hôpital, les sœurs, n'étaient pas chevaliers ; et il était explicitement interdit aux membres des deux ordres de prendre la croix pour devenir croisés. La croisade était un événement occasionnel et temporaire proclamé par le pape ; elle pouvait être lancée contre un ennemi de la foi, qu'il soit infidèle ou chrétien, schismatique ou hérétique, ou simplement contre un ennemi politique de l'Église. Au contraire, la guerre sainte des Templiers et des Hospitaliers était un combat perpétuel, qui ne dépendait pas d'une décision pontificale, et qui ne pouvait être dirigé que contre les infidèles. Ce qui n'a pas empêché les frères de combattre dans les croisades, ni de bénéficier d'indulgences analogues à celles accordées aux croisés.

Les deux ordres avaient une règle écrite. Celle du Temple, dont la version primitive date des années 1130 mais qui fut progressivement complétée par de nombreux *retrais*, contient bien entendu les préceptes religieux que doivent observer les frères. Elle accorde cependant une grande place aux questions militaires : l'équipement, les tactiques pour le campement, la marche et le combat. Sur le champ de bataille, la discipline était capitale et le règlement strict ; par exemple, aucun frère ne pouvait charger sans permission. La règle des Templiers traite également de l'admission et de la réception des frères, ainsi

que de nombreuses questions disciplinaires et pratiques. La règle de l'Hôpital, que l'on peut dater d'avant 1153, est beaucoup plus courte ; elle ne comporte que dix-neuf articles, dont trois ont été ajoutés au texte primitif. Essentiellement axée sur le service aux pauvres et aux malades, elle ne contient aucune référence au *Tuitio fidei* (défense de la foi), ni à une quelconque mission militaire, pas plus qu'elle n'exige des candidats une naissance noble ou l'appartenance à la classe des chevaliers. Les articles s'inspirent à la fois de la tradition bénédictine et de la tradition augustinienne. Les manuscrits postérieurs de la règle de l'Hôpital comportaient de nombreux ajouts, sous la forme de statuts adoptés lors des chapitres généraux de l'ordre, ainsi que des recueils de coutumes et d'*esgarts* (jugements formant un corpus juridique). Dans les deux ordres, les règles et leurs annexes réglementaient l'élection du maître, nommé à vie, et des autres dignitaires, les

L'ordre de l'Hôpital était fortement implanté dans la péninsule Ibérique. En Galice, sa possession la plus importante et la plus ancienne était l'église-forteresse de Portomarín (Pontem Minei), sur le chemin de Saint-Jacques.

Le phénomène croisé est peut-être l'un des plus complexes du monde médiéval. Il s'agit d'une part d'intégrer dans la doctrine politique chrétienne le concept de « guerre sainte », qui était jusque-là exclusivement liée à la communauté islamique. C'est un excellent moyen pour l'Europe chrétienne d'élargir les horizons d'une société féodale qui commence à se sentir à l'étroit. Mais la croisade sert aussi de support aux aspirations de la papauté qui voudrait devenir une véritable monarchie, reconnue pour son rôle de chef de file dans l'expansion territoriale. À l'ombre du pouvoir pontifical, empereurs et rois vont également utiliser la « grande aventure orientale » comme outil de propagande pour dynamiser leurs revendications naissantes de domination territoriale. D'une certaine façon, participer à la croisade permet de s'octroyer les attributions auxquelles les monarques occidentaux aspirent après la naissance de la pensée politique qui commence à élaborer la notion de souveraineté. Dernier point, et non le moindre, l'aspect religieux de la croisade permet à l'Europe féodale d'inventer un nouveau modèle de spiritualité guerrière qui réussira à survivre à ses propres schémas d'organisation sociale pour devenir, au fil du temps, le fondement de l'idéal chevaleresque.

finances, la vie quotidienne, les relations avec les maisons européennes et bien d'autres questions. Si les règles primitives furent rédigées en latin, les règlements postérieurs, qui n'avaient pas besoin d'être approuvés par le pape, étaient directement rédigés en français et souvent traduits dans d'autres langues vernaculaires.

Le siège central et les activités principales de chaque ordre étaient implantés en Orient. Les ordres pouvaient dans une certaine mesure recruter des membres latins et tirer des revenus de leurs possessions, mais le Temple comme l'Hôpital avaient tous deux un besoin vital du soutien de l'arrière, c'est-à-dire des territoires occidentaux – ou d'« outremer », comme ils les appelaient – où ils vont acquérir de vastes domaines et de nombreux privilèges. Le Saint-Sépulcre avait reçu quelques dotations dès avant 1099, mais n'avait organisé aucun système pour collecter les revenus. Après 1099, l'Hôpital cherche des ressources en Occident, sans avoir à faire face aux coûts et difficultés qu'implique l'administration de domaines fonciers et d'autres sources de revenus. Pourtant, il doit vite se rendre à l'évidence : les donations de terres sont inévitables et l'ordre n'a pas besoin de collecteurs d'aumônes itinérants, mais de maisons permanentes, chargées de gérer ses biens en Occident, de recruter des membres et de les former ; des maisons permettant d'entretenir de petites communautés de frères, avec une chapelle ou une église pour la vie liturgique, et de constituer un réseau de soutien public et familial, en accordant notamment aux membres de la famille la sépulture dans le cimetière de la communauté et leur commémoration posthume. La solution qui sera très vite adoptée est l'établissement des premières commanderies, probablement inspirées du modèle des prieurés monastiques. Après 1120, le Temple dispose également d'agents itinérants chargés de recueillir des aumônes, mais ils sont bientôt confrontés au problème d'avoir à gérer de vastes domaines, parfois même des châteaux, et adoptent à leur tour, au milieu des années 1130, le système des commanderies. C'est peut-être l'établissement de ces résidences permanentes qui amènera les Templiers à exclure les femmes et les membres mariés, admis jusque-là. Au cours du xiie siècle, ces maisons seront regroupées en

circonscriptions provinciales, appelées provinces chez les Templiers et prieurés chez les Hospitaliers, d'où étaient transférés vers les couvents d'Orient des moyens matériels et financiers, notamment les *responsiones* dues par chaque maison.

La commanderie constituait une communauté, dont certains frères pouvaient être appelés à servir en Orient. D'autres géraient les exploitations agricoles et s'occupaient des questions administratives, tandis que les frères chapelains officiaient à l'intérieur de la maison, dans des chapelles ou des églises paroissiales dont l'ordre avait le patronage. Le commandeur pouvait être un prêtre, un sergent ou un frère chevalier (*milites*). Au Temple notamment, les sergents ont fini par constituer une catégorie nombreuse. Les Templiers, à de rares exceptions près, n'acceptaient pas de recevoir des femmes professes, alors que les Hospitaliers, moins militarisés, avaient des sœurs ayant prononcé les vœux dans quelques maisons masculines et aussi dans un nombre limité de couvents féminins, comme la grande fondation royale de Sigena, en Aragon. Dans ces couvents, la principale occupation des religieuses était la prière. Les sœurs hospitalières étaient des membres à part entière de l'ordre, elles n'appartenaient pas à une branche séparée. En principe, elles ne participaient pas aux activités médicales ou hospitalières, sauf à Jérusalem avant 1187. Bien que la pratique fût contraire au droit canon, beaucoup de candidats versaient une dot pour entrer dans l'un ou l'autre ordre. C'était aussi le cas des donnés ou *conversi*, des membres associés qui ne prononçaient qu'un simple vœu d'obéissance. Leur nombre et leur condition étaient très variables. Les hommes comme les femmes, et même les couples mariés, pouvaient « se donner », parfois dans l'espoir de faire profession à une date ultérieure. D'autres encore faisaient une donation ; en échange, ils étaient nourris et logés à vie, et bénéficiaient ensuite d'une sépulture et de l'intercession des frères. Il y avait également des confrères, qui étaient inhumés vêtus de l'habit de l'ordre et évoqués dans les prières. Il était fréquent que ces groupes composent un réseau d'allégeances familiales à l'un ou l'autre ordre, voire aux deux, qui amenaient des recrues, des donations et d'autres soutiens, souvent grâce à l'initiative des femmes de la famille.

L'étroite bande côtière de la Syrie latine était défendue par les ordres militaires et leurs puissants châteaux. Après leur établissement, ces places pouvaient être tenues par un nombre relativement limité de frères et une garnison de mercenaires ; les Templiers, par exemple, avaient pour mission de garder les forteresses jalonnant les routes de pèlerinage. Les ordres fournissaient également une petite armée permanente dont l'effectif réduit était largement compensé par l'entraînement, la discipline, la motivation et l'équipement des frères ; s'ils subissaient des pertes importantes, ils pouvaient reconstituer assez rapidement leurs forces en appelant des renforts d'Occident. Les deux ordres ont pris part aux combats contre les musulmans dans les royaumes ibériques, mais de manière limitée. En 1157, le maître du Temple fut tué en Syrie et 87 frères massacrés ou faits prisonniers ; en 1187, les Templiers perdirent 60 frères à Cresson et 230 à Hattin. Les ordres comptaient dans leurs rangs des frères sergents, qui étaient moins bien équipés que les chevaliers et avaient moins de montures, et aussi des turcopoles et des mercenaires.

La défaite de Hattin, due à des erreurs de tactique, est suivie de la chute de Jérusalem. Mais le royaume résiste ; les Latins conservent Tyr et reprennent Acre en 1191. C'est à cette époque que se produit une sorte de schisme chez les Hospitaliers, qui aboutit à la création d'un troisième ordre international, l'ordre teutonique. Pendant la troisième croisade, les deux ordres continuent à jouer un rôle militaire considérable. En 1191, les Templiers assurent l'avant-garde de la marche de Richard Ier Cœur de Lion entre Acre et Jaffa, tandis que les Hospitaliers protègent l'arrière. D'après le témoignage du patriarche de Jérusalem, à la bataille de La Forbie, en 1244, les pertes s'élèvent à 312 chevaliers (ce nombre inclut probablement les frères sergents) et 324 turcopoles pour le Temple, 325 chevaliers et 200 turcopoles pour l'Hôpital, et 400 hommes pour l'ordre teutonique ; les rescapés sont au nombre de 33 chez les Templiers et de 26 chez les Hospitaliers. Le Temple et l'Hôpital, capables de réunir quelque 700 frères combattants parfaitement aguerris plus d'autres troupes, étaient un élément vital pour la défense du royaume.

Au XIIIe siècle, les Templiers et les Hospitaliers jouent un rôle politique majeur en Syrie latine. Ils sont impliqués dans les grandes affaires du royaume – parfois dans des camps différents –, où ils possèdent des terres et dont ils tirent des revenus (production de sucre de canne, par exemple) qui leur permettent d'attendre les ressources envoyées d'Occident. Aux transferts d'argent s'ajoutaient les bateaux chargés d'hommes, de chevaux et de ravitaillements qui partaient des ports du midi de la France, de l'Italie du Sud et de Sicile en direction de l'Orient. En Terre sainte, les ordres avaient des avant-postes, comme la Tour Rouge dans la plaine de Saron, qui leur permettaient de contrôler leurs sujets ruraux et de stocker le produit de leurs exploitations. En 1191, les Templiers avaient acheté l'île de Chypre mais manquaient d'hommes pour la gouverner. Les ordres vont progressivement mener leurs propres politiques. Ils interviennent dans les divisions et les fréquentes luttes de succession du royaume latin, dont la nouvelle capitale est Acre ; ils contrôlent de vastes zones frontières, qui constituent des marches quasiment autonomes, et négocient directement avec les musulmans ; ils poursuivent leur expansion dans la principauté d'Antioche et le royaume arménien voisin. Dès 1168, l'Hôpital avait soutenu les expéditions en Égypte. Les Hospitaliers s'allient avec les Génois, tandis que le Temple se tourne vers les Vénitiens et les Pisans. La prépotence des ordres et leurs privilèges leur valurent de nombreux ennemis. Ils avaient récupéré des terres et des châteaux que les Latins n'étaient plus capables de garder, mais en contrepartie ils avaient un rôle étendu dans la défense du royaume latin de Syrie et une responsabilité accrue en cas d'échec. De nombreuses critiques et des propositions de fusion des ordres furent formulées au concile de Lyon de 1274.

Malgré leurs importantes différences, les deux ordres avaient une organisation interne assez semblable, même si la terminologie varie. Ils constituaient une forme de monarchie limitée qui dans la pratique fonctionnait plutôt comme une oligarchie. Le maître était élu à vie ; l'élection obéissait à des règles complexes et il n'y avait pas de problèmes de succession dynastique. Avant 1377, la plupart des maîtres étaient d'origine

Durant leur séjour en Terre sainte, les chevaliers des ordres militaires furent obligés de concevoir un système défensif pour protéger les territoires où ils étaient implantés. Leur architecture militaire, inspirée des techniques importées d'Occident, se distingue par la qualité de la construction. Ici, la chapelle du château hospitalier de Margat (Qalaat Marqab), en Syrie.

provençale ou française, reflet de la très forte représentation de membres originaires de ces régions. En théorie, c'est le chapitre général qui était investi de la souveraineté, comme en témoignent divers conflits et révocations, notamment le cas du maître de l'Hôpital Foulques de Villaret, qui fut démis de ses fonctions en 1317. Les affaires importantes, les litiges, la nomination des dignitaires étaient donc normalement du ressort du chapitre général, qui adoptait les *retrais* et les statuts. Des représentants des provinces occidentales participaient aux chapitres. Le maître disposait de larges pouvoirs et contrôlait les affaires de l'ordre, mais plusieurs conflits ont éclaté chez les Hospitaliers : Gilbert d'Assailly vers 1170 et Alphonse du Portugal vers 1206 démissionnèrent ; en 1299, à la suite d'une grave crise constitutionnelle, le chapitre général obligea Guillaume de Villaret, qui voulait gouverner depuis le sud de la France, à rejoindre Chypre où l'ordre s'était installé après la chute d'Acre, en 1291. L'Hôpital essaya de limiter les pouvoirs du maître en imposant l'utilisation du sceau conventuel pour l'empêcher de sceller des actes importants sans l'avis et l'accord du conseil de hauts dignitaires (appelé « couvent ») qui détenait le sceau. L'Hôpital mit également au point un système de « langues », ou nations, pour empêcher les groupes nationaux de monopoliser des offices ou fonctions. Les conflits constitutionnels ont probablement contribué à renforcer l'ordre. L'administration centrale de l'Hôpital était apparemment plus cohérente, plus représentative et plus proche de ses membres occidentaux. Le maître du Temple rencontra une opposition interne plus faible. Lorsqu'un maître, tel Jacques de Molay, laissait à désirer, la relative absence d'un contrôle oligarchique efficace pouvait être une faille grave.

Alors que les ordres ont combattu avec acharnement et subi de lourdes pertes pendant la défense d'Acre, on leur reprochera la chute de la ville en 1291. Les rescapés se replient sur Chypre, où les deux ordres installent leur siège central et essayent de poursuivre la guerre sainte. L'Hôpital, qui disposait de très peu d'hommes à Chypre, participe pendant un temps à la défense du royaume chrétien de la Cilicie arménienne et espère récu-

pérer Jérusalem en s'alliant avec les Mongols, mais ce dernier projet n'aboutira pas. Les Templiers occupent l'îlot de Rouad, au large de Tortose, pour pouvoir retourner en Syrie. L'îlot est cependant trop petit, les Templiers manquent de renforts. En 1302, les Mamelouks s'emparent de Rouad et de nombreux frères sont massacrés ou faits prisonniers. Sur l'île de Chypre, les ordres ont des possessions mais manquent de ressources. La situation politique est instable et la royauté chypriote, méfiante à l'égard des ordres, tente de limiter leur pouvoir. En 1291, les frères teutoniques s'étaient repliés sur Venise et finiront par établir leur siège en Prusse en 1309. Les Hospitaliers entreprennent la conquête de Rhodes en 1306. Après l'échec de Rouad, les Templiers ne semblent plus avoir de mission clairement définie. Le maître du Temple, Jacques de Molay, originaire de Franche-Comté, n'était pas un sujet du roi de France. Il avait été élu en 1292, probablement pour contrer l'influence française dans l'ordre. Il mène une politique à courte vue, sans se laisser guider par l'avis éclairé des membres importants de l'ordre.

La chute du Temple est un événement dramatique qui se produit dans un contexte confus, sans qu'aucune explication n'emporte la conviction. Les critiques à l'encontre des deux ordres avaient redoublé après la perte d'Acre. On leur reprochait leur orgueil et leur avarice, leurs richesses et leurs privilèges injustifiés. Les Templiers étaient relativement peu engagés dans l'action charitable, tandis que leurs activités financières s'étaient développées. Nombre de princes cherchaient à récupérer les donations et exemptions accordées aux ordres, en même temps qu'ils décourageaient les nouveaux dons. En outre, le Temple se trouvait pris dans un conflit d'intérêts entre le nouveau type d'« État laïc » et les prétentions qu'avait depuis longtemps la papauté, en particulier en matière d'imposition du clergé. Le roi de France Philippe IV le Bel était un farouche opposant au pape. En 1303, son agent Guillaume de Nogaret agressa Boniface VIII à Anagni alors que le pape était « pratiquement seul avec ses *cubicularii* templiers et hospitaliers ». Entouré de légistes influents et virulents, Philippe le Bel a probablement été tenté de détruire une organisation ecclésiastique puissante qui agissait dans son royaume mais qui

Au cours de la première moitié du XIIᵉ siècle, l'ordre du Temple s'étend en Occident, où il se consacre à l'accueil des pèlerins et voyageurs, mais aussi à la colonisation et l'exploitation de territoires. Cette photographie montre le grenier du couvent templier de Cressing, dans le comté d'Essex (Royaume-Uni).

étais soumise à l'autorité extérieure de la papauté. Sans doute voulait-il restaurer le rôle traditionnel de la royauté française dans l'organisation de la croisade en chapeautant l'unification des ordres militaires et en nommant un membre de sa famille à la tête du nouvel ordre unifié. Le roi pouvait être animé d'un sentiment sincère, de même qu'il existait des pratiques condamnables chez les Templiers. Certaines rumeurs et accusations d'hérésie, de pratiques sexuelles et autres turpitudes étaient fondées ou résultaient de malentendus. Certains templiers considéraient, à tort, que la confession devant les frères laïcs réunis en chapitre valait l'absolution

des péchés. Enfin, l'obsession du secret et la pratique de cérémonies à huis clos pour la réception des nouveaux frères faisaient peser sur l'ordre les plus graves soupçons. Nul doute qu'une réforme s'imposait.

Jacques de Molay, qui avait affaibli sa position en refusant catégoriquement les propositions de fusion du Temple et de l'Hôpital, se rend en France, où il est arrêté en 1307 avec tous les Templiers du royaume par les agents du roi. Beaucoup sont torturés et passent aux aveux ; ils ne peuvent se rétracter sans craindre pour leur vie. Le pape intervient pour protéger le Temple, qui était un ordre exempt placé sous son autorité

Le château templier de Barberà, dans la province de Tarragone (Catalogne). Il fut donné par Raymond Bérenger III en 1131/1133.

exclusive, mais la défense commet de nombreuses erreurs. D'autres souverains font arrêter les Templiers dans différents pays et saisissent leurs possessions, notamment les biens meubles. En Aragon, les frères résistent pendant plusieurs mois dans leurs châteaux. Hors de France, on ne croit pas vraiment à la culpabilité des Templiers. Nombre de templiers français démentent les accusations ; beaucoup succombent sous la torture ou sont condamnés au bûcher. Au concile de Vienne, en 1312, le pape Clément V supprime l'ordre sans jugement, puis attribue l'ensemble des biens du Temple à l'Hôpital. Beaucoup d'anciens templiers reçurent une pension à vie, mais Jacques de Molay revint sur ses aveux et fut brûlé en 1314.

L'Hôpital était lui aussi en proie aux critiques, mais ne fut pas sérieusement inquiété. L'ordre était moins mêlé aux affaires financières et pouvait se prévaloir de ses activités charitables ; il ne recevait pas les frères en secret. Le maître Foulques de Villaret, élu en 1305, s'était montré plus diplomate dans sa réponse aux propositions de fusion ; il a gardé ses distances vis-à-vis de Philippe le Bel, tout en proclamant sa loyauté au roi en tant qu'*oriunaus*, c'est-à-dire sujet du royaume de France. Et surtout, les Hospitaliers faisaient œuvre utile : ils s'étaient engagés en 1306 dans une sorte de guerre sainte contre les schismatiques grecs et les infidèles turcs en envahissant l'île de Rhodes, où les combats dureront jusqu'en 1312. En dehors des considérations politiques et constitutionnelles, l'Hôpital était l'ordre le plus diplomatique. En 1289, le satiriste flamand Jacquemart Gielée imagine un débat opposant les deux ordres : de manière significative, le représentant des Templiers est un piètre orateur, aux arguments maladroits et répétitifs, alors que celui des Hospitaliers est un fin rhéteur ; il vante les succès militaires et les actions charitables de son ordre, tout en reprochant aux Templiers leurs alliances avec les musulmans. Foulques de Villaret était un homme extrêmement intelligent et habile. Il réussira, aux côtés du pape Clément V, à faire échec aux ambitions du roi de France. Le projet de croisade des Hospitaliers consiste en effet à préparer un *passagium particulare* (« passage particulier ») empêchant Philippe le Bel de prendre la croix dans le seul but de s'octroyer les

décimes levées sur le clergé pour financer la croisade. La nouvelle d'une grande victoire navale des Hospitaliers sur les Turcs parvient en Occident en avril 1312. En fin de compte, le conseiller du roi, Enguerrand de Marigny, semble trouver un moyen de sortir de l'impasse. Charles de Valois, frère de Philippe le Bel, est sans doute aussi intervenu dans l'espoir de s'assurer le soutien armé des Hospitaliers pour ses revendications sur Constantinople. La royauté française obtint une partie des biens meubles des Templiers, mais leurs grands domaines viendront accroître le patrimoine de l'Hôpital. C'en était fini du Temple.

La flotte de croisade de l'Hôpital, composée de quelque 26 galères, arrive à Rhodes vers le mois de juin 1310. La cité de Rhodes était déjà tombée, probablement en août 1309. Les Hospitaliers se lancent à l'attaque des émirats turcs installés sur le continent et font obstacle aux navires génois et vénitiens qui, contrevenant aux interdictions pontificales, commercent avec l'Égypte mamelouke. Foulques de Villaret a probablement sauvé l'Hôpital ; il a établi l'ordre sur l'île de Rhodes ; il a presque doublé ses possessions occidentales. Mais on reproche au maître son arrogance et les dettes considérables qu'il a contractées. Les Génois et les Vénitiens gagnent des procès contre l'Hôpital. La récupération des biens des Templiers ne se fait pas sans difficulté ; la procédure est longue et entraîne des dépenses. Les Hospitaliers ont également emprunté d'importantes sommes d'argent à fort taux d'intérêt pour financer la « guerre de Rhodes ». En 1317, des frères tentent d'assassiner Villaret à Rhodes, sans doute parce qu'il voulait faire payer au couvent la conquête de l'île. En accord avec des dignitaires de l'ordre en Occident, le pape Jean XXII remplace Villaret en 1319, à la suite d'un jugement déclarant que le maître est en dernière instance soumis au chapitre général. L'organisation oligarchique de l'Hôpital a encore une fois réussi à exercer son contrôle. Le nouveau maître, Hélion de Villeneuve, va réorganiser les affaires occidentales de l'ordre, absorber le patrimoine du Temple et assainir les comptes de l'Hôpital, dont les dettes seront enfin apurées vers 1335. Le siège de la cité de Rhodes, défendue par les Rhodiens et des renforts envoyés par l'empereur byzantin depuis Constantinople, avait

duré plus de trois ans. Les Hospitaliers n'avaient aucun intérêt à détruire les fortifications, ni à se mettre à dos les défenseurs chrétiens, qui capituleront à des conditions plutôt avantageuses. Les Rhodiens conservèrent une partie importante de leurs biens et la plupart de leurs églises. Ils bénéficiaient de la protection des Hospitaliers et ne furent pas obligés d'abandonner la liturgie en langue grecque, malgré la reconnaissance de la suprématie pontificale de Rome. L'île était pratiquement indépendante, avec le pape pour seul suzerain. La population grecque n'a pas de raisons de se plaindre : les Hospitaliers assurent le maintien de l'ordre, la réparation des murailles et des tours, ils mènent une politique de peuplement et importent des esclaves, ils disposent d'une flotte qui permet d'organiser un service naval et ils encouragent le commerce maritime. Les Hospitaliers établissent ainsi une version insulaire de l'*Ordensstaat*, l'État souverain instauré en Prusse par l'ordre teutonique. La prospérité contribue à financer le gouvernement et la défense, tandis que les revenus versés par les prieurés occidentaux permettent d'entretenir les frères hospitaliers présents à Rhodes. L'île de Kos sera définitivement conquise vers 1337 et à partir de 1334, les Hospitaliers participent à des actions navales menées par les chrétiens contre les Turcs, qui aboutissent à la conquête du port de Smyrne en 1344.

La papauté avait beaucoup fait pour sauver l'ordre, mais au prix d'une ingérence croissante par l'intermédiaire de provisions pontificales aux bénéfices hospitaliers. L'Hôpital avait emprunté aux grandes banques florentines qui récoltaient la plupart de ses revenus occidentaux ; une fois les dettes remboursées, l'ordre disposait d'un crédit, mais ces banques étaient également les banquiers du pape et la papauté était peu disposée à compromettre la solvabilité de ses bailleurs de fonds en permettant à l'Hôpital d'épuiser ses crédits. La faillite des banquiers Peruzzi, Acciaiuoli et Bardi, entre 1343 et 1345, entraîne pour l'Hôpital des pertes considérables d'un montant de 360 000 florins. Ces banqueroutes s'inscrivent dans la profonde crise économique qui touche tout l'Occident, crise aggravée par la guerre de Cent Ans et d'autres conflits, mais aussi par la grande peste de 1347 qui plonge l'Europe dans une dépression

démographique. La croisade est interrompue et l'Hôpital, qui dépend des revenus agricoles, est durement touché. Une enquête ordonnée en 1373 par la papauté met en évidence des déficits financiers et une diminution importante du nombre de membres dans beaucoup de commanderies.

La guerre sainte va progressivement reprendre. En 1359, les Hospitaliers combattent contre les Turcs dans le Bosphore, puis dans le royaume arménien de Cilicie. Ils participent à la grande croisade conduite par le roi de Chypre, qui aboutit au sac d'Alexandrie en 1365. En 1374, ils se voient confier la défense de Smyrne. Par contre, leurs tentatives pour défendre la Grèce continentale à partir de 1378 ne seront pas couronnées de succès. Le Grand Schisme d'Occident de 1378 provoque de graves divisions au sein de l'ordre entre les partisans d'Urbain VI et ceux de Clément VII. Ce qui n'empêche pas les Hospitaliers de continuer à défendre Rhodes. On les retrouve dans l'armée des croisés qui est écrasée en 1396 par le sultan ottoman Bajazet Ier à Nicopolis, sur le Danube ; puis à Corinthe à partir de 1397, où ils défendent pendant quelques années le château stratégique menacé par les Turcs. En 1402, Tamerlan et son armée mongole s'emparent de Smyrne. Cette perte, pour ainsi dire inéluctable, est cependant compensée par la construction, vers 1407, d'un nouveau château hospitalier à Bodrum, sur la côte en face de Kos. Le schisme affecta sérieusement la discipline et entraîna une diminution des fonds envoyés à Rhodes, mais il permit aussi de mettre en évidence l'esprit de corps des frères, qui continuèrent à soutenir Rhodes – où l'ensemble du couvent était fidèle à l'obédience avignonnaise – même dans les pays dont le souverain se rangeait dans le camp romain. L'Hôpital avait réglé ses divisions internes en 1409, soit huit ans avant que le schisme papal ne prenne fin à son tour en 1417.

Au xve siècle, on assiste à une évolution de la place des Hospitaliers dans la société occidentale et de la nature de la commanderie. Les maisons, qui comptent un nombre de frères de plus en plus réduit, tendent à perdre leur caractère de communauté et de centre de la vie liturgique commune. La commanderie devient dans certains cas une unité économique que le commandeur absentéiste donne à bail à des fermiers laïcs chargés de

Double page précédente et page de droite : *Le Crac des Chevaliers, un des plus importants et puissants châteaux des croisés, fut reconstruit par les Hospitaliers, qui le dotèrent de deux enceintes concentriques, une chapelle, des tours et plusieurs cours.*

Page de gauche :
Les maîtres d'œuvre croisés connaissaient l'art de bâtir et certaines de leurs constructions sont d'une qualité remarquable.
Un bon exemple est offert par le Crac des Chevaliers, avec ses impressionnantes structures voûtées et ses bastillons circulaires.

Le 24 août 1153, le château de Miravet (Tarragone) fut conquis par Raymond Bérenger IV et donné à Pere de Rovira, maître de l'ordre du Temple en Espagne et en Provence. Après la dissolution des Templiers, le château revint aux Hospitaliers.

l'exploitation. Le nombre de sergents et de donnés diminue, tandis que les frères chevaliers cherchent à accroître leurs revenus en s'occupant parfois de plusieurs maisons. Ces frères n'étaient pas toujours très disposés à faire le voyage pour Rhodes. En 1411, par exemple, six frères se réunissent à Trévise et en désignent quatre parmi lesquels le prieur de Venise devra choisir celui à envoyer à Rhodes. L'un des quatre frères désignés, Angelo Rossi, est présent et invoque différentes raisons pour se faire dispenser : il a déjà prêté service à l'extérieur de son prieuré en servant auprès du prieur de Rome pendant dix ans ; il est engagé dans une longue action en justice en rapport avec sa

commanderie et il serait préjudiciable pour l'ordre si le procès était perdu pendant son absence ; il a un frère pauvre avec une famille nombreuse qui a besoin de son aide. En principe, tous les frères de l'ordre devaient servir pendant un certain temps à Rhodes ; on appelait ce service la « caravane » : les frères faisaient le voyage, en s'acquittant de leurs droits de *passagium*, et assuraient la protection de la ville et de l'île. L'accomplissement de ces devoirs leur permettait d'obtenir un grade d'*ancianitas* qui leur donnait droit à une commanderie dans leur province d'origine, voire à une charge au sein du couvent. On constate cependant d'importantes modifications dans le fonctionnement de ce sys-

Le 15 mai 1291, les Mamelouks entrèrent dans la ville d'Acre et se livrèrent à un véritable carnage auquel très peu de combattants chrétiens réchappèrent. Jean de Villiers, maître de l'ordre de l'Hôpital, eut la chance d'être parmi les survivants, contrairement au maître du Temple, Guillaume de Beaujeu, qui fut tué lors de la prise de la ville. Ci-dessus, la crypte Saint-Jean, à Acre, qui appartenait aux Hospitaliers, est un exemple de l'architecture des croisés.

Après la chute d'Acre, en 1291, l'ordre de l'Hôpital s'empara de l'île grecque de Rhodes, en 1309, et fortifia la cité et son port. Ci-dessus, la cathédrale et le palais du maître.

tème, avec l'intervention des papes et des souverains au profit de leurs serviteurs ou protégés. Les statuts précisent que les frères chevaliers doivent être chevaliers ou de lignage chevaleresque, mais dans les faits beaucoup appartenaient à la petite noblesse campagnarde ou au patriciat urbain. Les places sont de plus en plus recherchées, ce qui incite les chevaliers à restreindre l'entrée des bourgeois en exigeant des candidats des preuves de leur « noblesse », mais aussi de leurs origines familiales ou « bon lignage ». C'est ainsi qu'un statut de 1433 ordonne que ceux qui veulent devenir *milites* fassent l'objet d'une enquête qui devra être présentée au chapitre du prieuré du candidat.

Après la conquête, l'Hôpital a dû organiser le gouvernement de Rhodes et des autres îles, de même que ses affaires en Orient et Occident. Le système défensif, avec les murailles, les tours de guet et les galères affectées à la protection de l'île, était prioritaire. La cité de Rhodes elle-même était divisée en deux parties. Le *collachium* était réservé aux frères ; cet ensemble ceint de murs comprenait le palais du maître, l'église conventuelle, le grand hôpital et les auberges des différentes langues. Le reste de la ville, le Bourg, était peuplé de commerçants latins, grecs, juifs, arméniens et autres, qui formaient une société régie par ses propres statuts et institutions. Rhodes servait de comptoir, d'emporium, pour le commerce à longue distance des produits de luxe et d'escale pour les pèlerins se rendant à Jérusalem. L'ordre tirait également des revenus de la course, qui était en réalité une forme de piraterie autorisée. L'Église grecque, réglementée par le maître, permit aux habitants de conserver leurs coutumes religieuses, même si des problèmes surgiront après l'union des Églises grecque et latine au concile de Florence de 1439. Rhodes verra l'essor d'une classe prospère de commerçants grecs qui vont édifier leurs maisons, leurs églises, et développer un art et une culture mêlant les influences byzantines et occidentales.

Paradoxalement, alors que les avant-postes latins à Rhodes et Chypre sont florissants, ils se retrouvent de plus en plus loin de la ligne de front à mesure que les Ottomans progressent dans les Balkans. Les Mamelouks d'Égypte assiègent Rhodes en 1440, mais après la prise de Constantinople par les Ottomans en 1453, les Turcs deviennent plus menaçants et multiplient les attaques navales et les razzias sur la terre ferme. En 1450, le pape octroie à Alphonse V de Naples l'île de Kastellorizo, entre Rhodes et Chypre, tenue jusque-là par les Hospitaliers ; l'Hôpital aura beau protester, cette décision met en évidence sa dépendance vis-à-vis de la papauté. En 1479, les Ottomans mettent le siège devant la cité de Rhodes. Le maître sortira vainqueur de cette épreuve en 1480, mais les dégâts sont considérables. Aux destructions provoquées par les nouvelles techniques d'artillerie s'ajoute le violent tremblement de terre de 1481. Une grande campagne de reconstruction est entreprise qui transforme Rhodes en une ville moderne. L'ancien système défensif fait de hautes murailles de faible épaisseur et de grandes tours est remplacé par des fortifications basses et extrêmement épaisses, protégées par de grands fossés et un complexe système de bastions. L'activité militaire des Hospitaliers était limitée par leurs ressources, mais de 1482 à 1494, ils vont bénéficier d'un atout en la personne de Djem, frère du sultan ottoman, qu'ils avaient fait prisonnier. Ce moyen de pression va permettre à l'ordre d'entretenir des relations relativement bonnes avec les Turcs et d'importer des vivres d'Anatolie. Cependant, l'isolement de Rhodes se révélera à la longue fatal. Après un nouveau siège dramatique des troupes

de Soliman le Magnifique, les Hospitaliers furent contraints de capituler en 1522. Les Vénitiens de Crète avaient refusé de leur venir en aide et l'Occident ne s'était guère montré plus secourable. Les rescapés mirent le cap sur l'ouest en emportant quelques biens et des archives, accompagnés par un certain nombre de leurs sujets rhodiens.

Les ordres religieux-militaires étaient des institutions efficaces. La papauté, consciente de leur rôle, les a protégés. Dans l'extraordinaire affaire du Temple, l'ordre militaire par excellence, le pape Clément V ne put sauver que les biens en sacrifiant les membres de l'ordre. Les Teutoniques déplacèrent leur centre de gravité de la Syrie en Prusse, où ils fondèrent un État vaste et puissant qui finira par s'effondrer au début du XVIe siècle, lorsque tous les peuples de la région auront été christianisés et que les Teutoniques auront en grande partie perdu leur raison d'être. Pourtant, l'ordre militaire n'est en rien un phénomène exclusivement médiéval. Pour preuve l'ordre toscan de Santo Stefano, fondé en 1562, qui devait remporter d'impressionnantes victoires navales pendant plus d'un siècle. En 1530, les Hospitaliers installeront leur quartier général à Malte, transférant une grande partie de l'appareil de l'« État insulaire » rhodien sur leur nouvelle île, où ils résisteront à un terrible siège turc en 1565. Ils continuèrent à mener une guerre navale efficace jusqu'en 1792, lorsque le gouvernement révolutionnaire confisqua les vastes domaines, en partie hérités des Templiers, que l'ordre possédait en France et dont il dépendait. Après la perte de Malte, en 1798, les Hospitaliers reviendront à leur mission première : les activités charitables définies dans la règle du XIIe siècle.

La grande force de l'Hôpital reposait sur son organisation, ses traditions et son esprit de corps, en plus des commanderies et du soutien public dont il disposait à l'arrière dans les provinces occidentales. Le transfert des activités principales de l'ordre de Jérusalem à Acre, puis à Chypre, Rhodes et enfin Malte, montre qu'un ordre militaire n'avait pas besoin d'être attaché à un lieu géographique spécifique. La survie de l'Hôpital et sa contribution pluriséculaire à la défense de l'Orient puis de l'Occident latins s'expliquent par son caractère d'organisation religieuse au sein de l'Église romaine autant que par sa tradition navale et militaire.

Le 18 mars 1314, Jacques de Molay, grand maître du Temple, et Geoffroy de Charney, maître provincial de Normandie, furent brûlés vifs à Paris. Enluminure du XIVe siècle. Londres, British Library.

Ci-dessus et page de droite :
La citadelle médiévale d'Alep fut édifiée
au début du XIIIe siècle. Cette citadelle
de plan circulaire, construite sur un plateau,
est un magnifique exemple de l'architecture
militaire islamique, avec ses impressionnantes
murailles qui ne furent jamais prises par les croisés,
ni par les chevaliers des ordres militaires.

Rhodes. La rue des Chevaliers restaurée.

Page de droite :
Rhodes. La rue des Chevaliers.
Gravure du XIXᵉ siècle.

Pages 72 et 73 :
En 1480, le grand maître de l'Hôpital,
Pierre d'Aubusson, repoussa les Ottomans
qui avaient assiégé Rhodes. Une enluminure
contemporaine montre le vice-chancelier
de l'ordre, Guillaume Caoursin, offrant
son histoire du siège au maître.
Paris, Bibliothèque nationale de France.

Exécution de deux espions turcs
lors du siège de 1480.
Enluminure d'un manuscrit du XVᵉ siècle.
Paris, Bibliothèque nationale de France.

L'ordre du Temple, soutenu dès le début par la papauté, bénéficia d'importants appuis qui se sont traduits par de nombreux dons dans tout l'Occident chrétien et en particulier en France. Ci-dessus, un chevalier du Temple sur une fresque de la chapelle des Templiers de Cressac (Charente).

Page de droite :
Depuis Rhodes, l'ordre de l'Hôpital a combattu les Turcs jusqu'en 1522, année où les Hospitaliers furent définitivement expulsés de l'île par les troupes de Soliman le Magnifique. Cette illustration montre deux galères de l'ordre de l'Hôpital affrontant les Turcs, vers 1460. Enluminure d'un livre d'heures exécuté pour Pierre de Bosredon (XVe siècle). New York, The Pierpont Morgan Library.

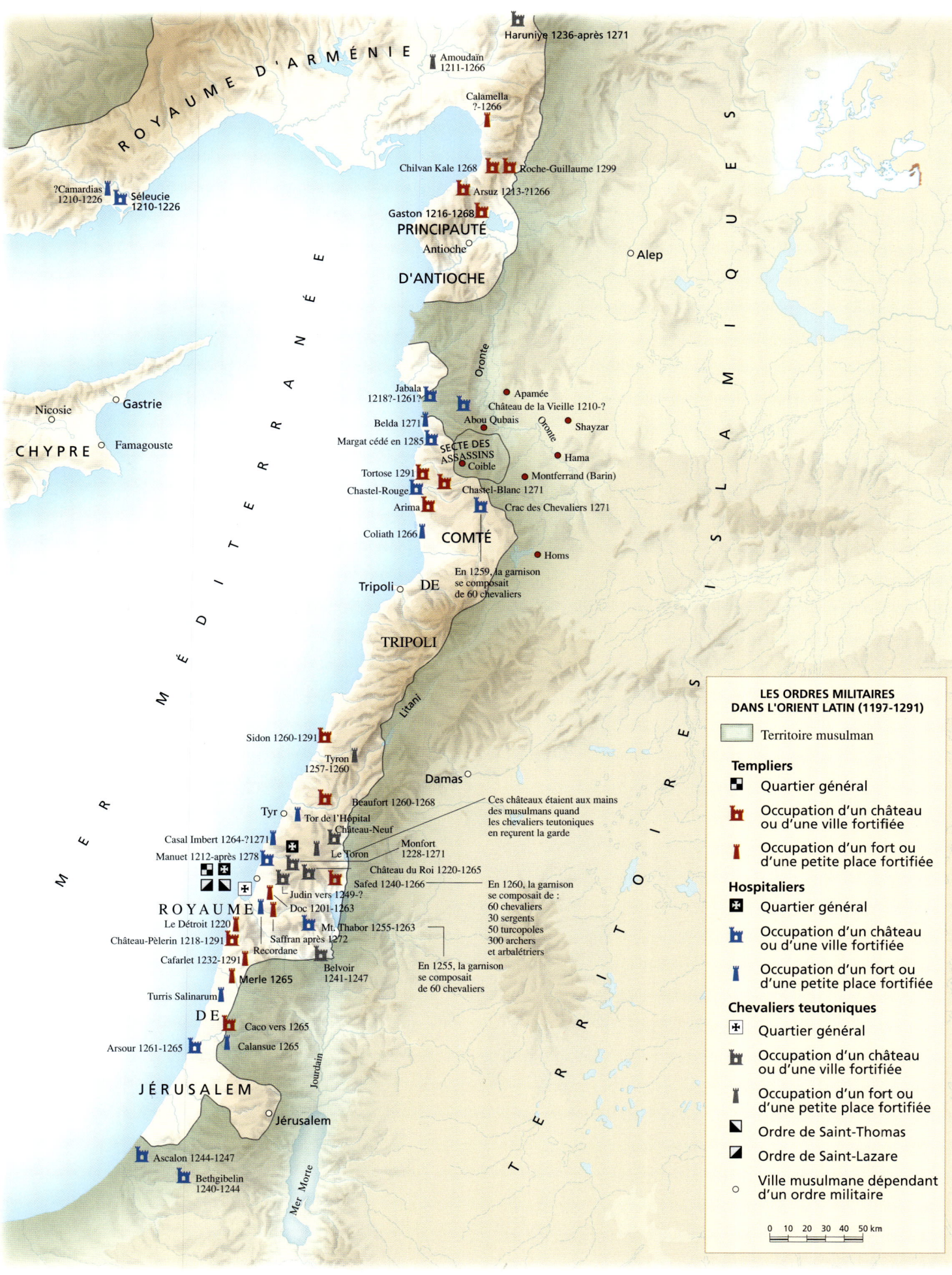

Haruniye 1236-après 1271

Amoudaïn
1211-1266

ROYAUME D'ARMÉNIE

Calamella
?-1266

Chilvan Kale 1268   Roche-Guillaume 1299

Arsuz 1213-?1266

?Camardias
1210-1226   Séleucie
1210-1226

Gaston 1216-1268

PRINCIPAUTÉ

Antioche   Alep

CHYPRE   Nicosie   Gastrie   D'ANTIOCHE

Famagouste

Jabala
1218?-1261?   Apamée
Château de la Vieille 1210-?

Belda 1271   Abou Qubais   Shayzar

Margat cédé en 1285   SECTE DES   Hama
ASSASSINS

Tortose 1291   Coible   Montferrand (Barin)

Chastel-Rouge   Chastel-Blanc 1271

Arima   Crac des Chevaliers 1271

Coliath 1266   COMTÉ   Homs

En 1259, la garnison
se composait
de 60 chevaliers

Tripoli   DE

TRIPOLI

Sidon 1260-1291

Tyron
1257-1260   Damas

Béaufort 1260-1268   Ces châteaux étaient aux mains
des musulmans quand
les chevaliers teutoniques
en reçurent la garde

Tyr   Tor de l'Hôpital
Château-Neuf

Casal Imbert 1264-?1271   Le Toron   Monfort
1228-1271

Manuet 1212-après 1278   Château du Roi 1220-1265

Safed 1240-1266   En 1260, la garnison
se composait de :

Judin vers 1249-?   60 chevaliers
Doc 1201-1263   30 sergents
50 turcopoles

ROYAUME   300 archers
et arbalétriers

Le Détroit 1220   Mt. Thabor 1255-1263

Château-Pèlerin 1218-1291   Saffran après 1272

Cafarlet 1232-1291   Recordane

Merle 1265   Belvoir
1241-1247   En 1255, la garnison
se composait
de 60 chevaliers

Turris Salinarum

DE   Caco vers 1265

Arsour 1261-1265   Calansue 1265

JÉRUSALEM

Jérusalem

Ascalon 1244-1247

Bethgibelin
1240-1244

**LES ORDRES MILITAIRES
DANS L'ORIENT LATIN (1197-1291)**

Territoire musulman

Templiers

Quartier général

Occupation d'un château
ou d'une ville fortifiée

Occupation d'un fort ou
d'une petite place fortifiée

Hospitaliers

Quartier général

Occupation d'un château
ou d'une ville fortifiée

Occupation d'un fort ou
d'une petite place fortifiée

Chevaliers teutoniques

Quartier général

Occupation d'un château
ou d'une ville fortifiée

Occupation d'un fort ou
d'une petite place fortifiée

Ordre de Saint-Thomas

Ordre de Saint-Lazare

Ville musulmane dépendant
d'un ordre militaire

0 10 20 30 40 50 km

Les ordres secondaires de chevalerie en Palestine et l'ordre canonial du Saint-Sépulcre

Nikolas Jaspert

La vie religieuse en Terre sainte

Lorsqu'il se militarisa, l'ordre de Saint-Thomas d'Acre adopta la règle des Teutoniques. Ci-dessus, masque mortuaire de saint Thomas Becket (XIIe siècle). Londres, Museum of London.

La Palestine du XIe au XIIIe siècle présente une vie religieuse riche, mais rarement considérée dans son ensemble. Elle comprenait des communautés érémitiques, des ordres canoniaux et des ordres de chevalerie, ces derniers résultant de compagnies religieuses qui n'accédaient à ce statut qu'après régularisation ecclésiastique et approbation papale. Outre les trois grands ordres de chevalerie évoqués dans d'autres chapitres de ce livre (Templiers, Hospitaliers et Teutoniques) sont apparus dans les diverses seigneuries de croisés les ordres de Saint-Lazare et de Saint-Thomas. Plus largement, les institutions militaires qui ont été fondées à l'extérieur de la Palestine, mais y ont établi leur centre nominatif, font également partie de ces ordres secondaires de chevalerie de Palestine. Ce fut le cas de l'ordre dit de Montjoie ou Monte Gaudium. La plupart de ces ordres secondaires ne connurent qu'un destin discret ou bref, et l'on ne dispose sur leur histoire que de quelques sources. Cependant, la connaissance historique de ces ordres oubliés de Terre sainte est utile, car elle seule permet de saisir l'amplitude du phénomène résumé sous le terme générique d'ordres religieux de chevalerie.

Fondamentalement, on distingue les ordres religieux de chevalerie en fonction de leur vocation première, qui peut être charitable ou bien militaire. Il en va ainsi également pour les ordres secondaires de Palestine. Aussi bien l'ordre de Saint-Lazare que celui de Saint-Thomas sont issus de communautés hospitalières ; celles-ci constituaient donc une partie du dense réseau d'institutions d'assistance apparu à l'époque des croisades en Terre sainte, mais aussi dans l'Occident latin. En revanche,

l'ordre de Montjoie a été d'emblée un ordre militaire très proche de celui des Templiers. Ce n'est qu'ultérieurement qu'il se tourne vers des missions caritatives. Comme nous le montrerons à la fin de ce chapitre, l'ordre du Saint-Sépulcre ne fait partie d'aucun de ces groupes.

Trois des quatre ordres ici traités suivaient la règle de saint Augustin. L'ordre de Saint-Thomas, par exemple, a adopté la règle des Teutoniques, qui était de tradition augustinienne. Il s'agissait d'une tendance générale, nombre de communautés ayant choisi après le quatrième concile du Latran (1215) la règle augustinienne pour organiser leur vie religieuse. Seul l'ordre de Montjoie, issu d'une communauté purement militaire, s'inscrit dans la tradition cistercienne et donc bénédictine. Il apparaît donc que la règle de saint Augustin, tout comme celle de saint Benoît, a eu une importance fondatrice dans l'histoire des ordres de chevalerie.

L'habit distinguait les religieux des laïcs et symbolisait en même temps la nature de la vie spirituelle. Les chevaliers de l'ordre de Saint-Lazare portaient une croix verte à branches égales (croix grecque) cousue sur un manteau blanc, tandis que les chevaliers de l'ordre de Saint-Thomas arboraient une croix grecque blanche sur un manteau noir et les chevaliers de Montjoie, une croix mi-blanche, mi-rouge. Les chanoines du Saint-Sépulcre finirent par adopter la croix patriarcale à deux croisillons.

Les sceaux étaient un autre signe distinctif des ordres. Les chevaliers de Saint-Thomas avaient choisi pour symbole l'image du patron de l'ordre, saint Thomas Becket (mort en 1170). Les chevaliers de Saint-Lazare exprimaient

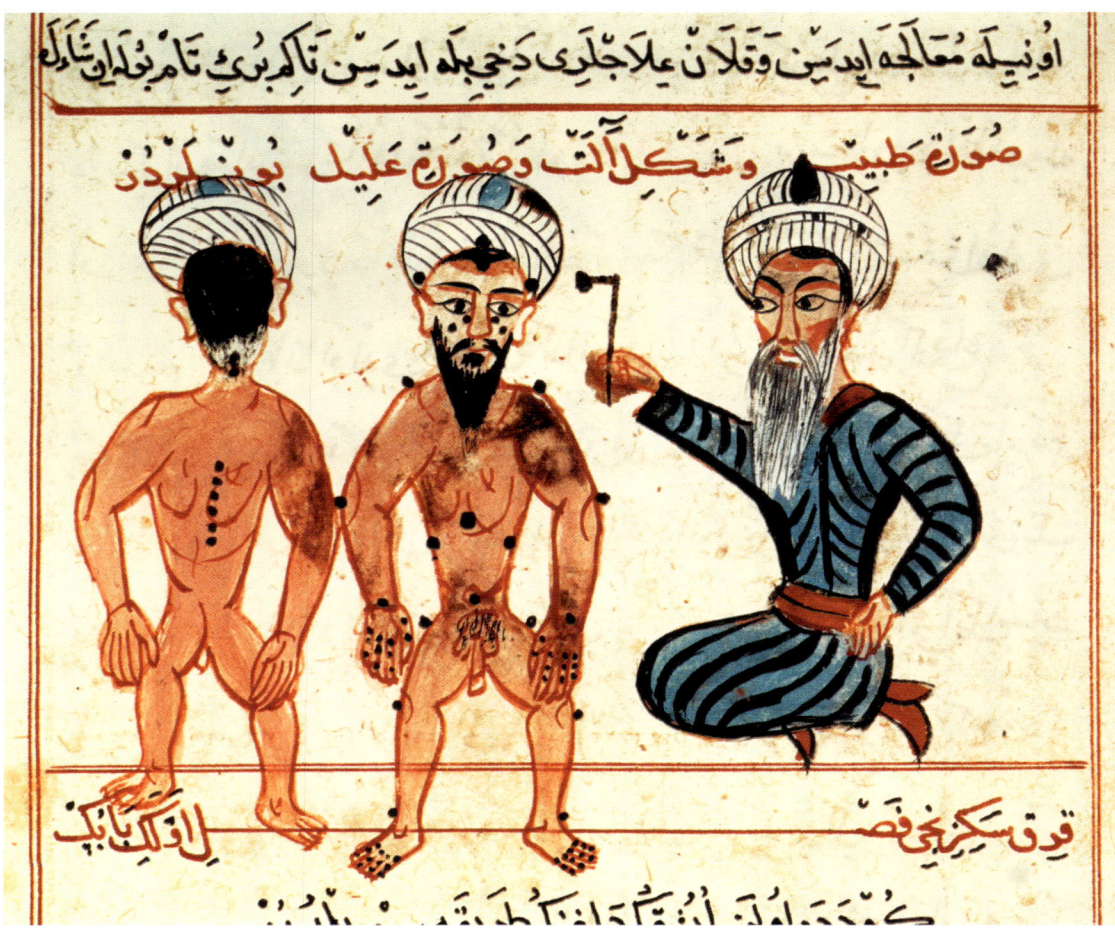

Les frères templiers atteints de la lèpre pouvaient rejoindre l'ordre de Saint-Lazare, lequel entretenait des liens privilégiés avec le Temple. Images de lépreux : ci-dessus, manuscrit anglais (XIVe siècle); ci-contre, manuscrit turc (XVe siècle) et, page de droite, peinture attribuée à Bonaventura Berlinghieri (XIIIe siècle).

leur mission principale, les soins aux malades, en faisant figurer un lépreux sur leur sceau, et en se référant fréquemment à leur saint patron, saint Lazare, qu'ils représentaient, suivant des textes apocryphes, en évêque muni de la crécelle des lépreux.

Ce recours aux origines et/ou aux patrons des communautés contribua grandement à la survie des ordres secondaires en Palestine lorsque, après la perte de Jérusalem en 1187, mais surtout après la prise de Saint-Jean-d'Acre en 1291, leur raison d'être fut remise en question. Certes, des écrits sur la reconquête de la Terre sainte, telle l'œuvre de Pierre Dubois (mort après 1321), prévoyaient le regroupement de tous les ordres de Palestine pour lutter efficacement contre les musulmans. En fin de compte, en 1312, le Temple fut supprimé, alors que les ordres de Saint-Thomas et de Saint-Lazare survécurent bien au-delà du Moyen Âge.

L'ordre de Saint-Lazare

Parmi les ordres secondaires et peu influents de Terre sainte se détache l'ordre de Saint-Lazare. Il prit naissance dans une léproserie. La lèpre était, au Moyen Âge, une maladie fort répandue qui touchait aussi des personnages de haut rang, comme en témoigne l'exemple du roi Baudouin IV de Jérusalem (1161-1185). Elle signifiait pour ceux qui en étaient atteints, non seulement une longue maladie, mais également la mort sociale : ils devenaient des « cadavres vivants », des « morts en sursis », car généralement les lépreux étaient isolés dans des hospices pour incurables à l'écart des villes. Ces lieux étaient fréquemment dédiés à saint Lazare, le frère de Marthe et de Marie ressuscité par Jésus à Béthanie. Ces léproseries, attestées dès les VIe et VIIe siècles et lors de l'extension maximale de l'épidémie du XIIIe au XIVe siècle, formaient un réseau d'hospices dis-

persés à travers toute l'Europe, mais sans grands liens entre eux.

Il existait également à Jérusalem un hôpital Saint-Lazare qui se trouvait à l'extérieur du mur septentrional de la ville, entre la tour de David et la porte Saint-Étienne (aujourd'hui porte de Damas). Construit à une date indéterminée entre la conquête de 1099 et 1142, mais fort vraisemblablement avant 1128, il ne doit pas être confondu avec une léproserie voisine fondée vers 800 et dirigée par des Grecs. Les léproseries latines formaient une confrérie au sein de laquelle fut choisi, pour la première fois en 1153, un directeur désigné sous le terme de maître. La communauté avait ses propres chapelains, qui s'occupaient du service liturgique, et de nombreux clercs, à l'instar des autres ordres hospitaliers et militaires.

Considéré comme une importante institution du royaume de Jérusalem, l'hôpital Saint-Lazare était également lié à la hiérarchie ecclésiale et occupait même le rang de suffragant du patriarche de Jérusalem.

La léproserie de Jérusalem reçut par dotations, au plus tard à partir de 1142, un grand nombre de terres, d'églises et de droits dans les diverses seigneuries de croisés. Plusieurs possessions sont attestées, entre autres, à Jérusalem, Tibériade, Ascalon, Césarée et Acre. Ces transferts de propriété sont consignés dans un cartulaire élaboré entre 1240 et 1270, où sont conservés 41 documents qui constituent la source principale des débuts de l'ordre de Saint-Lazare. Lors de ces dotations, plusieurs Templiers sont souvent cités comme témoins, ce qui permet de conclure à l'existence de bons rapports entre ces deux institutions. Mais, comme le montrent les statuts de l'ordre rédigés pendant la seconde moitié du XIIIᵉ siècle, cela ne signifiait pas nécessairement que tout templier malade se rendît à la léproserie. Selon la règle de l'ordre, le frère atteint de la lèpre devait décider lui-même s'il entrait dans cet hôpital ou s'il restait dans l'ordre – auquel cas il vivait séparé des autres Templiers.

La grande époque militaire de l'ordre de Saint-Lazare ne commença qu'après la perte de Jérusalem, en 1187. La communauté se déplaça à Acre, où elle avait déjà fondé un établissement entre 1161 et 1165, et s'installa hors les murs de la ville, dans une zone très peu peuplée de la côte nommée Montmusard. Elle y érigea son quartier général et une église dédiée à saint Lazare. Dès lors, la communauté recruta de plus en plus parmi la noblesse et les ordres militaires, ce qui se traduisit par un nombre croissant de nobles au sein de l'ordre. Au début du XIIIe siècle, Acre s'étant dotée de nouveaux remparts, le faubourg de Montmusard se trouva intégré à la ville, et les frères de l'ordre de Saint-Lazare furent chargés de la défense de ce secteur des remparts.

On ne peut dater avec certitude la militarisation de l'ordre de Saint-Lazare, c'est-à-dire l'adjonction de missions militaires aux tâches caritatives. Les liens étroits déjà mentionnés qui unissaient l'ordre du Temple à celui de Saint-Lazare comptèrent probablement pour beaucoup. Comme le révèlent des documents pontificaux, dès le début du XIIIe siècle et peut-être même avant, les chevaliers de l'ordre de Saint-Lazare servaient en troupe combattante sous le commandement d'un maître lépreux. Du fait de cette nouvelle orientation militaire, l'ordre accueillit désormais des chevaliers bien portants, en plus des frères lépreux.

La première information concernant l'engagement de chevaliers de l'ordre de Saint-Lazare dans des combats se rapporte à la bataille de La Forbie, près de Gaza, le 17 octobre 1244, au cours de laquelle tous les chevaliers, « les lépreux et les bien-portants », furent certainement tués. En 1250 et 1252, les chevaliers de Saint-Lazare prirent part à de nouveaux combats près d'Al-Mansourah et de Ramla – et périrent également. Leur communauté est déjà citée en 1248 dans un document du pape Innocent IV (1243-1254) comme étant le quatrième ordre religieux-militaire de Terre sainte aux côtés des Templiers, des Hospitaliers et des chevaliers teutoniques. À cette

époque, on désignait fréquemment les frères de l'ordre de Saint-Lazare sous le terme de « chevaliers ». Durant la première moitié du XIIIe siècle, seule la participation des chevaliers de Saint-Lazare à des combats militaires est évoquée. Toutes ces entreprises s'achevèrent sur un échec. Enfin, étant donné le nombre passablement réduit des combattants de l'ordre, les chevaliers de Saint-Lazare ne jouèrent qu'un rôle limité au sein des armées des croisades.

Les défaites militaires favorisèrent l'expansion de l'ordre en Europe, car celui-ci obtint en 1253 l'autorisation de recruter des membres de l'autre côté de la Méditerranée et même d'y trouver son nouveau chef – signe évident que le grand-maître de l'ordre de Saint-Lazare devait d'abord être un homme de guerre. Les quinze années suivantes, les papes assurèrent la continuité de l'ordre après la perte de la Terre sainte en lui accordant des privilèges élargis. Citons notamment l'exemption en 1212, selon laquelle ils cessaient de relever du pouvoir épiscopal, les institutions sises en dehors de Jérusalem étant, elles, directement soumises au patriarche de Jérusalem.

Une autre raison de l'expansion de l'ordre en Europe réside dans la générosité dont font preuve des croisés à leur retour. Lors de la deuxième croisade (1147-1149), Louis VII avait promis aux chevaliers de Saint-Lazare une rente annuelle qu'en 1154 il transforma en la dotation du château de Boigny près d'Orléans. À peu près à la même époque, un croisé anglais, Roger de Mowbray, fonda la colonie de Barton Lazars dans le diocèse de Lincoln ; des dispositions semblables furent prises dans d'autres pays. On ne trouve des fondations de l'ordre en Italie qu'à la fin du XIIe siècle et dans le Saint Empire romain germanique qu'au XIIIe siècle. Dans le royaume de Hongrie, des filiales apparaissent à partir de 1236. Au total, pour la période qui s'étend de 1140 à 1291, on dispose d'informations concernant 160 établissements dotés en Occident latin, la plupart déployant leur activité dans le royaume d'Angleterre.

Nous connaissons la vie religieuse des frères de Saint-Lazare grâce au livre des statuts de Seedorf, de la fin du XIIIe siècle, qui rassemble

« Il est urgent que vous vous hâtiez de marcher au secours de vos frères qui habitent en Orient [...]. Les Turcs et les Arabes se sont précipités sur eux [...] et ont envahi les frontières de la Romanie [...] étendant de plus en plus leurs conquêtes sur les terres des chrétiens ; sept fois déjà ils ont vaincu ceux-ci dans des batailles, en ont pris ou tué un grand nombre, ont renversé [...] les églises, et ravagé tout le pays soumis à la domination chrétienne. Que si vous souffriez qu'ils commettent quelque temps encore [...] de pareils excès, ils porteront leurs ravages plus loin et écraseront une foule de fidèles serviteurs de Dieu. »

Le pape Urbain II prêche la première croisade en 1095 (cit. in G. Bordonove, *Les Croisades et le royaume de Jérusalem*, Paris, Éd. Pygmalion, 1992).

Page de droite :
La célèbre bataille de Hattin (1187), remportée par Saladin, eut d'importantes conséquences pour les chrétiens, en particulier la perte de Jérusalem et l'appui apporté à la militarisation de l'ordre de l'Hôpital. Elle favorisa aussi la transformation d'autres institutions religieuses et charitables implantées en Terre sainte en véritables ordres militaires, tel l'ordre de Saint-Lazare. Plan médiéval de la ville de Jérusalem dans la Hierosolymitana expeditio *de Robert le Moine (XIe siècle).*

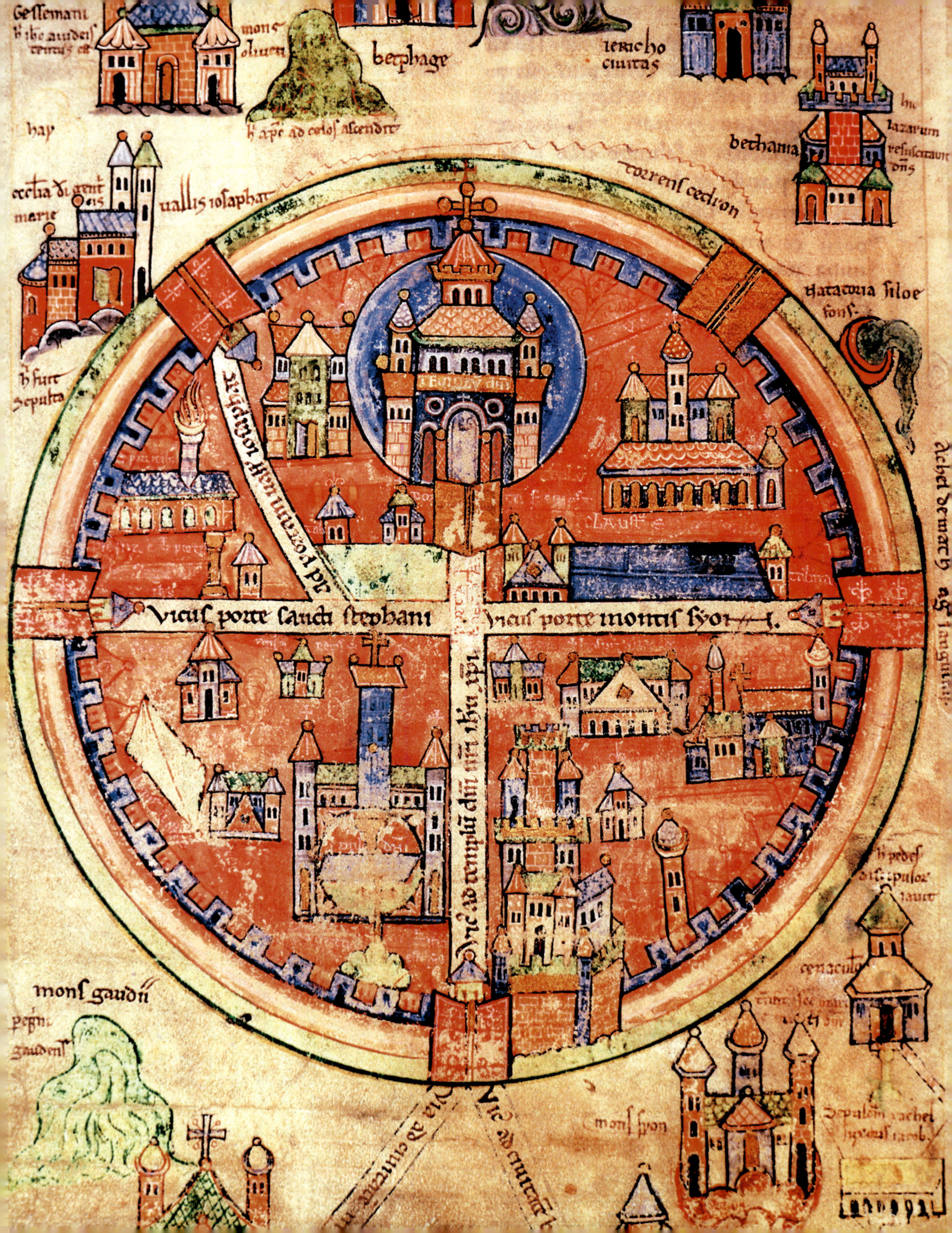

des dispositions datant du milieu du XIIᵉ siècle, lesquelles révèlent clairement l'orientation caritative de la communauté. Celle-ci se maintint, y compris après la chute d'Acre, en 1291. L'ordre transféra alors le siège du grand-maître à Boigny, qui, avec la maison de Barton Lazars, occupait déjà une position dominante.

Bien qu'il soit difficile d'estimer l'importance de chaque province de l'ordre, il ne fait aucun doute que les chevaliers de Saint-Lazare ont organisé leurs propriétés disséminées dans de nombreux pays en provinces de l'ordre, ces dernières étant elles-mêmes divisées en commanderies. Parmi les établissements importants de l'ordre, il convient d'évoquer, outre ceux déjà cités de Boigny et de Barton Lazars, les maisons de Gotha, Seedorf et Gfänn-Zurich, situées dans le Saint Empire romain germanique, et Capoue et Barletta, en Italie.

Au début, leurs dirigeants étaient intégrés à la structure de l'ordre : après l'échec des communautés de croisades, les chevaliers d'Angleterre, de Hongrie, de Sicile, d'Apulie et de France se retrouvaient une fois par an à Boigny au chapitre général. Toutefois, à partir de la seconde moitié du XIVᵉ siècle, en dépit des doléances du maître, la participation des frères à ces rencontres ne cessa de diminuer. La structure s'effrita à vue d'œil, conséquence, entre autres, de différences croissantes entre les maisons. Alors que les chevaliers anglais, italiens et allemands se consacraient, dans le contexte local, aux soins des malades, la maison de Boigny insistait, quant à elle, sur le caractère aristocratique et militaire de l'ordre, et au sud-ouest du Saint Empire se développa même une forme particulière de vie religieuse, avec notamment des couvents de femmes menant une vie contemplative.

La perte de la Terre sainte, l'apparition de nouvelles épidémies telle la peste et finalement le recul de la lèpre, au milieu du XVᵉ siècle, ébranlèrent progressivement l'ordre de Saint-Lazare. Pendant trop longtemps, les frères avaient fait porter l'essentiel de leurs efforts sur la Palestine et négligé leurs missions caritatives. Le nombre des maisons de chevaliers de l'ordre de Saint-Lazare pouvait paraître réduit au regard des centaines de léproseries

indépendantes, et les frères de l'ordre n'avaient nullement contribué à faire progresser les connaissances pour maîtriser la lèpre. En 1489, la bulle *Cum solerti meditatione* du pape Innocent VIII (1484-1492) incorpora l'ordre de Saint-Lazare à l'Hôpital. Certes, cette disposition ne fut pas appliquée dans tous les pays, mais la Réforme et la sécularisation conduisirent, au cours des XVIᵉ et XVIIᵉ siècles, à la disparition de la plupart des établissements de l'ordre. Ce dernier fut purement et simplement refondé en 1517 et, en 1572, il fusionna avec l'ordre de Saint-Maurice, créé peu de temps auparavant dans le cadre des luttes religieuses. Les deux communautés constituèrent l'ordre de Saint-Maurice et de Saint-Lazare. Cette nouvelle institution renoua avec l'activité hospitalière et les combats religieux, fondement de l'ordre de Saint-Lazare. Ce dernier participa à la lutte contre les Ottomans en Méditerranée et, à l'époque moderne, il développa une activité non négligeable en Italie. En France, en revanche, l'ordre de Saint-Lazare se transforma, après sa fusion avec celui du Mont-Carmel, en un ordre constitué de nobles totalement dépendants du roi de France.

L'ordre de Montjoie

L'histoire de l'ordre de Montjoie est embrouillée. En effet, durant sa courte existence, celui-ci disposa de trois centres et emprunta plusieurs noms. Castille-León, Aragon et les seigneuries de croisés du Proche-Orient constituèrent les différents champs de développement de cette communauté de chevaliers qui, plus que d'autres, symbolisa l'orientation internationale de bien des ordres de chevalerie espagnols.

Le fondateur de l'ordre de Montjoie, le comte léonais Rodrigo de Sarria (mort en 1188), fut un personnage haut en couleur qui se voua entièrement à la lutte contre les musulmans. Il descendait d'une famille fortunée de Lugo, en Galice, dont la présence à la cour royale du León est attestée au début du XIIᵉ siècle. À l'origine, regrettant vraisemblablement de ne pas avoir rejoint les Templiers, il entra en relation avec la confrérie de Cáceres, dont il fut témoin

« Quiconque veut entrer dans l'ordre de chevalerie se doit de considérer et de penser au noble début de la chevalerie. Il convient que la noblesse de son courage et sa bonne éducation concordent et s'accordent à l'origine de la chevalerie [...]. Il n'est donc pas convenable que l'ordre de chevalerie reçoive ses ennemis en son honneur, ni ceux qui sont opposés à ses origines. »
RAYMOND LULLE, *LIVRE DE L'ORDRE DE CHEVALERIE*, XIIIᵉ-XIVᵉ SIÈCLES (TRAD. PATRICK GIFREU, PARIS, LA DIFFÉRENCE, 1991).

Arrivée des pèlerins à l'église du Saint-Sépulcre (manuscrit du XIVe siècle). Paris, Bibliothèque nationale de France.

de la fondation en 1170-1171. On sait que l'ordre de Santiago, dont Rodrigo et son épouse firent partie, naquit en 1172 de cette communauté. Mais juste après l'approbation de l'ordre de Santiago par le légat Hyacinthe (le futur Célestin III, 1191-1198), Rodrigo quitta la communauté. Il cherchait une forme de vie religieuse plus rigoureuse et voulait fonder son propre ordre de chevalerie sous la direction des Cisterciens. On peut supposer que d'autres frères de l'ordre de Santiago l'accompagnèrent, mais on ignore tout des premiers membres de la nouvelle communauté. Celle-ci se constitua, non pas en Castille ou en León, mais en Aragon, où le roi Alphonse II d'Aragon (1162-1194) attribua à Rodrigo et aux frères de l'ordre le château d'Alfambra près de Teruel, lequel donna désormais son nom à la toute jeune communauté de chevaliers. Dans les environs de Teruel, région très récemment conquise par les chrétiens, l'ordre du Temple, qui disposait en Aragon

de nombreuses propriétés, n'était pas doté par le roi. Celui-ci, manifestement, préférait confier la défense de cette contrée aux frontières de Valence à une milice moins nombreuse et qu'il espérait plus fidèle. En décembre 1177, le pape Alexandre III (1159-1181) confirma la fondation de la nouvelle communauté.

Cependant, à cette époque, l'histoire de la communauté avait déjà pris un tournant inattendu. Rodrigo s'était rendu entre-temps en Palestine, où lui et sa communauté avaient acquis des droits de propriété sur le MontJoie, le *Mons Gaudium*, près de Jérusalem. La communauté prit alors le nom de cette éminence du haut de laquelle les pèlerins, arrivant de l'ouest, apercevaient pour la première fois la Ville sainte : *Militia sanctae Mariae Montis Gaudii* de Jérusalem.

Les mois suivants, Rodrigo et les siens reçurent d'autres dotations des mains de Renaud de Châtillon, Guillaume Longue-Épée de Montferrat,

de la princesse Sibylle et du prieur du chapitre du Saint-Sépulcre. Trois ans plus tard, le 15 mai 1180, le pape Alexandre III confirma ces propriétés et d'autres à Acre, Palmaria et Ascalon, ainsi qu'en Lombardie et en Espagne. À la même époque, il affranchit l'ordre de la tutelle cistercienne, exempta la jeune communauté du paiement de la dîme et l'autorisa à célébrer la messe même en cas d'interdit. L'approbation papale obtenue, l'ordre de chevalerie de Montjoie était enfin créé. Cet acte permit pour la première fois à un ordre de chevaliers espagnol de prendre pied parmi les seigneuries de croisés et de constituer ainsi un pendant aux Templiers et aux Hospitaliers dans leur expansion en Occident.

Les raisons du voyage de Rodrigo en Orient sont mal connues. Une chronique du XIIe siècle, l'*Historia Compostellana*, relate que, déjà vers 1121, son grand-père, le comte Rodrigo Velaz, s'était rendu en Terre sainte. Rodrigo pourrait

donc avoir répondu à une tradition familiale. Mais il y a également lieu de croire que durant ces années les relations entre les royaumes chrétiens de la péninsule Ibérique et les seigneuries du Proche-Orient étaient plus étroites qu'on ne le pense généralement, ainsi que le montre la nomination, en 1180, d'un Catalan comme grand-maître de l'ordre du Temple.

En dépit de son nom, l'ordre de Montjoie ne réussit jamais à s'installer en tant que tel en Palestine. À partir de 1180, on ne trouve plus aucune mention le concernant dans les sources du royaume de Jérusalem. En revanche, la forteresse d'Alfambra demeura son véritable centre, à partir duquel les chevaliers défendirent la frontière méridionale du royaume d'Aragon contre les musulmans de Valence. En tout cas, on ignore presque entièrement l'efficacité de cet ordre à la brève existence. Quoi qu'il en soit, les obligations militaires que le maître de l'ordre imposa à ses vassaux

Le Mons Gaudium, *la colline d'où les pèlerins et les chevaliers découvraient la ville de Jérusalem.*

L'église Saint-Luc de Pérouse (Italie), maison mère de l'ordre du Saint-Sépulcre après la chute d'Acre.

d'Alfambra ne se distinguèrent pas de celles des autres seigneurs. Les chevaliers engagés dans la lutte pour la foi étaient d'ailleurs disposés à enrôler des bandes de mercenaires du Brabant, du pays basque et d'Aragon dans leurs rangs, autorisation que leur donna le pape Alexandre III en novembre 1180. En fait, un an plus tard, le pape envoya 20 000 Brabançons en Espagne pour combattre les musulmans. Il semble donc que la communauté prit très au sérieux la défense de la foi. La décision d'intégrer ces combattants est d'autant plus surprenante que juste avant, en 1179, le troisième concile du Latran avait interdit de recourir à ces bandes de mercenaires. En fin de compte, cette tentative d'enrôlement n'eut pas de suite. Mais elle montre, d'une part, que l'ordre connaissait des difficultés de recrutement et, d'autre part, qu'il ne parvenait pas à accéder au rang d'ordre « national » aragonais, à l'instar des ordres de Santiago ou de Calatrava.

Cette entreprise sans lendemain n'attira guère les chevaliers occidentaux vers cet ordre de création récente, et effectivement, après les dotations et attributions de privilèges du début, la communauté ne tarda pas à stagner. Dès 1186, on projeta pour la première fois d'unir l'ordre de Montjoie au Temple. Pourtant, le roi Alphonse II d'Aragon continua à doter son ordre, notamment en lui confiant la forteresse de Villel en 1187 ; un an plus tard, il essaya de lui conserver son autonomie en le réunissant à l'Hôpital du Saint-Rédempteur de Teruel, fondé au plus tard à l'automne 1180. Cette communauté hospitalière suivait la règle de saint Augustin et se consacrait au rachat des prisonniers chrétiens. Il fut alors décidé qu'un quart de tous les revenus des communautés désormais réunies devrait être consacré à la libération des captifs. Alphonse II continua un certain temps à soutenir sa fondation (il est encore question en 1194 de *nostra novella plantatio*), mais des querelles internes ayant éclaté après la mort de Rodrigo, en 1188, les possessions de Montjoie finirent, avec l'accord du roi, par être attribuées aux Templiers.

En revanche, en Castille et en León, l'ordre de Montjoie survécut sous d'autres noms, les frères chevaliers opposant à la décision d'intégration l'argument selon lequel la communauté de Rodrigo avait suivi dès l'origine la règle cistercienne. Ils allèrent s'installer au château de Monfragüe, sur les bords du Tage, en Castille, et donnèrent désormais à l'ordre le nom de Monfragüe. En 1215, le chapitre général de Cîteaux autorisa l'intégration de la nouvelle communauté à l'ordre de Calatrava, décision rendue effective – après de longues querelles avec les Templiers – en 1221 par une ordonnance du roi Ferdinand III de Castille (1217-1252). Tout en confirmant l'affiliation cistercienne de l'ordre de Monfragüe, cette décision mettait fin à son indépendance. Peut-être fut-ce la raison pour laquelle plusieurs frères de Montfragüe y opposèrent une ferme résistance. Il fallut une décennie entière pour que l'ordre de Calatrava pût disposer sans contestation de ses possessions. La fondation du comte Rodrigo de Sarria avait cessé d'exister.

L'ordre de Saint-Thomas

Les données dont nous disposons concernant l'origine de l'ordre de Saint-Thomas sont contradictoires. Le chroniqueur Raoul de Dicet mentionne dans ses *Imagines historiarum* la fondation par son chapelain William d'une chapelle consacrée à Thomas Becket, évêque de Cantorbéry canonisé en 1173. D'autres sources considèrent un certain Hubert Walter comme le fondateur de l'hôpital Saint-Thomas, et un troisième faisceau de textes en fait remonter la création au roi anglais Richard Ier Cœur de Lion, qu'en tout cas la mémoire historique a retenu comme le fondateur de l'ordre.

L'hôpital anglais d'Acre fut construit à proximité immédiate de la maison de l'ordre des Teutoniques, à l'est de la ville, les frères se consacrant à l'assistance aux pauvres et aux malades, et à l'inhumation des morts. Le premier

Pendant la troisième croisade, une chapelle fut érigée à Acre en l'honneur du martyr Thomas Becket, assassiné en 1170. C'est là que s'installèrent les chanoines réguliers de Saint-Thomas, voués à des activités charitables et hospitalières.

Dans le premier quart du XIIIe siècle, l'ordre subit une transformation radicale en devenant un ordre militaire. Ci-dessus, meurtre de saint Thomas (manuscrit du XVe siècle). Cambridge (Grande-Bretagne), Fitzwilliam Museum.

prieur aurait été le chapelain de Raoul de Dicet et la communauté adopta la règle de saint Augustin pour base de sa vie religieuse. Il semble qu'au début elle rencontra des difficultés, car on a la preuve qu'en 1207 des frères de Saint-Thomas se rendirent en Angleterre pour y chercher des fonds. Il se peut qu'au cours de ces voyages le duc Geoffrey Fitz Piers d'Essex leur ait confié deux hôpitaux à Berkhamstead, dont l'un était une léproserie.

C'est seulement quelques décennies plus tard que l'évêque Pierre des Roches de Winchester (mort en 1238) donna à l'ordre son réel essor. Il accompagna le comte Richard de Cornouailles de 1227 à 1231 lors de sa croisade en Palestine et il est probable que dès son arrivée l'évêque finança personnellement l'installation des frères de Saint-Thomas dans une église qu'il avait fait construire dans la partie nord-ouest de la ville, où vivait la majorité des occupants anglophones. En leur accordant un don de 500 marks, il donna l'assise financière qui allait assurer sa pérennité à la communauté désormais organisée sur le modèle des Templiers et des Teutoniques. Il semble que, du point de vue militaire, le responsable en fut l'évêque lui-même. Ayant l'expérience de la guerre, il avait aussi, durant son voyage en Orient, soutenu financièrement la construction de nouvelles défenses à Jaffa et à Sidon. On suppose même que les premiers frères chevaliers provenaient de sa suite.

À peu près à la même époque, Thomas Fitz Theobald de Helles mit à la disposition de l'ordre un hôtel londonien sur le terrain duquel se trouvait la maison natale de Thomas Becket. Des écrits ultérieurs, peu crédibles toutefois, relatent que ce bienfaiteur aurait même été marié à Agnès, la sœur de Thomas Becket.

Les papes Innocent III (1198-1216) et Honorius III (1216-1227) placèrent les chanoines de Saint-Thomas sous leur protection apostolique, tandis que leurs successeurs Grégoire IX (1227-1241) et Alexandre IV (1254-1261) confirmèrent et encouragèrent expressément l'institution baptisée *Militia hospitalis Sancte Thome martyris Cantuariensis in Acon*. En particulier, le privilège accordé en 1256 par Alexandre IV promettant des indulgences aux bienfaiteurs de l'hôpital Saint-Thomas et autorisant celui-ci à demander un soutien une fois par an dans les églises doit avoir contribué à renforcer la solidité de l'ordre. En même temps, le pape autorisa les frères de Saint-Thomas – sur le modèle de privilèges semblables accordés aux Templiers et aux Hospitaliers – à donner une sépulture chrétienne à leurs frères, y compris en cas d'interdit. Il semble cependant que l'ordre n'ait pas obtenu, contrairement à d'autres, l'exemption de la juridiction épiscopale.

L'ordre reçut également un soutien considérable de la part du pouvoir royal : en 1239, le roi Henri III (1216-1272) dota la communauté de 200 marks destinés à l'acquisition de terres et lui accorda en 1268 d'autres propriétés à Londres. Le prince Édouard, parti en croisade à Acre en 1271 mais bien vite revenu, monta sur le trône sous le nom d'Édouard Ier (1272-1307), puis dota la communauté (devenue « ordre anglais ») d'autres moyens financiers. Il finança aussi une tour des remparts d'Acre, dont il confia la surveillance à l'ordre de Saint-Thomas. Les frères de Saint-Thomas auraient défendu Acre avec les Hospitaliers lors du siège de la ville en 1291. On prétend que le chef des troupes anglaises d'Acre, Otto de Granson, était un membre de la communauté. Cependant, la plupart des informations sur les activités militaires de l'ordre au Proche-Orient sont tardives et donc sujettes à caution.

Après la chute de la ville, les chevaliers se replièrent d'abord à Chypre, où ils servirent dans la chapelle Saint-Nicolas à Nicosie. Ils finirent toutefois par transférer le siège de l'ordre en Angleterre. Dès 1257, Alexandre IV attribua aux frères de Saint-Thomas le patronat de l'église Sainte-Marie de Colechurch à Londres où, grâce à des dons et achats, ils acquirent de vastes propriétés. Finalement, les chevaliers se retirèrent dans l'hôpital Saint-Thomas d'Acre, également situé dans la cure Sainte-Marie de Colechurch. De là, ils administrèrent leurs vastes domaines qui s'étendaient du Surrey à Carrick-on-Suir, Doncaster, Kilkenny et Buckingham. Quelques-unes de ces propriétés étaient des hôpitaux, ce qui montre que l'ordre de Saint-Thomas continua à exercer des activités d'assistance.

Il est possible que les efforts déployés pour défendre les seigneuries de croisés du Proche-Orient expliquent les emprunts non négligeables contractés par la maison londonienne à la fin du XIIIe siècle. Toujours est-il que la situation financière précaire de l'ordre a suscité les premiers projets de réunion de l'ordre de Saint-Thomas à celui du Temple, sans que finalement ils se réalisent. Le roi anglais Édouard II (1307-1327) ayant fait plusieurs tentatives pour supprimer la maison londonienne, celle-ci dut non seulement affirmer le rôle prépondérant qu'elle jouait au sein des possessions anglaises, mais aussi, en dernier ressort, vis-à-vis de sa filiale chypriote.

On ne peut estimer dans le détail l'importance des possessions de l'ordre de Saint-Thomas. Un document de 1344 mentionne des domaines à Chypre et en Sicile, en Apulie, en Calabre, à Brindisi, en Angleterre, dans les Flandres, le Brabant, en Écosse, dans le pays de Galles, en Irlande et en Cornouailles. Mais ce panorama ne doit pas masquer le fait que l'ordre de Saint-Thomas fut un ordre de chevalerie anglais, totalement « national ». Il semble que ses possessions extérieures n'aient pas été nombreuses au point d'exiger la création de structures affirmées : pas plus que l'ordre de Montjoie, les frères de Saint-Thomas ne s'organisèrent en provinces, ni ne créèrent une hiérarchie différenciée.

Jusqu'au milieu du XIVe siècle, la branche chypriote de l'ordre subsista et conserva, du moins sur le papier, la tradition militaire de la communauté. Mais, dans les années 1370, les informations provenant de l'ordre de Saint-Thomas à Chypre tarissant, la maison londonienne put désormais considérer qu'elle était à la tête de l'ordre. Entre-temps, les frères n'exerçaient plus que des activités caritatives, évolution qui se constate également pour l'ordre des Teutoniques. Les possibilités d'intervention de la maison londonienne sur les filiales britanniques diminuèrent progressivement.

Au cours du XVe siècle, l'ordre subit de nouvelles pertes ; seule la maison principale jouissait

À la fin du XIIIe siècle, on envisagea de réunir l'ordre de Saint-Thomas à celui du Temple, mais le projet n'aboutit pas. Ci-contre, enseigne de pèlerinage à l'effigie de saint Thomas Becket. Londres, Museum of London.

manifestement auprès de la population locale d'une certaine popularité, comme en témoignent les dons et dotations. Mais ni le soutien ni la proximité des tisserands londoniens, devenus, au XVe siècle, les protecteurs de l'hôpital Saint-Thomas, ne purent en empêcher la dissolution lors de la sécularisation. Au XIXe siècle, une nouvelle église consacrée à saint Thomas fut construite à l'endroit où, au XVIe siècle, s'élevait une chapelle.

HISTOIRE D'UNE FAUSSE ATTRIBUTION : LE PRÉTENDU ORDRE DES CHEVALIERS DU SAINT-SÉPULCRE

En principe, l'ordre du Saint-Sépulcre ne devrait pas figurer dans l'histoire des ordres religieux-militaires du Moyen Âge, car cette communauté n'était pas à cette époque un ordre de chevaliers, mais un ordre de chanoines réguliers. Cependant, l'hypothèse selon laquelle cette institution aurait, dès ses débuts, participé activement aux combats militaires figure dans un grand nombre de récits anciens et récents. Ces derniers attribuent même certaines églises et d'autres constructions aux Hospitaliers et surtout aux Templiers, alors

L'ordre de Saint-Thomas survécut en Angleterre, en tant qu'institution religieuse à vocation purement charitable, jusqu'à sa dissolution au XVIe siècle. Ci-contre, enseignes de pèlerinage associées au culte de la figure de saint Thomas Becket (XIVe siècle). Londres, Museum of London.

qu'en réalité elles relevaient de l'ordre du Saint-Sépulcre. L'exemple le plus célèbre est celui de l'église de la Vera Cruz, près de Ségovie, dans le centre de l'Espagne, désignée fréquemment dans des publications spécialisées comme faisant partie des plus importantes églises des Templiers. En fait, il s'agissait d'un établissement de l'ordre du Saint-Sépulcre. Il semble donc nécessaire de se pencher brièvement sur cette allégation fausse et tenace.

L'idée qu'il y eût déjà au XIIe siècle un ordre de chevaliers du Saint-Sépulcre provient de deux sources. D'un côté, il y eut effectivement un ordre portant ce nom qui, sous une forme modifiée, existe encore aujourd'hui et marque fortement l'image publique de cette institution. Cet ordre remonte à un usage, attesté au début du XIVe siècle, qui consistait à armer chevaliers les nobles qui se rendaient au Saint-Sépulcre de Jérusalem. Sous la surveillance des franciscains qui depuis la décennie 1330 assuraient le service religieux des chrétiens d'Occident au tombeau du Christ, cette coutume se poursuivit jusqu'à l'époque moderne et fut à l'origine d'associations aristocratiques liées entre elles de façon plus spirituelle qu'institutionnelle. Au XVIe et au XVIIe siècle, plusieurs princes, dont le roi Philippe II d'Espagne (1556-1598), entreprirent de fonder un ordre du Saint-Sépulcre, sans succès. C'est seulement au XIXe siècle que l'on réussit à réunir les diverses communautés portant ce nom au sein d'une institution très nettement aristocratique, l'ordre des chevaliers du Saint-Sépulcre (*Ordo Equestris S. Sepulcri Hierosolymitani*).

Une seconde raison permet de supposer l'existence d'une communauté de chevaliers du Saint-Sépulcre déjà fondée au haut Moyen Âge et autorisée par le pape. À cette époque, des particuliers, mais aussi des institutions, entretenaient manifestement un rapport juridique avec le chapitre du Saint-Sépulcre. On dispose même dans les deux cas de documents du XIIe siècle qui semblent étayer cette thèse. Dans le premier cas, il s'agissait de chevaliers (*milites*) qui s'engageaient collectivement dans le chapitre de la cathédrale de Jérusalem et qui, sur la base de cette relation particulière, se nommaient *milites Sancti Sepulcri*, chevaliers du Saint-Sépulcre. Au haut Moyen Âge, d'autres institutions offraient aussi la possibilité à des laïcs de mener une vie semi-religieuse entre l'Église et le monde civil ; dans ce sens, le chapitre de Jérusalem n'était pas une exception.

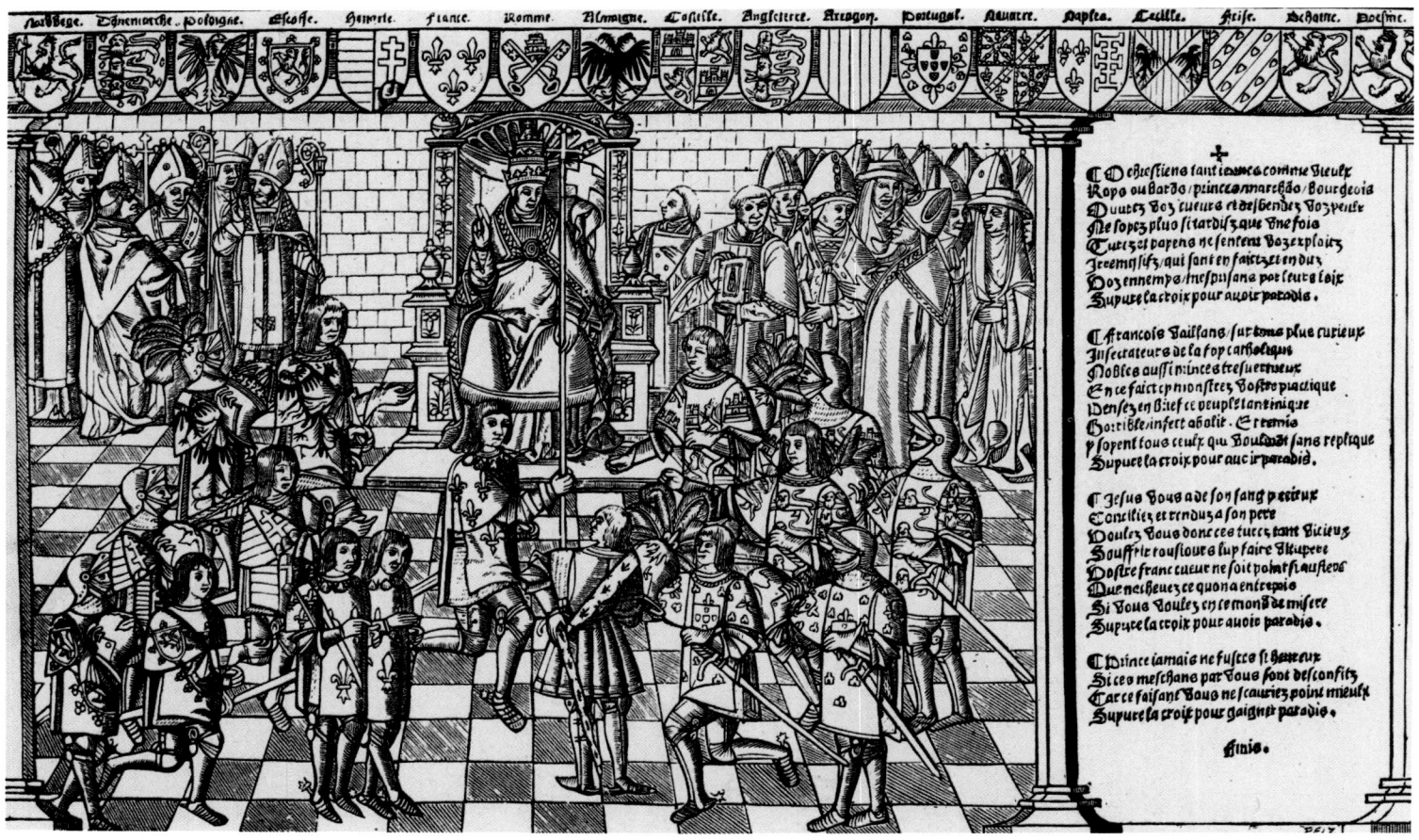

Les *milites Sancti Sepulcri* s'inscrivent donc dans le phénomène général des donats et oblats du Moyen Âge et ne sont nullement la preuve de l'existence d'un ordre de chevaliers du Saint-Sépulcre. Les circonstances particulières dans lesquelles se trouvait l'Église en Terre sainte à l'époque des croisades expliquent probablement pourquoi des historiens des temps modernes ont vu dans ces hommes de haut rang les membres d'une institution constituée autorisée par le pape. En fait, le lien juridique avec le chapitre fut non seulement entretenu par des personnes mais également par des institutions. En effet, on tient depuis peu pour vraisemblable le fait que les premiers Templiers comme les premiers Hospitaliers

étaient dépendants du patriarche et ne s'en affranchirent qu'entre 1113 et 1130 environ. On trouve des traces ténues de cette ancienne relation dans quelques particularités liturgiques des deux ordres. Quoi qu'il en soit, il serait faux de déduire de cette forme de relation l'existence d'un ordre de chevaliers du Saint-Sépulcre au XIIe siècle, car il n'y eut ni institutionnalisation ni approbation de ces communautés par le patriarche. Même si aucun ordre de chevaliers du Saint-Sépulcre n'a existé au Moyen Âge, on peut donc considérer comme certain que l'église du Saint-Sépulcre à Jérusalem a bien été la « maison mère » spirituelle des deux grands ordres de chevalerie en Palestine.

Le pape Urbain II (1088-1099) fut le grand artisan du premier projet pontifical de croisade. Ci-dessus, enluminure anglaise du XVe siècle.

Peu de temps après la prise de Jérusalem, en 1099,
Godefroi de Bouillon établit dans la Ville sainte
le chapitre de chanoines qui fut à l'origine
de l'ordre du Saint-Sépulcre. Ci-dessus, scène
de la conquête de Jérusalem où figure Godefroi
de Bouillon, dans le Livre des croisades (XIVᵉ siècle).
Vienne, Bibliothèque nationale.

*L'ordre canonial du Saint-Sépulcre fut dissous
en 1489 par Innocent VIII et une partie
de ses biens revint aux Hospitaliers
de Saint-Jean de Jérusalem. L'église
de la Vera Cruz, consacrée en 1208, était
une des possessions de l'ordre
du Saint-Sépulcre en Espagne. Ci-dessus,
vue extérieure de l'église de la Vera Cruz,
à Ségovie, avec l'Alcázar à l'arrière-plan.
Page de droite, vue intérieure.*

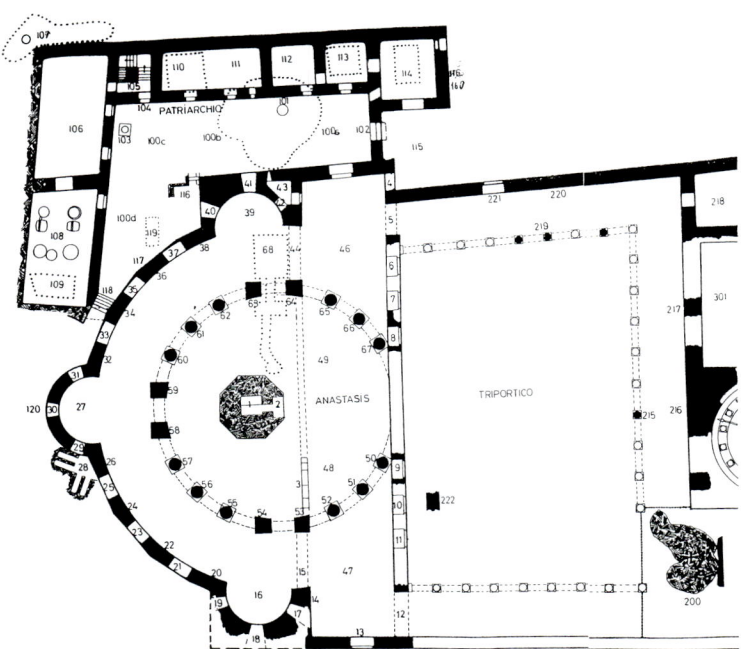

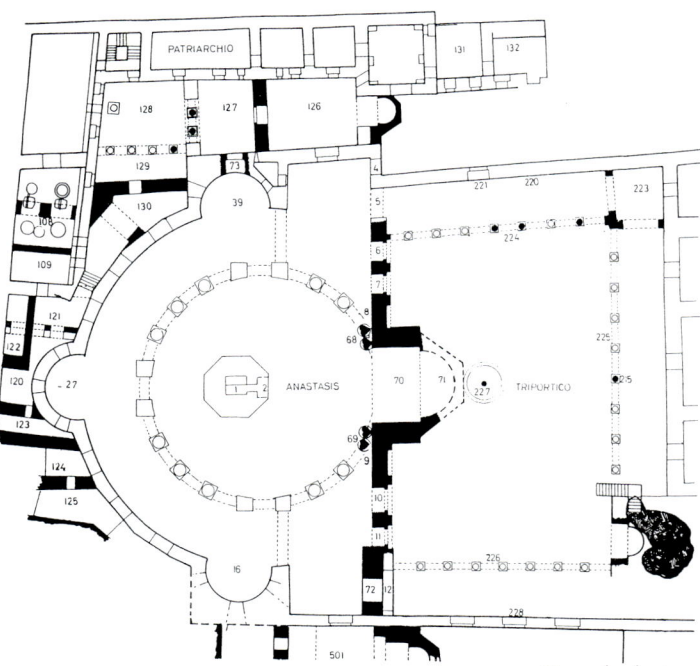

Ci-dessus :
Plan de l'église du Saint-Sépulcre de Jérusalem au IVe et au XIe siècle. Avec son martyrium *constantinien, l'église du Saint-Sépulcre était un modèle unique qui a inspiré de nombreuses imitations pendant la période allant approximativement de 1050 à 1150.*

Page de droite :
La croisade avait pour but de délivrer le Saint-Sépulcre, le tombeau du Christ. Après la prise de Jérusalem, en 1099, les croisés firent construire une église accrochée à la rotonde édifiée par l'empereur Constantin. Vue de la façade et du clocher.

On trouve plusieurs églises en Occident qui s'inspirent de la rotonde du Saint-Sépulcre de Jérusalem, appelée également l'Anastasis (« Résurrection » en grec). Ci-dessus, deux exemples en Italie : l'église Saint-Laurent, à Mantoue, et l'ancienne cathédrale de Brescia.

La première (à gauche) date du XIe siècle et constitue une copie parfaite de la rotonde de l'Anastasis. La seconde (ci-dessus), édifiée aux XIe-XIIe siècles, offre un autre exemple d'essai de reproduction du Saint-Sépulcre de Jérusalem.

Page de gauche :
La Dormition de la Vierge,
œuvre du scriptorium du
Saint-Sépulcre (XIIᵉ siècle).
Psautier de la reine Mélisende.
Londres, British Library.

Après la chute d'Acre (1291),
l'ordre de Saint-Lazare quitta la Terre sainte
et établit définitivement son siège en France.
Œuvre de Duccio (XIIIᵉ siècle) représentant
la résurrection de Lazare. Fort Worth (Texas),
Kimbell Art Museum.

Ci-contre :
Mosaïque représentant le pape Innocent III (1198-1216), grand bienfaiteur des ordres secondaires de Terre sainte. Rome, Museo di Roma.

Ci-dessous :
L'ordre de Saint-Lazare s'étendit dans tout l'Occident chrétien, de l'Angleterre jusqu'en Hongrie. Inscription paléochrétienne avec la figure de Lazare. Cité du Vatican, Galerie lapidaire.

Sceau à l'effigie du roi
Édouard Iᵉʳ d'Angleterre
(1272-1307), grand bienfaiteur
de l'ordre de Saint-Thomas.

Le château de Caernarvon,
au pays de Galles, fut édifié
par Édouard Iᵉʳ.

Les ordres militaires hispaniques au Moyen Âge

Enrique Rodríguez-Picavea Matilla

L'uniforme des chevaliers de l'ordre de Santiago. Madrid, musée de l'Armée.

Page de gauche :
Le plus important des ordres ibériques était l'ordre de Santiago. En 1170, une confrérie de chevaliers se constitua à Cáceres, avec l'appui du roi Ferdinand II de León, et se transforma en milice religieuse un an plus tard, sous l'invocation de l'apôtre saint Jacques. Celui-ci est représenté ici arborant la croix de l'ordre sur le retable en faïence de l'église Santa María de Tentudía (Badajoz), dont les origines remontent au XIIIᵉ siècle.

Au milieu du XIIᵉ siècle, les souverains de la péninsule Ibérique ressentent le besoin de disposer d'instruments appropriés pour organiser en fonction de leurs intérêts les territoires frontaliers avec les musulmans d'al-Andalus. Ils vont se tourner vers les ordres militaires, ces institutions qui avaient vu le jour quelques décennies plus tôt sur une autre frontière entre l'Islam et la chrétienté, en Terre sainte. Il n'est donc pas question de créer quelque chose de nouveau, mais d'adapter le modèle existant aux intérêts des royautés ibériques. Les souverains de la péninsule ont d'abord tenté d'utiliser les ordres militaires « universels », mais cette initiative ne produira que des résultats mitigés, voire des échecs retentissants, en raison de la soumission de ces ordres à la papauté et de leur engagement dans la croisade en Orient. C'est ce qui poussera les souverains à créer des ordres militaires autochtones. Bien que ces nouvelles institutions restent placées sous l'autorité du pontife romain, elles sont beaucoup moins inféodées à la papauté que les ordres « internationaux ». Les rois, véritables promoteurs de leur essor et leur consolidation, pourront par conséquent les utiliser contre les Almohades pour organiser et intégrer les territoires frontaliers. Nous allons nous intéresser ici aux ordres militaires autochtones fondés dans l'orbite géographique des royaumes de Castille, de León et de la couronne d'Aragon. Le cas du Portugal, qui s'inscrit dans cette même dynamique, sera étudié dans un autre chapitre. Le royaume de Navarre, qui n'avait pas de frontières avec al-Andalus, ne donna pas naissance à des ordres militaires propres.

Définition, objectifs et fonctions

Les ordres militaires « universels » sont le produit de deux facteurs : l'idéal croisé de la réforme grégorienne et le féodalisme, dont deux des signes d'identité sont la religion et la guerre. Un troisième facteur vient s'ajouter dans la péninsule Ibérique : l'essor des monarchies féodales, qui est un élément essentiel dans la naissance des ordres militaires hispaniques. Ces nouvelles institutions sont investies d'objectifs et de fonctions qui dépassent le cadre étroit de la définition traditionnelle des ordres religieux. Aux vœux de chasteté, pauvreté et obéissance, les ordres militaires associent la défense de la chrétienté par la force des armes. Il s'agit bien d'ordres religieux de l'Église catholique, dont les membres prennent un engagement monastique, mais une partie des frères sont des chevaliers qui deviennent le bras armé de la chrétienté. C'est cette symbiose qui donne naissance à la figure du moine-soldat.

Les ordres militaires de Terre sainte sont créés pour défendre la chrétienté ; ils sont les *milites Christi* (soldats du Christ) d'une Église réformatrice et militante. Dans la péninsule Ibérique, les ordres autochtones, tout en conservant leur rôle de *milites Christi*, ont pour mission d'être le bras armé des monarchies qui ont contribué à leur fondation. Efficaces instruments de l'Église et des royautés, les ordres militaires remplissaient un certain nombre de fonctions parmi lesquelles cinq sont particulièrement importantes : il s'agit des fonctions militaire, ecclésiastique, hospitalière, économique et politique.

La fonction militaire, principale caractéristique et raison d'être des ordres militaires, est ce qui distingue nos institutions des autres ordres religieux. Étant donné son importance, nous étudierons cette activité plus loin.

En tant qu'ordres religieux de l'Église, les ordres militaires accomplissaient un travail ecclésiastique analogue à celui d'autres institutions religieuses, ce qui leur permit parfois de contrôler certaines paroisses de leurs seigneuries. Le pouvoir exercé sur les paroisses, cellule de base de la juridiction ecclésiastique ordinaire, fut à l'origine de nombreux conflits avec la hiérarchie ecclésiastique des diocèses où les ordres étaient implantés. Les conflits portaient sur l'attribution des revenus et des droits. La plupart du temps, le partage des revenus permit d'arriver, non sans difficultés, à une solution.

La fonction hospitalière constitue un volet important des activités des ordres militaires. Élément consubstantiel des communautés monastiques, l'hospitalité est également à l'origine de la naissance des premiers ordres militaires. L'action hospitalière comportait quatre grandes facettes : l'assistance aux membres malades ou âgés de l'ordre ; le soin des blessés au combat ; la libération des captifs de guerre ; l'aide aux indigents, aux malades, aux enfants abandonnés, aux nécessiteux et aux pèlerins (route de Compostelle). Pour mener à bien des missions aussi diverses, les ordres disposaient dans la péninsule Ibérique d'hôpitaux installés sur le front comme à l'arrière. Un des plus actifs dans ce domaine fut l'ordre de Santiago, qui avait de nombreux hôpitaux implantés très tôt dans le royaume de Tolède (Uclés, Tolède, Cuenca, Talavera, Huete, Alarcón, Moya), le royaume aragonais (Teruel, Saragosse) et sur le chemin de Saint-Jacques (San Marcos, Alcoba, Santa María de las Tiendas, Villamartín), entre autres régions. Bien que moins connue, l'action hospitalière de l'ordre de Calatrava a eu un rôle précurseur, notamment sur la dangereuse frontière tolédane, avec des hôpitaux à Guadalerzas, El Collado ou Santa Olalla, mais aussi avec l'hôpital de Bellota, dans la Rioja, sur le « chemin français » emprunté par les pèlerins, en plus des établissements installés dans les couvents de Calatrava, Salvatierra, Zorita, Alcañiz et Martos.

Dans le domaine économique, les ordres militaires ont accompli une considérable œuvre de colonisation dans de vastes territoires de la péninsule, en s'occupant de l'exploitation des terres et en les intégrant dans la structure économique des royaumes. Sans oublier la dimension seigneuriale des ordres, qui implique de nombreux aspects économiques sur lesquels nous aurons l'occasion de revenir.

La fonction politique, pour finir, n'est certainement pas la dernière en importance. Il s'agit en effet d'un facteur essentiel pour comprendre l'essor des ordres militaires dans les royaumes ibériques. Les ordres militaires ont contribué à la stabilité politique des monarchies en fixant les frontières et en intégrant les espaces frontaliers dans la structure politique des royaumes, ce qui a permis aux souverains de renforcer leur contrôle sur les territoires situés dans les marges.

Origines et typologie

La naissance des ordres militaires dans l'Occident chrétien est rendue possible par l'évolution intellectuelle qui permet d'associer deux figures jusque-là différentes et même opposées : le moine et le soldat. Malgré tout, l'assimilation de la figure du moine-soldat en tant qu'élément « naturel » de la société a été assez lente et la nouvelle institution a rencontré un certain nombre de résistances parmi ses contemporains.

C'est dans ce contexte général que les ordres militaires ibériques font leur apparition, dans la seconde moitié du XIIe siècle, au moment où les royautés de la péninsule se consolident et cherchent à fixer plus clairement les limites et les dimensions de leur juridiction territoriale. La sphère géographique privilégiée pour l'implantation des ordres se situe naturellement dans la vaste zone frontière avec al-Andalus, qui s'étend de l'embouchure du Tage, à l'ouest, au delta de l'Èbre, à l'est, et dont les principales régions sont l'Alentejo portugais, l'Estrémadure, la Manche, les terres du Bas-Aragon au sud de l'Èbre et la Nouvelle-Catalogne.

Deux voies ont été suivies pour constituer les ordres militaires : la sacralisation de la chevalerie et la militarisation des ordres religieux.

« Là mourut de sa mort Alfón Méndez de Guzmán, bon maître de Santiago, seigneur très accompli, abri des hidalgos, dispensateur de grands dons, qui toujours acquit grand renom/homme à l'heureuse destinée. »

Poème du roi Alphonse XI de Castille, 1348, qui raconte la mort d'Alfonso Méndez de Guzmán au siège d'Algésiras (1344).

« [...] il y avait aussi les frères de Calatrava sous le commandement du maître de leur ordre Rodrigo Díaz, fraternelle compagnie agréable à Dieu et aux hommes ; les frères de l'ordre du Temple sous le commandement de leur maître Gómez Ramírez, qui mourut en paix après la bataille. Ceux-là furent les premiers qui fondirent devant le Nouveau Testament, prenant l'enseigne de la croix, arborant la fierté militaire unie à la charité et la religion [...]. Étaient là également les frères de l'ordre de l'Hôpital lesquels [...], mus par le zèle de la foi et l'inquiétude pour la Terre sainte, empoignèrent l'épée de la défense. Ceux-là, sous le commandement de leur prieur Gutierre Ermigildo ; ainsi que les frères de l'ordre de Santiago, sous le commandement de leur maître Pedro Arias. Ceux-là se distinguèrent par de nombreux exploits en terres d'Espagne. »

Participation des ordres militaires à la bataille de Las Navas de Tolosa (1212) d'après l'archevêque Rodrigo Jiménez de Rada, témoin et chroniqueur de la bataille.

SEIGNEURIES DES ORDRES MILITAIRES HISPANIQUES (XIIIᵉ-XIVᵉ s.)

Santiago
Calatrava
Alcántara
Montesa

ORDRE DE SANTIAGO
châteaux
couvents
propriétés

ORDRE DE CALATRAVA
châteaux
couvents
propriétés

ORDRE D'ALCÁNTARA
châteaux
couvents
propriétés

ORDRE DE MONTESA
châteaux
couvents
propriétés

0 20 40 60 80 100 km

Dans le premier cas, des chevaliers laïcs prononcent les vœux monastiques de pauvreté, chasteté et obéissance, formant ainsi une communauté qui se transforme en ordre militaire après avoir obtenu l'approbation pontificale de sa règle. C'est ce modèle qu'a suivi le premier des ordres « universels », le Temple. Dans la péninsule, cette voie inspirera la création de l'ordre de Santiago. Dans le second cas, un ordre religieux se militarise avec l'approbation du pape. C'est la voie suivie par les autres ordres « internationaux », comme les Hospitaliers et les Teutoniques. L'ordre de Calatrava est l'exemple le plus caractéristique de ce modèle dans la péninsule.

Carlos de Ayala a forgé, très justement, deux termes pour définir les deux types d'ordres militaires créés dans la péninsule Ibérique, qu'il distingue par ailleurs des ordres « universels » dont la dénomination dérive de la nature du projet qui leur a donné naissance et qu'ils servent. Selon cette classification typologique, nous aurions des ordres « territoriaux » et des ordres « nationaux ». Le premier type correspond chronologiquement aux ordres hispaniques primitifs, le second aux ordres tardifs.

Les ordres militaires primitifs (1158-1201)

Les ordres hispaniques primitifs – les ordres « territoriaux » – font leur apparition dans la seconde moitié du XIIᵉ siècle, au moment où les monarchies féodales affirment leur pouvoir sur des territoires bien définis et contestent la

Une grande partie des membres
des ordres militaires étaient
des chevaliers issus
de la noblesse.
Ci-contre, détail d'une frise
de soubassement mudéjar
du XVᵉ siècle provenant
de Curiel de los Ajos
(Valladolid). Madrid,
Musée archéologique national.

juridiction des pouvoirs universels. Les souverains commencent alors à soutenir la création de nouveaux ordres autochtones, qu'ils associent étroitement à leurs projets territoriaux et dont ils font leur bras armé en adaptant l'idéal de la croisade à leurs propres intérêts. Ces ordres militaires, implantés dans un royaume, sont moins inféodés à la papauté. Ils ne tarderont pas à s'installer dans les royaumes voisins, à l'appel des souverains qui leur confient d'autres projets territoriaux.

Le plus ancien est l'ordre de Calatrava, qui prend le nom du lieu où il est fondé, inaugurant une tradition que suivront la plupart des ordres hispaniques. C'est le royaume de Castille qui est le berceau de l'ordre de Calatrava, créé dans la forteresse la plus avancée sur la frontière avec al-Andalus. Le projet du premier ordre militaire hispanique est profondément castillan. Il est soutenu par le roi Sanche III, avec pour objectif d'intégrer territorialement la frontière méridionale et de renforcer l'identité du royaume. La donation, en janvier 1158, de la *villa* de Calatrava à l'ordre de Cîteaux, au monastère de Fitero et à son abbé Raymond marque la naissance du nouvel ordre militaire. Le chapitre général de l'ordre cistercien approuve cinq ans plus tard la

règle, qui est confirmée par le pape en cette même année 1163. Calatrava a toujours été le plus castillan des ordres hispaniques. Il reçoit très tôt des donations des autres royaumes de la péninsule, mais il est resté tout au long du Moyen Âge un ordre fondamentalement castillan avec une importante branche aragonaise. À peu près un quart de siècle après son institutionnalisation, Calatrava aura théoriquement la tutelle de deux nouveaux ordres militaires, San Julián del Pereiro et Évora. Le contrôle réel de ces filiales s'avérera cependant très problématique.

Le royaume de León sera le berceau du deuxième ordre militaire hispanique, l'ordre de Santiago. En 1170, une confrérie de chevaliers se forme dans la ville de Cáceres, avec l'appui du roi de León Ferdinand II. Quelque temps plus tard, en février 1171, la confrérie se transforme en milice religieuse en vertu d'un accord conclu avec l'archevêque de Saint-Jacques. Les frères de Cáceres reçoivent le nom de chevaliers de Saint-Jacques-de-l'Épée (Santiago) et des revenus, en échange de l'hommage et du service qu'ils doivent à l'Église compostellane en tant que chevaliers de l'Apôtre. La dépendance vis-à-vis du siège archiépiscopal sera de courte durée.

La confirmation pontificale du nouvel ordre militaire, qui inclut la dotation d'une règle propre, a lieu en 1175. Les Santiaguistes vont obtenir, en peu de temps, d'importantes possessions dans tous les royaumes péninsulaires ; ils ne restent pas aussi attachés que les Calatravais à leur royaume d'origine C'est ainsi que la forteresse d'Uclés, poste frontière avancé dans le royaume de Castille, devient très tôt le noyau central de l'ensemble des possessions de l'ordre. De sorte que l'on pourrait considérer l'ordre de Santiago comme le plus ibérique de tous les ordres de la péninsule, puisqu'il est associé à des projets territoriaux léonais, castillans, portugais et aragonais. Par l'importance quantitative et qualitative de ses seigneuries, l'ordre de Santiago

était à la fin du XIIIᵉ siècle le principal ordre militaire d'origine péninsulaire. Signalons également le rattachement à Santiago, avant 1180, de l'ordre militaire de San Marcos de León, une institution de courte existence dont l'organisation en milice n'est pas antérieure à 1172.

C'est de l'époque de l'institutionnalisation de l'ordre de Santiago que datent les premières mentions fiables concernant l'ordre de San Julián del Pereiro. Ce dernier tient son nom d'une localité située à l'époque dans la zone méridionale de la frontière léonaise avec le royaume du Portugal. Une communauté de frères, dirigée par un prieur nommé Gómez et ayant en charge l'église de San Julián del Pereiro, est attestée en 1175. L'année suivante, le pape Alexandre III place la communauté sous la protection du Saint-Siège. C'est dans les années 1180 qu'apparaissent les premiers signes de militarisation. Cette évolution répond à la fin des trêves entre Léonais et Almohades, et à l'intérêt qu'avait l'ordre de Calatrava de voir se militariser la communauté religieuse afin d'exercer un contrôle sur la nouvelle milice. Le prieuré de San Julián et ses biens sont associés à l'ordre de Calatrava dès 1187, mais ce dernier semble exercer un contrôle plus théorique que réel. Parallèlement, le roi de Castille Alphonse VIII tente d'attirer dans son royaume l'ordre de San Julián, en lui donnant la forteresse frontalière de Trujillo (1188). Mais la tentative d'implantation castillane sera éphémère et s'achèvera en 1196, après la défaite des chrétiens à Alarcos et la conquête par les Almohades des principales positions de San Julián en Castille. Le souverain castillan réserva les rares possessions qu'avait conservées Trujillo à l'ordre de Calatrava, qui se trouvait dans une situation critique après la perte de la forteresse de Calatrava et de son territoire. En tout état de cause, les Calatravais n'ont pas pu exercer une réelle tutelle sur San Julián avant l'accord fondamental conclu en 1218, avec le soutien du roi de León Alphonse IX, qui faisait du maître de Calatrava le supérieur hiérarchique direct de l'ordre de San Julián del Pereiro. En échange, ce dernier recevait la forteresse d'Alcántara et d'autres possessions calatravaises dans le royaume de León, c'est-à-dire le patrimoine de l'ordre d'Alcántara, la filiale de Calatrava en terres léonaises qui s'était constituée peu de temps auparavant. L'accord ne fut pas sans rencontrer l'opposition de quelques frères de San Julián, mais l'union des royaumes de Castille et León, en 1230, finit par entériner la nouvelle institution, connue désormais sous le nom d'ordre d'Alcántara.

Alors que les premières milices castillano-léonaises voient le jour, quelques initiatives soutenues par le pouvoir royal sont également attestées dans la couronne d'Aragon, menacée dans les années 1170 par les troupes almohades. Par exemple, la milice d'Alcalá de la Selva est fondée en février 1174, lorsque Alphonse II d'Aragon fait don du château d'Alcalá, dans la province de Teruel, à l'abbaye Sainte-Marie de la Sauve-

Majeure et à son prieur à Ejea, Raymond de Tharz, avec le mandat explicite de servir Dieu, la chrétienté et la monarchie aragonaise par la « destruction des Sarrasins ». On ignore si Cîteaux ou la papauté étaient derrière un projet aussi ambitieux, puisqu'on ne connaît aucune dotation d'une quelconque règle religieuse régissant la vie de la communauté. Ce flou organique et statutaire, auquel s'ajoute le désintérêt des rois suivants, va progressivement cantonner la milice d'Alcalá à un rôle marginal, jusqu'à ce que l'abandon de la forteresse d'Alcalá de la Selva, avant la fin du XIVe siècle, signe son acte de décès.

C'est dans ce même contexte géographique et chronologique que se situe la naissance d'un nouvel ordre militaire d'obédience cistercienne. En 1174, Alphonse II donne la forteresse d'Alfambra, dans la province de Teruel, à Rodrigo Álvarez, un comte léonais qui avait quitté l'ordre de Santiago pour chercher une observance plus rigoureuse dans la règle de Cîteaux. Dès 1180, l'ordre prend le nom de Montjoie après avoir reçu des donations en Terre sainte, et plus précisément la colline Montjoie d'où les pèlerins découvraient Jérusalem. Le chapitre cistercien refuse d'admettre le nouvel ordre, qui sera de ce fait placé sous l'autorité directe du pontife romain. Cette situation finit par entraîner une refondation de l'institution qui, en 1188, prend le nom d'ordre du Saint-Rédempteur à la suite du transfert de son siège, avec le soutien d'Alphonse II, dans l'hôpital éponyme que le roi venait de fonder à Teruel. La refondation provoque un schisme à l'intérieur de l'ordre, divisé entre une faction aragonaise, qui finira par être unie au Temple en 1196, et une faction castillane. Grâce à l'appui du roi Alphonse VIII de Castille, cette dernière établit son siège dans la forteresse de Monfragüe et commence à être connue sous ce nom. Cependant, les revendications des Templiers sur le patrimoine de Montjoie inciteront les frères de Monfragüe à se rapprocher de l'ordre de Calatrava, avec lequel ils fusionneront en 1221, malgré l'opposition farouche de quelques frères qui souhaitaient conserver leur autonomie.

Le dernier des ordres « territoriaux », l'ordre de Saint-Georges d'Alfama, est créé par Pierre II

Située à une croisée de chemins, Calatrava la Vieja (Ciudad Real) fut le berceau du premier ordre militaire ibérique, qui prit le nom du lieu où il fut fondé.

Page suivante :
La fonction militaire était la principale raison d'être des ordres ibériques. Scènes de combat dans les Cantigas de Santa María *d'Alphonse X (XIIIᵉ siècle). Madrid, monastère Saint-Laurent de l'Escurial.*

d'Aragon en 1201 pour défendre la côte d'Alfama, une zone désertique sur le littoral de Tarragone, entre Cambrils et Tortosa, qui était menacée par la piraterie musulmane. Il s'agit d'un ordre singulier : jusqu'à la seconde moitié du XIVᵉ siècle, il n'avait pas de maître, ni le statut d'ordre de chevalerie et ne disposait pas de règle propre, même s'il s'appuyait sur celle de saint Augustin. La règle, finalement approuvée par le pape Grégoire XI en 1373, ne faisait que reprendre la règle primitive des Hospitaliers de Saint-Jean de Jérusalem remontant au milieu du XIIᵉ siècle. Le roi Pierre IV d'Aragon essaya de lui redonner un second souffle, mais ce n'était pas suffisant et les quelques membres de Saint-Georges

d'Alfama furent intégrés par Martin Iᵉʳ l'Humain à l'ordre plus dynamique de Montesa, au début de l'an 1400.

Les ordres militaires tardifs (1272-1319)

Les ordres militaires « nationaux » font leur apparition entre le dernier tiers du XIIIᵉ siècle et le début du XIVᵉ, alors que s'affirment le pouvoir monarchique et sa juridiction sur un territoire bien défini, parallèlement à l'essor du concept primitif de « souveraineté royale ». Les nouvelles institutions, moins dépendantes de la papauté, sont plus étroitement liées aux différentes monarchies ; elles s'identifient avec un territoire « national » et servent les intérêts des souverains qui les patronnent. Il s'agit par conséquent d'ordres militaires totalement « monarchisés », qui deviennent un efficace instrument politique entre les mains des rois qui les ont créés.

La première initiative de ce type remonte au début des années 1270. En 1273, le roi de Castille Alphonse X obtient du chapitre général de Cîteaux l'affiliation d'une confrérie militaire et navale. C'est la naissance de l'ordre de Santa María de España, mais qui ne sera officialisé en tant que tel qu'en 1277. Le souverain exerçait un contrôle étroit sur la nouvelle institution, allant même jusqu'à désigner comme premier responsable son propre fils, l'infant Sanche. Une telle intervention royale ne s'était jamais produite dans les autres ordres militaires. Le projet avait pour objectif de contrôler les principaux points du littoral castillan, avec l'établissement du monastère de Carthagène, sur la Méditerranée, et de ses filiales du Puerto de Santa María sur le détroit de Gibraltar, de La Corogne et de Saint-Sébastien sur l'Atlantique. Cependant, le nouvel ordre se révèle peu efficace dans l'accomplissement de sa mission navale. Cet échec et la grave crise politique qui marque les dernières années du règne d'Alphonse X le Sage décideront du sort de l'ordre. Pour compenser les pertes subies par les Santiaguistes à la bataille de Moclín, le roi castillan renonce à l'une des pièces de son ambitieux projet politique en incorporant l'ordre de Santa María à celui de Santiago en 1280.

templier sur le territoire valencien, ainsi que de la majorité des biens que l'ordre de l'Hôpital possédait dans ce royaume. Si le projet ne comblait pas toutes les ambitions de Jacques II, il mettait cependant entre les mains du roi un efficace instrument politique doté d'une solide assise patrimoniale. Bien qu'affilié dès ses débuts à Calatrava, ce qui le plaçait dans l'orbite cistercienne, l'ordre de Montesa sera étroitement contrôlé par la monarchie aragonaise.

LA DIMENSION SEIGNEURIALE

L'accumulation d'un vaste patrimoine et les diverses rentes obtenues ont permis l'essor et la consolidation des ordres militaires hispaniques. Grâce à l'exploitation de ce patrimoine et à la perception de recettes par d'autres voies, les ordres pouvaient mener à bien l'ensemble de leurs activités, tout en dotant leurs membres de revenus adaptés à leur condition. Pour comprendre l'organisation économique des ordres, il convient d'étudier leur patrimoine, la manière dont ils l'ont constitué et les ressources dont ils disposaient en tenant compte des recettes et des dépenses.

Constitution du patrimoine seigneurial

Les vastes seigneuries foncières, les grands domaines et les rentes dont jouissaient les ordres militaires formaient un extraordinaire patrimoine seigneurial, accumulé au cours du temps et par divers moyens. Les ordres militaires ont acquis l'essentiel de leur patrimoine dans le siècle qui suit leur fondation, à travers les donations effectuées principalement par les souverains, mais aussi par les puissants et les propriétaires de toutes catégories qui utilisèrent la formule de la concession *pro anima*. Il faut également signaler les privilèges de recouvrement des revenus ecclésiastiques accordés par la papauté.

Dans la seconde moitié du XIIIe siècle, les donations territoriales diminuent très nettement. Ce changement s'explique par un certain nombre de facteurs : la croissance économique chute ; les souverains sont soucieux de limiter au strict nécessaire les cessions de territoires ; l'enthousiasme

Scènes du Libro de la Cofradía de Caballeros de Santiago de la Fuente, *confrérie de chevaliers à vocation militaire fondée à Burgos dans la première moitié du* XIVe *siècle. Les enluminures de ce manuscrit représentent des chevaliers de l'époque qu'il ne faut pas confondre avec les frères de l'ordre de Santiago. Burgos, Archivo Municipal.*

Malgré l'échec de la première tentative d'ordre militaire « national », de nouveaux projets vont voir le jour au début du XIVe siècle, qui aboutiront cette fois-ci. C'est le cas des ordres portugais de Saint-Jacques-de-l'Épée (São Tiago) et du Christ, et de l'ordre valencien de Montesa. La fondation de ce dernier, qui date de 1317 mais ne sera officielle que deux ans plus tard, est le résultat d'un pacte entre le roi d'Aragon Jacques II et le pape Jean XXII. La dissolution de l'ordre du Temple offrait l'occasion de créer un nouvel ordre militaire implanté dans le royaume de Valence, sous prétexte de lutter contre les musulmans. L'ordre de Montesa fut doté du patrimoine pour l'idée de croisade retombe ; l'expansion territoriale est paralysée, d'où les difficultés pour justifier l'existence même des milices de moines-soldats. Les ordres militaires ont par conséquent favorisé d'autres moyens d'acquisition, tels que l'achat, l'échange ou les bénéfices viagers, déjà utilisés par le passé. Ces opérations impliquaient l'aliénation des biens, mais permettaient de réorganiser le patrimoine en fonction des intérêts de l'ordre. Ils pouvaient ainsi céder des propriétés isolées dans le nord pour acquérir des biens dans le sud, de préférence sur la frontière grenadine, seule zone qui permettait encore de justifier l'existence des ordres militaires.

Géographie du patrimoine seigneurial

La géographie du patrimoine seigneurial des ordres hispaniques est clairement conditionnée par la position de la frontière avec l'Espagne musulmane. Au moment de la fondation des premiers ordres dans la seconde moitié du XIIe siècle, la frontière avec al-Andalus était située dans la Meseta méridionale, le Bas-Aragon et la Nouvelle-Catalogne ; par conséquent, l'essentiel de leurs domaines se trouvait dans ces régions. Avec la progression de la frontière, qui s'effectue principalement au cours du deuxième quart du XIIIe siècle, l'Andalousie bétique, les royaumes de Murcie et de Valence constituent la deuxième zone privilégiée d'implantation des ordres. Le troisième niveau englobe les autres régions, situées à l'avant lorsque les milices de moines-soldats font leur apparition. La carte seigneuriale connut évidemment des modifications substantielles, au rythme des avancées en frontière et des donations. Nous pouvons en tout cas considérer qu'à la fin du XIIIe siècle, les ordres avaient fini de configurer dans les grandes lignes leurs seigneuries, qui subiront encore de légères modifications au cours des deux siècles suivants.

En ce qui concerne l'ordre de Calatrava, le territoire le plus important, par sa cohésion et son extension, était le Campo de Calatrava, berceau de l'ordre. Venaient ensuite les seigneuries de la Basse-Alcarria, du Haut-Guadalquivir dans la province de Jaén et les terres orientales du

Bas-Aragon autour d'Alcañiz, plus les seigneuries du bassin tolédan du Tage dans les régions de La Sisla, La Sagra et surtout dans le finage (alfoz) de Maqueda. Cette dernière ville et tous les domaines dispersés que les Calatravais possédaient dans la Meseta septentrionale furent échangés en 1434 contre des seigneuries en Murcie et en Andalousie bétique. Dans cette dernière région, les Calatravais jouissaient de la seigneurie sur la ville sévillane d'Osuna. En dehors de la péninsule, l'ordre avait des domaines et des rentes à Majorque, en Italie, en Bohême, ainsi que le couvent prussien de Thymau.

L'ordre de Santiago, qui disposait des seigneuries les plus étendues, avait ses principaux points d'ancrage dans deux territoires homogènes : la Basse-Estrémadure et la seigneurie castillane qui partait de la Mesa de Ocaña, se poursuivait dans la Manche, autour de Cuenca, et le Campo de Montiel, avant de culminer dans la Sierra de Segura avec des prolongements dans d'autres seigneuries de Murcie. À un deuxième niveau, signalons la seigneurie sur la ville d'Estepa, située sur la frontière grenadine, et de nombreux domaines dans la moitié nord du royaume castillano-léonais, notamment dans les provinces de Zamora, de León et en Galice. Hors de la sphère de la couronne castillane, les territoires les plus importants étaient la seigneurie autour de Montalbán, dans la province de Teruel, et surtout la zone située au sud du Bas-Tage portugais, qui se caractérisait par une remarquable homogénéité, puisqu'elle s'étendait d'Almada jusqu'à Mértola. Ces seigneuries resteront la propriété exclusive des Santiaguistes portugais, lorsque la branche lusitanienne de l'ordre deviendra autonome vers 1300. La présence santiaguiste à l'extérieur de la péninsule a été importante à Étampes, près de Paris, en Gascogne et dans le royaume de Sicile. En revanche, l'empreinte de l'ordre dans le Roussillon, en Lombardie et en terres germaniques semble moins significative.

La carte seigneuriale de l'ordre d'Alcántara présente une double configuration autour de deux régions d'Estrémadure : la Haute-Estrémadure, plus précisément la zone limitrophe avec la frontière portugaise articulée autour de la ville

Les ordres militaires ibériques furent fondés à l'initiative des rois péninsulaires. Ci-dessus, monnaies de quatre rois qui ont joué un rôle décisif dans la naissance et l'histoire des ordres : Ferdinand II de León, Jacques Iᵉʳ d'Aragon et les Rois Catholiques, Isabelle de Castille et Ferdinand d'Aragon. Madrid, Musée archéologique national.

d'Alcántara, et la région de La Serena, en Basse-Estrémadure, avec Magacela pour noyau central. En dehors de ces deux territoires fondamentaux, seule la seigneurie de Morón, dans le royaume de Séville, présente un réel intérêt. L'ordre possédait aussi des domaines de moindre importance éparpillés en terres portugaises, galiciennes, zamoranes et léonaises.

Pour finir, l'ordre de Montesa concentrait l'essentiel de son patrimoine dans le Maestrazgo, dans la province de Castellón, auquel s'ajoutaient d'autres domaines dans l'actuelle province de Valence, notamment le siège de l'ordre, situé dans la zone la plus méridionale.

Fruit de processus d'accumulation patrimoniale continue, les territoires des ordres hispaniques atteignirent des proportions considérables. En se basant uniquement sur les données dont on dispose pour le royaume castillano-léonais à la fin du Moyen Âge, la seigneurie de l'ordre de Santiago arrivait en tête, avec ses 23 000 kilomètres carrés, qui abritaient environ 200 centres de peuplement et 190 000 habitants. Vers la même époque, à la fin du XVᵉ siècle, l'extension territoriale de l'ordre de Calatrava dépassait les 15 000 kilomètres carrés, englobant quelque 90 noyaux de peuplement et 80 000 habitants. La seigneurie d'Alcántara avait une superficie qui correspondait à un peu plus de la moitié de celle de Calatrava, mais la densité de la population devait être bien supérieure si l'on se réfère à l'importance des rentes. En ce qui concerne la couronne d'Aragon, la seigneurie de Montesa était beaucoup plus réduite, puisqu'elle comptait environ 30 000 habitants au début du XIVᵉ siècle, c'est-à-dire avant le fort déclin démographique que connaîtra l'Europe au milieu du siècle.

Disponibilité des ressources : le bilan entre les recettes et les dépenses

L'exploitation foncière et juridictionnelle du patrimoine permettait aux ordres de percevoir toute une série de rentes et de droits. Les revenus tirés de la culture de la terre et de l'élevage venaient en premier. Ce poste englobait les bénéfices dérivés de l'exploitation du cheptel, les revenus issus de l'exploitation de la réserve seigneuriale et les droits perçus sur les tenures cédées en usufruit aux paysans, comme les redevances (*infurción*), les corvées (*serna*) ou les monopoles seigneuriaux, c'est-à-dire les banalités.

Une deuxième catégorie de recettes était constituée par les rentes dérivées de l'exercice des droits de juridiction dans la seigneurie. Ces rentes incluaient des impôts fonciers, qui reflètent la fiscalité publique de l'époque, comme le *pecho* (l'équivalent du cens), le *pedido* (aide) et autres redevances (*martiniega, terrazgo, marzazga*) ; les capitations levées sur les minorités religieuses ; la participation aux droits ou revenus régaliens : *tercias* prélevées sur les dîmes ecclésiastiques, dîmes royales, mines, salines ; les droits de justice (amendes) ; les droits sur les charges municipales ; les droits militaires : *fonsadera* (impôt de guerre), cinquième ou autre part du butin, rachat pour les expéditions militaires.

Le troisième poste de la fiscalité seigneuriale concernait les revenus de nature commerciale prélevés sur les transactions et le transport de marchandises, de bétail et autres biens. Ces droits comprenaient notamment les péages (*portazgo, pontaje, barcaje*) et les droits de passage des troupeaux (*montazgo, asadura*).

Enfin, les ordres militaires disposaient de revenus de nature ecclésiastique, du fait de leur dimension religieuse. La dîme l'emportait de très loin en importance sur d'autres types de recettes qui restaient marginales, comme les peines canoniques, les amendes pour actes sacrilèges et les droits de sépulture.

Toutes ces recettes étaient essentiellement destinées à couvrir des dépenses non moins importantes, que l'on peut répartir en trois catégories : dépenses militaires, dépenses hospitalières et frais de gestion du patrimoine et de gouvernement de l'ordre.

Les dépenses militaires, sans doute le poste le plus lourd, n'étaient pas équilibrées par les recettes de même nature. Il fallait compléter ces dernières par des revenus, commerciaux ou tirés de l'élevage, rattachés aux forteresses et par d'autres sources de financement. Cette catégorie englobait les dépenses de guerre, l'entretien des équipements militaires et des montures en temps de trêve, le paiement des soldes des mercenaires

Chevaliers de l'ordre de Calatrava représentés sur les peintures murales du château d'Alcañiz (Teruel).

et, surtout, le ravitaillement et l'entretien des forteresses qui occasionnaient des frais considérables.

Sans atteindre, loin s'en faut, les sommes faramineuses des activités militaires, les dépenses hospitalières ne devaient pas être négligeables. Il fallait injecter en permanence des ressources économiques pour l'entretien des hôpitaux, les diverses activités d'assistance et le rachat des captifs. Si bien que les ordres hispaniques furent parfois contraints de recourir à des aumônes extraordinaires pour faire face à ces dépenses.

La troisième catégorie englobe les frais de gestion du patrimoine et de gouvernement de l'ordre. Pour exploiter le patrimoine rural, les ordres engageaient des journaliers et de nombreux ouvriers spécialisés dans divers métiers. Dans d'autres cas, on faisait appel à des majordomes, contremaîtres ou administrateurs qui s'occupaient directement de l'exploitation rurale. Venaient s'ajouter les dépenses pour l'entretien des installations, des moyens de production et la construction de nouvelles infrastructures. Sans

oublier l'ensemble des frais du personnel affecté au service domestique, qui avait considérablement augmenté dans le dernier siècle du Moyen Âge, les hauts dignitaires ayant pris l'habitude d'entretenir de véritables cours parallèles. Parmi les dépenses liées au gouvernement de l'ordre, on peut citer les frais occasionnés par les fonctions qu'exerçaient les visiteurs et les procureurs.

Une fois déduites toutes ces dépenses, l'excédent des recettes revenait aux membres de l'ordre. Un siècle après leur fondation, les ordres souffraient de déséquilibres budgétaires qui entraînèrent une réduction du nombre des frères, l'aliénation de biens et le recours à l'emprunt. Une conséquence évidente de ces problèmes fut la suppression de la « mense commune », avec la création de commanderies individuelles dotées de rentes et de la *mesa maestral* (« mense magistrale ») pour l'entretien du maître. Cette évolution, qui s'accomplit dans la seconde moitié du XIIIᵉ siècle, transforme les *mesas maestrales* en de solides plates-formes économiques.

D'après les données dont nous disposons pour la fin du xvᵉ siècle, le partage laissa aux mains des maîtres près de la moitié des ressources des ordres. Notons tout de même qu'une partie de ce patrimoine était liée à des frais fixes auxquels les maîtres devaient faire face.

À l'époque des Rois Catholiques, l'ensemble des commanderies de l'ordre de Santiago rapportaient environ 60 000 ducats de rente annuelle, celles de Calatrava 35 000 et celles d'Alcántara 30 000. Par comparaison, la *mesa maestral* de Santiago avait entre 40 000 et 60 000 ducats de recettes, celle de Calatrava entre 35 000 et 40 000, et celle d'Alcántara environ 35 000.

Quel pourcentage de ces revenus restait-il entre les mains des frères ? Il est malaisé de répondre, mais nous disposons de données isolées, concernant l'ordre de Santiago à la fin du Moyen Âge, qui fournissent quelques indices intéressants. Par exemple, la *mesa maestral* de Santiago avait 20 millions de maravédis de recettes brutes en 1504, mais après déduction des dépenses, le revenu net ne dépassait pas les 6 millions de maravédis, soit un peu plus du quart des sommes perçues. Rodríguez Llopis a calculé qu'à la même époque le bénéfice net d'un commandeur santiaguiste tournait autour de soixante pour cent, sauf les années de changement de titulaire, où il pouvait descendre en dessous de quarante-cinq pour cent. En revanche, des données sur l'ordre de Calatrava au xvɪᵉ siècle indiquent que les dépenses ne dépassaient jamais la moitié des recettes et fluctuaient entre quarante-quatre et douze pour cent des revenus bruts.

ORGANISATION INSTITUTIONNELLE

Les modèles réguliers

Les ordres militaires étaient des institutions religieuses soumises à des règles monastiques et qui avaient par conséquent une organisation institutionnelle très rigoureuse. Deux modèles réguliers ont influencé les ordres militaires : la réforme cistercienne de la règle bénédictine et la règle de saint Augustin. Tous les ordres ont adopté l'une de ces règles ou une synthèse originale des deux modèles, avec des adaptations tenant compte des contraintes de la vie militaire.

Chez les ordres militaires hispaniques, c'est la règle de Cîteaux qui est prépondérante, puisqu'elle fut adoptée par Calatrava et ensuite par toutes ses filiales. Même des ordres indépendants de Calatrava, comme Alcalá de la Selva, Montjoie ou Santa María de España, ont suivi l'observance cistercienne. Par contre, l'ordre de Santiago a adopté la règle augustinienne avec des influences de la tradition bénédictine, tandis que l'ordre de Saint-Georges d'Alfama a emprunté aux Hospitaliers de Saint-Jean leur règle primitive, qui est une autre version de la règle de saint Augustin.

Par la suite, chaque ordre a élaboré d'autres textes pour organiser la vie monastique et institutionnelle. Ces règlements, appelés statuts, établissements ou définitions, venaient expliciter ou compléter la règle primitive.

L'organisation hiérarchique interne

Les différents textes réglementant les ordres militaires établissaient une organisation interne fortement hiérarchisée et articulée autour de la dualité frères laïcs/frères clercs, qui devaient être nécessairement des hommes libres. Au sommet de la hiérarchie se trouvait le maître, qui était toujours un frère chevalier et gouvernait l'ordre sous le contrôle du chapitre, organe formé par l'ensemble de la communauté des frères. L'organisation se fondait ainsi sur un pacte monastique et féodal qui garantissait l'équilibre entre le pouvoir « absolu » et le pouvoir corporatif. Le maître gouvernait les frères chevaliers comme les prêtres. Dans les ordres hispaniques, on ne trouve pas de grand-maître ; cette dignité n'existe que dans les ordres « universels » pour signifier la suprématie du maître de l'ordre par rapport aux maîtres provinciaux.

À la tête des clercs se trouvait le prieur de l'ordre, qui résidait dans le couvent central et avait sous son autorité les prieurs locaux et les autres frères prêtres. Le sacristain, haut dignitaire ecclésiastique d'un rang inférieur à celui du prieur, n'est attesté que dans les ordres d'obédience cistercienne.

La catégorie des chevaliers nobles comprenait, en dessous du maître, les grands commandeurs et d'autres hauts dignitaires comme les trésoriers (*claveros*) et les intendants (*obreros*). Venaient ensuite les commandeurs, les sous-commandeurs et les simples frères résidents. L'échelon inférieur, sur lequel nous disposons de peu d'informations, était formé chez les Santiaguistes par les sergents, des chevaliers non nobles au service des frères, et chez les Calatravais par les convers chargés de l'exploitation agricole ou du travail domestique.

Certains ordres militaires, comme Calatrava et Santiago, accueillaient également des femmes. Calatrava ne comptait que deux couvents féminins, San Felices de Amaya et San Salvador de Pinilla, où les sœurs menaient une vie contemplative et avaient un rôle marginal. En revanche, les femmes occupaient une place plus importante dans l'ordre de Santiago, car la règle autorisait le mariage des chevaliers. Des établissements étaient donc prévus pour accueillir les femmes, religieuses ou non, rattachées à l'ordre et leurs enfants. C'est le cas des couvents de Santa Eufemia de Cozuelos, dans la province de Palencia, San Mateo d'Ávila, *Sancti Spiritus* de Salamanque, Santa María de Junqueras, dans la province de Barcelone, San Pedro de la Piedra, près de Lérida, et Santos-o-Velho de Lisbonne.

En marge de cette organisation hiérarchique, des laïcs associés aux ordres militaires formaient ce qu'on appelle les « familiers » ; ils pouvaient être nobles ou roturiers, et avaient des liens plus ou moins étroits avec l'ordre. Enfin, les ordres disposaient des innombrables vassaux qui peuplaient leurs seigneuries.

L'administration territoriale

L'administration du territoire et des rentes de l'ordre était supervisée par la maison mère, qui était le couvent principal, siège de gouvernement du maître et aussi, en règle générale, du grand prieur.

Avec l'extension de la seigneurie et l'accroissement des rentes et des domaines, on voit apparaître des cellules d'administration de base dénommées commanderies. Au départ, la commanderie était un ensemble de rentes et de domaines donné en commende – d'où l'appellation – à un frère de l'ordre nommé commandeur. Ce frère, qui était normalement chevalier, était chargé d'assurer la bonne exploitation des biens qui lui avaient été confiés, car les bénéfices étaient destinés pour partie à son entretien, mais aussi au financement de l'ordre. Avec la patrimonialisation des commanderies au cours du bas Moyen Âge, on voit se multiplier les commandeurs absentéistes qui, uniquement soucieux de percevoir des revenus, louaient leurs domaines au plus offrant.

La dimension des commanderies, le nombre de leurs membres et l'importance de leurs rentes étaient très variables. Le noyau central, qui donnait généralement son nom à la commanderie et devenait le siège du commandeur, pouvait être la maison d'une exploitation agricole, un couvent, un hôpital, une église ou une forteresse, aussi bien en milieu rural qu'urbain. Au point de vue typologique, on trouve des commanderies foncières, rentées ou mixtes ; ces dernières, à la fois propriétaires du bien-fonds et des droits attachés, étaient situées habituellement dans des centres urbains. En somme, la commanderie pourrait se définir comme une unité élémentaire d'administration patrimoniale et de perception de revenus.

Tout au long du Moyen Âge, les commanderies connaissent une évolution qui aboutit à une transformation de leur nature et de leur signification. Dans les grandes lignes, on peut distinguer trois phases. La première, qui correspond aux cinquante premières années d'existence des ordres hispaniques, est l'étape de formation primitive : les commanderies sont disséminées, il n'y a pas de projet administratif clair. Au cours de la deuxième phase, qui se poursuit tout au long du siècle suivant, on assiste à la consolidation des réseaux de commanderies. Au terme de ce processus, les commanderies forment un maillage administratif serré, dépendant des organes de gouvernement des ordres qui les octroient à titre de tenures temporelles. À partir des premières décennies du XIVe siècle, on entre dans la dernière phase, caractérisée par la seigneurialisation des commanderies. Parallèlement à l'aristocratisation des frères chevaliers, les commanderies se transforment en bénéfices viagers.

Beaucoup d'ordres militaires avaient de grandes possessions dans la ville de Tolède, données dans la plupart des cas par les rois. Ci-dessus, une vue de Tolède à la fin du XIXᵉ siècle.

Avec le relâchement de l'observance monastique, il arrive même qu'au XVᵉ siècle certaines tenures deviennent héréditaires et se transmettent aux membres de la famille du commandeur.

La vie quotidienne

La vie quotidienne des frères était placée sous le signe des vœux monastiques de chasteté, pauvreté et obéissance, que tant les chevaliers que les clercs s'engageaient à observer lorsqu'ils faisaient profession dans l'ordre.

Le vœu de chasteté a dès les débuts fait l'objet d'une exception dans l'ordre de Santiago, qui autorisait le mariage des frères chevaliers. En dehors de la guerre et des périodes particulières du cycle liturgique, les chevaliers abandonnaient temporairement la vie conventuelle pour mener une vie familiale avec leurs épouses et leurs enfants, qui le reste du temps résidaient dans des couvents féminins.

Dans les ordres de Calatrava et d'Alcántara, le vœu de chasteté s'est maintenu jusqu'aux XVᵉ-XVIᵉ siècles. Sa suppression par le pontificat romain est le résultat du processus de sécularisation que connaissent les milices.

Le deuxième vœu, celui de pauvreté, ne fut pas respecté fidèlement. La hiérarchisation même des membres des ordres militaires s'y opposait. Dès la fin du XIIIᵉ siècle, les chevaliers commencent à disposer de sommes d'argent en propre et le processus de patrimonialisation de leurs commanderies s'amorce. Au XVᵉ siècle, le vœu de pauvreté s'était considérablement atténué.

Le dernier vœu, l'obéissance, fit également l'objet de manquements systématiques dès la première moitié du XIIIᵉ siècle. Bien que le vœu n'ait jamais été supprimé, l'obéissance envers les supérieurs était considérée comme le résultat d'un pacte et la rupture par l'une des parties n'obligeait pas l'autre. L'autonomie économique des frères n'allait pas non plus dans ce sens et les cas de désobéissance au maître, voire au pape, devinrent de plus en plus fréquents.

Pour le reste, la vie quotidienne des frères ressemblait beaucoup à celle de n'importe quelle communauté conventuelle : ils se levaient avant l'aube pour participer au premier office des matines et finissaient la journée, après le coucher du soleil, par la prière des complies. Il était prescrit dans les règles et leurs annexes que les frères devaient porter l'habit de l'ordre, prendre les

repas en communauté et dormir vêtus dans le dortoir commun, où une lumière restait allumée en permanence. Dans les faits, les contraintes de la vie militaire et la hiérarchisation interne donneront très vite lieu à des exceptions : chambres et repas individuels, vêtements différents, exemption du jeûne et de l'abstinence pendant les périodes de guerre.

Les manquements aux préceptes conventuels pouvaient être punis par des sanctions allant des peines corporelles, honorifiques ou économiques et des sanctions spirituelles, jusqu'à l'expulsion de l'ordre ou la prison perpétuelle pour les fautes les plus graves, telles que la sodomie, la fornication, le meurtre et la conspiration contre le maître. Les sanctions disciplinaires étaient examinées au cours des chapitres quotidiens, hebdomadaires ou lors du chapitre général de l'ordre, qui se tenait une fois par an.

L'activité militaire

Comme nous l'avons dit au début, la fonction militaire est la principale caractéristique et la raison d'être des ordres militaires ; c'est ce qui les distingue des autres ordres religieux. Dans la péninsule Ibérique, la principale mission des moines-soldats était le combat contre les musulmans sur la frontière avec al-Andalus. Ces opérations ont été surtout concentrées sur une période de cent ans allant du milieu du XIIe siècle, moment où les ordres ibériques voient le jour, au milieu du XIIIe siècle, quand l'expansion chrétienne connaît un ralentissement. Les ordres ont continué ensuite à participer à des entreprises militaires, jouant même un rôle important dans les guerres qui aboutiront en 1492 à l'incorporation du royaume nasride de Grenade à la Castille. Mais les souverains de la péninsule les utilisèrent aussi à maintes reprises dans les batailles contre d'autres royaumes chrétiens ou dans les conflits intérieurs, ce qui donnait lieu à des affrontements entre ordres militaires combattant dans des camps opposés, voire entre membres d'un même ordre.

Structure de l'armée

Les ordres comptaient dans leurs rangs plusieurs catégories de combattants. En tête, les frères

La fondation de l'ordre de Montesa, résultat d'un pacte entre le roi Jacques II d'Aragon et le pape Jean XXII, date de 1317 mais ne fut officielle que deux ans plus tard. Le nouvel ordre reçut le patrimoine qu'avait le Temple sur le territoire valencien et la majorité des biens que l'ordre de l'Hôpital possédait dans ce royaume. Ci-dessus, les ruines du château de Montesa, situé dans la localité valencienne éponyme.

chevaliers formaient un corps de cavalerie de haut niveau, muni du meilleur équipement militaire. Un deuxième groupe se composait de chevaliers associés à l'ordre ou engagés temporairement pour des motifs spirituels. Venaient ensuite les sergents, qui constituaient un corps de cavalerie moins bien équipé que celui des frères chevaliers. Une quatrième catégorie regroupait les mercenaires – de cavalerie ou d'infanterie –, qui devaient être très nombreux ; les archers musulmans, qui combattaient par exemple aux côtés des Santiaguistes, étaient particulièrement renommés. Mentionnons pour finir les vassaux des seigneuries des ordres, qui étaient obligés de servir comme piétons ou cavaliers dans l'ost seigneurial.

Intervention dans les actions militaires

La participation des ordres militaires aux actions guerrières n'a pas été aussi importante qu'en Terre sainte, où leurs effectifs représentaient la moitié de l'armée croisée. Dans la péninsule Ibérique, ils n'atteignaient même pas, dans le meilleur des cas, le quart des troupes. Il faut dire que d'un point de vue quantitatif les ordres ibériques ne pouvaient apporter qu'une contribution assez modeste. Au milieu du xiiie siècle, quand les grandes conquêtes touchent à leur fin, il est probable que les deux principaux ordres, Calatrava et Santiago, comptaient chacun une cinquantaine de frères chevaliers. Vers 1300, alors que les ordres sont consolidés institutionnellement et ne sont plus saignés par les nombreuses pertes sur le champ de bataille, ce chiffre se situait peut-être autour d'une centaine, mais guère plus.

En contrepartie, les ordres se distinguaient par leur apport qualitatif, dû à trois facteurs : discipline, spécialisation et image liée à la croisade militante. En premier lieu, les corps d'armée des ordres faisaient preuve d'une discipline de fer, fondée sur la soumission à une règle et à des directives précises. Ensuite, le haut niveau de spécialisation que rendait possible un engagement militaire permanent devait leur permettre de constituer des « unités d'élite » pour mener des opérations spéciales : assauts, attaques surprises, surveillance stratégique… Enfin, l'image liée à

la croisade militante de l'Église ou des royautés avait un grand impact psychologique sur les troupes chrétiennes, qui voyaient dans les moines-soldats la pleine justification de l'usage de la violence pour défendre la cause juste de la foi et du roi. Dans le camp d'en face, les musulmans les considéraient comme les plus redoutables et féroces des ennemis, et les plus difficiles à combattre.

Ces qualités des ordres militaires expliquent leurs hauts faits d'armes dans les grandes batailles du xiiie siècle, comme Las Navas de Tolosa (1212) ou Alcácer do Sal (1217), et leur rôle dans la conquête de quelques-unes des plus importantes places portugaises, estrémaduriennes, valenciennes, andalouses et murciennes, avec une mention spéciale pour les Calatravais et les Santiaguistes. Mais ils ont également essuyé des échecs retentissants, comme la défaite d'Alarcos (1195, Calatrava) et surtout celle de Moclín (1280, Santiago). Après le ralentissement de l'expansion chrétienne et l'achèvement de la Reconquête au Portugal et dans la couronne d'Aragon, les ordres militaires vont continuer à participer aux grandes entreprises guerrières de la monarchie castillane, comme les opérations militaires pour conquérir le secteur péninsulaire du détroit de Gibraltar et les guerres successives contre le royaume nasride de Grenade, y compris l'offensive finale qui mit fin à la Reconquête dans la péninsule.

Le rôle des forteresses

L'occupation des forteresses était un autre volet important de l'activité militaire des ordres. Les châteaux et tours de guet jouaient un rôle indispensable dans la stratégie militaire ; ces avantpostes permettaient d'organiser les offensives et de ravitailler l'armée, mais ils constituaient surtout les pièces essentielles du réseau défensif. N'oublions pas que les périodes défensives étaient beaucoup plus longues que les offensives, et les coûts d'entretien des forteresses extrêmement élevés. Les ordres furent chargés de défendre une zone frontalière stratégique, qui s'étendait du bassin inférieur du Tage jusqu'au secteur méridional de la Nouvelle-Catalogne, en passant par la Meseta méridionale et le Bas-Aragon. Après la progression de la frontière, les moines-soldats furent également positionnés sur certains points stratégiques de la frontière grenadine.

C'est ainsi que les forteresses, qui remplissaient par ailleurs des fonctions essentielles au niveau politique, social, économique, fiscal et idéologique, vont très vite devenir la base de l'organisation hiérarchique et du réseau de commanderies des ordres militaires. Le siège central et les principaux couvents étaient des forteresses, qui vont dans la plupart des cas donner leur nom aux ordres : Calatrava, Uclés, Alcántara, Montesa… C'est également dans des forteresses, comme Alcañiz, Montalbán ou Segura de la Sierra, qu'était installée la résidence des grands commandeurs. Enfin, les principales commanderies avaient pour siège des forteresses de moindre importance, avec une garnison réduite, mais qui jouaient un rôle primordial dans l'organisation de l'ordre et dans le système défensif du royaume.

L'ÉVOLUTION DES ORDRES MILITAIRES

En étudiant l'évolution des ordres militaires, on peut suivre la façon dont s'est effectuée leur insertion au sein de la société qui les a vus naître et les relations qu'ils ont établies avec les principaux pouvoirs politiques et ecclésiastiques de leur époque. L'histoire des ordres militaires peut se diviser en trois grandes étapes.

Instrumentalisation des ordres militaires

Du milieu du XIIe siècle au milieu du XIIIe siècle, les monarchies ibériques utilisent les ordres militaires comme instruments guerriers et politiques pour incorporer les territoires frontaliers à leurs royaumes. Comme les ordres « internationaux », mais dans une moindre mesure, les ordres militaires hispaniques sont également le bras armé de l'Église, qui les utilise pour concrétiser son idéal croisé mais sans parvenir à s'opposer au contrôle exercé par les royautés. La noblesse soutient elle aussi, de son côté, l'essor et la consolidation des ordres militaires.

Elle fournit les cadres dirigeants et voit dans les nouvelles institutions un moyen de promotion sociale et économique.

De sorte qu'après certaines réticences initiales, les ordres bénéficiaient d'une bonne image et étaient acceptés socialement. La nécessité de disposer de forces armées permanentes permit de dissiper la désapprobation à l'égard des milices de moines-soldats, excepté au sein de la hiérarchie ecclésiastique ordinaire, dont les intérêts étaient durement touchés par la croissance des ordres.

Affrontement avec la monarchie

Du milieu du XIIIe siècle au début du XIVe siècle, les royautés comme les ordres militaires passent par une phase de consolidation institutionnelle. Les premières veulent utiliser les seconds comme instruments d'intégration économique et politique de leurs territoires dans l'ensemble du royaume. Les ordres militaires ne sont pas disposés à céder des parcelles de leur juridiction, pas plus que les souverains ne veulent renoncer à récupérer une partie du pouvoir qui théoriquement leur appartenait. C'est l'origine de l'affrontement avec le pouvoir royal, qui sera particulièrement aigu sous le règne d'Alphonse X le Sage. Les ordres, qui manifestent les premiers signes de l'aristocratisation qui s'amplifiera dans les siècles suivants, se rangent ouvertement derrière la noblesse pour faire reculer l'ambitieux programme de renforcement du pouvoir royal qu'avait conçu le roi de Castille. La papauté, de son côté, tentera de faire valoir sa suprématie sur les ordres militaires, mais de toute évidence l'universalisme de l'Église doit céder le pas devant des pouvoirs « nationaux » moins étendus mais plus solides.

Ingérence de la monarchie

À partir du début du XIVe siècle, les monarchies mènent clairement une politique d'ingérence à l'égard des ordres militaires, dans le but d'en faire un pilier du pouvoir royal au service de la couronne. La papauté abandonne progressivement ses prétentions au contrôle des ordres militaires.

Le château de Magacela
(Badajoz) joua un rôle vital
dans la défense de la région
estrémadurienne de La Serena.
C'était une des plus importantes
commanderies de l'ordre
d'Alcántara, qui reçut
le château du roi
Ferdinand III en 1234.

Pages suivantes :
Les rois Alphonse VIII
de Castille (1158-1214)
et Alphonse IX de León
(1188-1230) contribuèrent
par leurs donations à accroître
le patrimoine des ordres
militaires. La première
enluminure représente
le roi léonais Alphonse IX ;
sur la seconde, Alphonse VIII
aux côtés de son épouse,
Éléonore Plantagenêt.
Cartulaire A, cathédrale
de Compostelle (XIIIᵉ siècle).
Tumbo menor de Castille.
Madrid, Archivo
Histórico Nacional.

Elle doit se résigner à accepter la nouvelle réalité imposée par les monarchies, se contentant de donner son approbation ecclésiastique pour la reconnaissance des nouvelles institutions et de maintenir sa suprématie en matière religieuse. Le processus de sécularisation que connaissent déjà les différentes milices contribue à l'affaiblissement de l'emprise pontificale, en même temps qu'elle favorise le jeu des souverains qui cherchent à instrumentaliser les ordres en fonction de leurs intérêts. Aussi cette période s'ouvre-t-elle avec la création des derniers ordres militaires « nationaux », qui illustrent à la perfection tout ce qui vient d'être exposé.

Lorsque la fonction pour laquelle ils avaient été créés devint marginale, les ordres « universels » ont commencé à être la cible des critiques. Les ordres ibériques risquaient à leur tour de se trouver sur la sellette. Les souverains de la péninsule ont cependant réagi avec fermeté pour contrecarrer une telle menace. Ils avaient tout intérêt à consolider les ordres pour avoir à leur disposition un instrument politique efficace et un moyen de récompense qui permettait de ne pas trop éroder le domaine de la couronne et les finances royales. La noblesse, colonne vertébrale des ordres et principal bénéficiaire de ces récompenses royales, avait elle aussi tout intérêt à les voir perdurer. Elle a d'ailleurs utilisé à maintes reprises les milices comme moyen de pression politique et économique pour soutenir ses revendications face à la royauté.

Quoi qu'il en soit, la monarchie continue de gagner du terrain grâce à sa politique d'ingérence, en imposant à la maîtrise des ordres des membres de la famille royale ou des candidats ralliés à sa cause. La victoire définitive sera remportée par les Rois Catholiques, qui rattachent les ordres castillans à la couronne. Une nouvelle étape commence dans l'histoire des ordres militaires, désormais privés de leur raison d'être première et transformés en simples instruments honorifiques et de prestige social.

INCLITVS: ADEFFONSVS: REX: LEGIONENSIVM: ET GALLECIE:

LIBER . I.

Incipit lib pm⁹ de veles que dio el bu
eno del rey dn̄. alfonso τ la reyna dn̄a
leonor por s̄ almas ala orde de sc̄ iague.

N nomine domini am̄. Re
gali nempe oueñt maiesta
τ honeftos ac religiofos: uiu
quofcūqȝ diligere τ maxime
eos q̄ relictis sclaribꝰ uenerūt
sponte contra crucis xp̄i aduiſarios τ ꝓprium san
guinē funde̅ τ tp̄alem uitā finire. Ego inacȝ ilde

: comer. beuer. calcar. uedir. uiltar. coular. enterrar.

Pages précédentes :
*Enluminures de la Bible
de Alba, commandée par
Luis González de Guzmán,
maître de Calatrava, au rabbin
Moïse Arragel. On peut voir
sur les miniatures ces deux
personnages et plusieurs
chevaliers calatravais.
Madrid, bibliothèque
de la Casa de Alba.*

*Entrée de troupes de chevaliers
dans la ville de Valence,
conquise en 1238 par le roi
Jacques Ier d'Aragon avec l'aide
des ordres militaires.
Château d'Alcañiz (Teruel).*

Page de droite :
*Détail du campement
de Jacques Ier lors de la prise
de Majorque, à laquelle
participèrent les ordres
militaires. Fresques du palais
Berenguer d'Aguilar. Barcelone,
Musée national de Catalogne.*

*Représentation d'une parade
sur le plafond de la cathédrale
de Teruel (milieu du XIII siècle),
où figurent des chevaliers
de l'ordre de Calatrava.*

*Couvent-forteresse de Calatrava
la Nueva (Ciudad Real), siège central
de l'ordre de Calatrava pendant
le XIII siècle.*

« *Ainsi au Chapitre Général que nous avons ordonné de faire célébrer
dans la ville d'Alcalá de Henares du diocèse de Tolède, en cette année de l'an 1498,
il fut convenu par Nous et par tous les Prieurs, Commandeurs, Chevaliers et Frères
de ladite Chevalerie, qu'on fît édifier une maison et monastère remarquable
où lesdits Prieurs et Frères, Clercs et personnes conventuelles devaient
demeurer et résider et accomplir l'office divin, conformément à la règle et comme
l'ordonnent les définitions et statuts dudit Ordre […].*»
Couvent Saint-Benoît à Alcántara (Cáceres).

*La ville de Montalbán (Teruel) était le principal
noyau de l'ordre de Santiago dans la couronne
d'Aragon. Après sa donation par le roi Pierre II,
elle devint très vite une commanderie et la maison
centrale des Santiaguistes en terres aragonaises.*

*Vue d'ensemble de Trujillo (Cáceres),
siège de l'ordre éponyme qui était en fait
la branche castillane de l'ordre léonais
de San Julián del Pereiro. L'ordre de Trujillo
disparut en 1196, après la défaite d'Alarcos
et la conquête par les Almohades des principales
positions de San Julián en Castille.*

La ville de Peñíscola
(Castellón), dont le château
du XIIIᵉ siècle fut restauré
par l'ordre de Montesa.

Page de droite :
La forteresse de Monfragüe
(Cáceres), siège de l'ordre
éponyme. L'ordre
de Monfragüe fut rattaché
à Calatrava en 1221.

Page de gauche et ci-dessus :
*Vue d'ensemble et détail
du tombeau de Martín Vázquez
de Arce, dit le « damoiseau
de Sigüenza », chevalier de l'ordre
de Santiago mort lors de la guerre
de Grenade en 1486. Chapelle
Sainte-Catherine de la cathédrale
de Sigüenza (Guadalajara).*

Pages suivantes :
*Notre Dame de Grâce accueille
sous son manteau
les chevaliers de l'ordre
de Montesa. Madrid,
musée du Prado.*

*Détail du donjon du château
d'Alcañiz (Teruel), siège
de l'ordre de Calatrava dans
les territoires de la couronne
d'Aragon. L'intérieur abrite
les peintures de la chapelle
de la Madeleine.*

Les ordres militaires au royaume du Portugal

Isabel Cristina Ferreira Fernandes et Luís Filipe Oliveira

La politique conquérante du premier roi du Portugal, Alphonse Henriquez (1108/09-1185), fut à l'origine de la naissance de l'ordre d'Évora-Aviz. Ci-dessus, Alphonse Henriquez sur un manuscrit du XVᵉ siècle. Madrid, Bibliothèque nationale.

Page de gauche :
Le roi Jean II de Portugal (1455-1495). Lisbonne, Instituto dos Arquivos Nacionais/Torre do Tombo.

Ces dernières années, l'historiographie portugaise a montré un intérêt renouvelé pour l'histoire des ordres militaires. Le chercheur dispose aujourd'hui d'études monographiques sur les différentes milices installées dans le royaume, qui lui permettent de reconstituer et de situer leur patrimoine, d'étudier leur organisation interne et les relations qu'elles entretenaient avec les pouvoirs environnants. Il est ainsi possible de découvrir la place qu'occupaient ces ordres dans la société et l'économie médiévales et de mieux comprendre leur mode de vie et leur évolution pendant les derniers siècles du Moyen Âge. Pour aborder des thèmes plus spécifiques, il est désormais possible de dresser la liste des sources disponibles ou d'accéder à la bibliographie spécialisée existante. Bien des changements sont en effet intervenus depuis 1976, époque à laquelle D. Lomax a élaboré un premier diagnostic de la production historiographique portugaise concernant les ordres militaires.

On dispose, d'une manière générale, d'informations plus fournies sur l'évolution institutionnelle des milices dans les derniers siècles du Moyen Âge et au début de l'époque moderne. Les premiers temps de leur histoire ont laissé moins de traces et l'on ne sait pas grand-chose, par exemple, des stratégies mises en œuvre par les ordres pour le peuplement des terres du Sud, ou des relations qu'ils entretenaient avec les populations des communes et des principaux centres urbains de la région. On connaît mal les règlements antérieurs au XVᵉ siècle et de ce fait la vie conventuelle des frères pendant cette période demeure dans l'ombre. L'étude des réalités plus tardives, plus éloignées de ce qui définissait le rôle initial des milices dans le royaume, a porté

aussi sur les mécanismes qui menèrent à l'intégration des ordres à la couronne, à leur participation aux projets de croisade en Afrique et à l'expansion maritime du Portugal.

Il est malgré tout possible d'offrir un panorama succinct de la présence et de l'action des ordres militaires sur le territoire portugais. Nous avons, bien sûr, accordé une attention particulière à l'époque de la Reconquête, où se constitua la part la plus significative du patrimoine des ordres et où leurs couvents trouvèrent une installation définitive. Nous n'avons pas oublié les transformations ultérieures des milices, mais elles ont été évoquées de manière moins détaillée pour les raisons évoquées ci-dessus et aussi parce qu'elles serviront de toile de fond à la dernière partie de ce texte où nous analyserons la participation des ordres aux projets de croisade en Afrique. Nous nous sommes efforcés, dans les développements qui suivent, de traiter de manière équilibrée les différentes milices, mais nous avons accordé une place privilégiée à l'ordre de Santiago.

L'ordre du Temple

La première mention de la présence des chevaliers du Temple dans le royaume du Portugal est antérieure au concile de Troyes et datée de mars 1128. À cette date, Thérèse, la mère du futur roi Alphonse Iᵉʳ Henriquez, fit don à l'émissaire de l'ordre dans la péninsule, Raymond Bernard, du château et du district de Soure, situé dans la région de Coimbra. L'instabilité qui affectait la région du Mondego depuis le siège des Almoravides, en 1116, exigeait une intervention décisive pour la défense du flanc sud de la ville. Les responsables précédents l'avaient négligée et maintenant la ville s'en remettait aux nouveaux chevaliers du Christ. Mais bien que la donation de Soure ait été confirmée par la cession d'autres biens dans le Minho et en Galice, il n'est pas sûr que les frères aient pris effectivement possession de ce château étant donné la situation politique du comtat à la veille de la bataille de Saint-Mamède. À l'automne 1128, l'émissaire du maître était de retour en France sans avoir attendu qu'Alphonse Henriquez ait ratifié l'occupation de Soure par une nouvelle donation, qui eut lieu en mars 1129. Comme il est dit dans la vie de saint Martin de Soure, les rentes attribuées aux frères de ce bourg étaient réservées à la défense de la Terre sainte et peut-être un château placé à la frontière ne faisait-il pas partie des biens les plus recherchés par les Templiers, qui limitaient leur activité à la protection des pèlerins en Palestine et n'allaient s'engager dans des actions militaires qu'à la fin de 1129.

On ne connaît presque rien de cette première phase de l'installation de la milice, mais une chose est certaine : sa présence dans le royaume est confirmée par les legs et les dons qu'elle reçut – cession du tiers de biens (1129, 1139) ou de biens peu considérables (1140, 1142). Ce fut le cas surtout à partir de 1140, moment où l'on note sa participation aux luttes contre les musulmans, en particulier dans la défense de Soure (1144) et la conquête de Santarém (1147), rien n'étant certain en ce qui concerne son rôle dans la prise de Lisbonne (1147). Avec la reconnaissance de sa valeur guerrière, les donations augmentèrent et elles reflétèrent de façon plus significative la vocation militaire des frères : un cheval, plus une cotte de mailles et les armes l'accompagnant (1143), les châteaux de Longroiva, de Mogadouro et de Penas Róias (1145), ainsi qu'un hôpital à Braga, cédé par l'archevêque de la ville (1145). Comme prix de sa contribution à la conquête de Santarém, la couronne céda à la milice les droits ecclésiastiques de ce bourg (1147), puis les châteaux de Monsanto et d'Idanha (1165) et le territoire contrôlé par le château de Zêzere (1169).

Il convient d'opérer un rapprochement entre l'efficacité dont firent preuve les frères à partir de 1139, ou du début de la décennie suivante,

et la réorganisation de la milice dans le royaume avec l'installation d'une communauté à Soure, peut-être responsable de l'échec de la défense du bourg pendant le siège de 1144. Date de cette époque la première allusion à un procureur du Temple, Hugo de Martone (de 1143-1147 à 1154-1155), qui reçut la donation des droits ecclésiastiques de Santarém et qui sera remplacé par Pedro Arnaldes (1157). Mais la grande figure de cette première phase de la vie du Temple fut Gualdim Pais, qui participa à la conquête d'Ascalon et au siège d'Antioche, avant de revenir au royaume et de diriger la milice jusqu'à la fin du XIIe siècle. En tant que maître de l'ordre, il mit en pratique les connaissances qu'il avait rapportées d'Orient, organisa le peuplement des terres octroyées par la couronne et développa un vaste programme de constructions militaires dans la région de Soure et dans la vallée du Tage.

Parmi les châteaux restaurés ou construits par l'ordre, celui de Tomar fut certainement le plus monumental – sa construction dura de 1160 à 1170 –, peut-être parce qu'il avait été choisi pour abriter le siège de l'ordre. Dans l'ensemble architectonique, on remarque surtout le donjon, considéré comme le plus ancien du Portugal, et la chapelle de plan centré avec son déambulatoire fermé par un mur à seize côtés, qui s'inspire de la rotonde de l'église du Saint-Sépulcre de Jérusalem. Dans ce château, la pratique de l'escarpe – c'est-à-dire du grattage de la base des murailles – est l'un des éléments permettant de reconnaître l'influence de l'architecture militaire des croisés du Proche-Orient, ce qui n'est pas étonnant si l'on tient compte du fait que Gualdim Pais se trouvait dans cette région. La solidité de la construction lui permit de résister pendant six jours au siège de l'Almohade Yacoub El-Mansour, en 1190 – fait qui sera commémoré par une plaque apposée sur un mur du couvent –, qui avait massé sous ses murs 400 000 cavaliers et 500 000 hommes à pied.

À cette époque, la plupart des biens de l'ordre qui allaient devenir ses principaux noyaux territoriaux étaient déjà identifiés comme tels. La milice était peu intéressée par les terres situées au sud du Tage, que le monarque lui avait promises (1169), et dans l'incapacité de conserver les biens

« Je vous promets, au nom du Père et du Fils et du Saint-Esprit, que tous ceux qui s'engagent dans cette guerre, s'ils succombent sous les armes le cœur contrit et en état de grâce, ils entreront dans le royaume que le Seigneur a conquis pour nous sur la croix, et dès maintenant je vous confère l'investiture de ce royaume par cette même croix, par la croix que je vous tends. Venez, donc, et qu'aucun d'entre vous ne se refuse à recevoir une si glorieuse investiture, ni une si grande assurance du trône qui vous attend là-haut. »

HUMBERT DE ROMANS, MAÎTRE GÉNÉRAL DES DOMINICAINS, XIIIe SIÈCLE.

« En terres d'Espagne, des hommes qui craignent Dieu et gardent avec zèle la loi divine se levèrent de nouveau contre les gens néfastes des païens ; il s'agit des frères de Saint-Jacques lesquels, revêtus de l'armure de la foi et multipliés uniquement par la vertu, s'exposent à de grands périls pour défendre la foi chrétienne et protègent les frontières de la chrétienté des incursions des païens. »

BULLE D'ALEXANDRE III (1175) CONFIRMANT LA FONDATION DE L'ORDRE DE SANTIAGO.

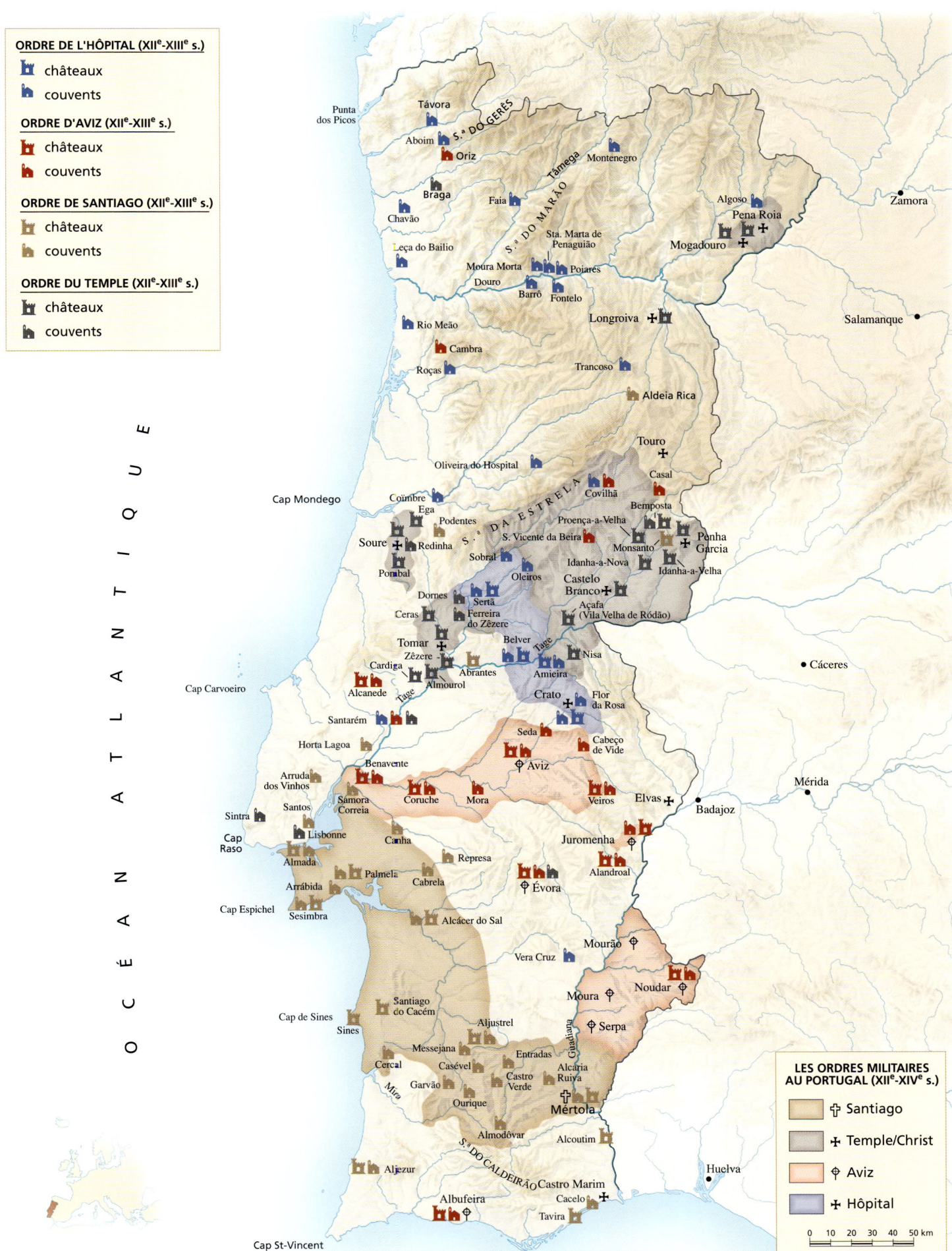

châteaux

couvents

ORDRE D'AVIZ (XIIe-XIIIe s.)

châteaux

couvents

ORDRE DE SANTIAGO (XIIe-XIIIe s.)

châteaux

couvents

ORDRE DU TEMPLE (XIIe-XIIIe s.)

châteaux

couvents

O C É A N   A T L A N T I Q U E

Punta
dos Picos

Távora

Aboim
Oriz

Braga

Faia

Chavão

Leça do Bailio

Rio Meão

Cambra

Roças

S.ª DO GERÊS

Tâmega

Montenegro

S.ª DO MARÃO

Sta. Marta de
Penaguião

Moura Morta

Douro

Barrô

Fontelo

Poiarês

Algoso

Pena Roia

Mogadouro

Zamora

Salamanque

Longroiva

Trancoso

Aldeia Rica

Cap Mondego

Oliveira do Hospital

Coïmbre

Ega

Podentes

Soure

Redinha

Sobral

Pombal

Dornes

Ceras

Ferreira
do Zêzere

Sertã

Tomar

Zêzere

Cardiga

Abrantes

Almourol

Alcanede

Santarém

Horta Lagoa

Benavente

Arruda
dos Vinhos

Santos

Sámora
Correia

Sintra

Cap
Raso

Lisbonne

Almada

Arrábida

Cap Espichel

Sesimbra

Palmela

Cabrela

Canha

Represa

Alcácer do Sal

Vera Cruz

Santiago
do Cacém

Cap de Sines

Sines

Messejana

Cercal

Garvão

Ourique

Almodôvar

Mira

S.ª DO CALDEIRÃO

Aljezur

Albufeira

Cap St-Vincent

Cap Ste-Marie

Touro

Casal

Covilhã

Bemposta

Proença-a-Velha

S. Vicente da Beira

Monsanto

Penha
Garcia

Idanha-a-Nova

Idanha-a-Velha

Castelo
Branco

Açafa
(Vila Velha de Ródão)

Oleiros

Belver

Nisa

Tage

Amieira

Crato

Flor
da Rosa

Seda

Aviz

Cabeço
de Vide

Mora

Coruche

Veiros

Elvas

Badajoz

Mérida

Juromenha

Alandroal

Évora

Mourão

Moura

Noudar

Serpa

Aljustrel

Entradas

Alcaria
Ruiya

Castro
Verde

Caséval

Mértola

Alcoutim

Castro Marim

Cacelo

Tavira

Guadiana

Huelva

Cáceres

S.ª DA ESTRELA

Cap Carveiro

Cap Carvoeiro

LES ORDRES MILITAIRES
AU PORTUGAL (XIIe-XIVe s.)

Santiago

Temple/Christ

Aviz

Hôpital

0 10 20 30 40 50 km

qui lui avaient été confiés à Silves après la première conquête de la ville (1189). Elle se tourna vers le noyau originel de ses biens, situés aux alentours des bourgs de Soure, Ega et Pombal, qu'elle s'empressa de fortifier, et vers les vastes territoires qu'elle avait obtenus le long du cours moyen du Tage. Pour renforcer leur présence dans cette zone, les chevaliers de l'ordre échangeront par la suite les châteaux du Haut Douro contre celui d'Idanha (1197) et le domaine de l'Açafa (1199), non loin duquel ils bâtiront un autre Castelo Branco. Les droits ecclésiastiques de Santarém seront cédés à l'évêque de Lisbonne en échange des terres de Ceras-Tomar (1159), qui deviendront le cœur des domaines du Temple.

On ne sait pas grand-chose des relations que la milice entretint avec la couronne, même si on connaît bien les relations suivies entre certains maîtres de l'ordre et les monarques portugais. Rien n'indique cependant que la milice ait perdu sa dimension internationale, contrairement à ce qu'a suggéré récemment José Valente. Collaborer aux projets de la couronne et mettre les terres reçues au service du roi constituaient des obligations pour tous les ordres militaires, surtout lorsqu'ils possédaient des biens de l'autre côté de la frontière. C'était le cas du Temple dans la région de Zamora et le sud de Badajoz. Les frères participèrent à l'ost que Sanche Ier mena contre le roi léonais jusqu'à Ciudad Rodrigo (1199), sous la protection d'un étendard de croisade, sans que cela les empêchât de collaborer aux campagnes organisées par les rois de León et de Castille, comme ce fut le cas lors de la victoire de Las Navas de Tolosa (1212). Quoi qu'il en soit, le sujet mérite la plus grande attention, car l'existence de liens avec la couronne et les intérêts du monarque fut un argument avancé devant la cour de Rome pour obtenir la garantie que les frères et les ressources du Temple seraient employés à la fondation d'un nouvel ordre militaire.

L'ordre de l'Hôpital

On ne connaît pas la date à laquelle les Hospitaliers se fixèrent dans le royaume du Portugal et s'installèrent dans l'ancien monastère bénédictin de Leça, qui leur avait été cédé par la reine Thérèse. Rien n'atteste leur présence en ce lieu en 1112, contrairement à ce qui a été récemment suggéré, car les premières mentions sérieuses à ce sujet sont très postérieures (1130 et 1132). La plus ancienne n'est connue que par un document public du XIVe siècle où figure une convention entre l'évêque de Porto et le supérieur de Leça, Martin, alors nommé *servus pauperum Iherosolimitanorum*. Si l'on en croit ce parchemin, il est possible que les frères aient été déjà installés à Leça en juillet 1122, quand fut signé un nouvel accord entre ce même évêque et le couvent de Leça, alors dirigé par un Martin lui aussi appelé *servus pauperum*. Ce n'est qu'une hypothèse, qui fut en son temps écartée par Ruy de Azevedo. Mais le doute concernant la filiation monastique du supérieur de Leça entre 1114 et 1122, puis le titre qui lui fut attribué dans la convention de 1122 et le fait que cet accord fût conservé dans les anciennes archives des Hospitaliers laissent supposer que Thérèse leur avait attribué ce monastère avant juillet 1122. Il est cependant possible que la donation de Leça soit légèrement postérieure à l'installation des Hospitaliers en Castille (1113), où la sœur de Thérèse, Urraque, leur céda un hameau du district de Salamanque.

Installés à Leça, loin des menaces frontalières, il est probable que les frères de l'Hôpital se soient consacrés à leur vocation originelle, travaillant au service des pauvres et des malades et à la collecte de ressources pour la Terre sainte. Contrairement aux ordres à forte vocation militaire, une bonne partie de leur patrimoine se concentrait dans les régions situées au nord du Douro, ou entre ce fleuve et le Mondego. Il fut constitué, surtout pendant les premières années, à partir de divers héritages de petites dimensions ou de donations de biens parfois très dispersés et fragmentés. Une partie des biens offerts à l'ordre par des fidèles dévoués sera inventoriée par les enquêtes royales de 1220 et 1258.

Comme dans d'autres régions, l'ordre mit du temps à s'adapter à ses fonctions militaires et à s'engager dans les combats de frontière. On ignore à quelle époque s'opéra cette mutation, qui est peut-être contemporaine des premières mentions de frères chevaliers dans les statuts

Le château de Saint-Georges, à Lisbonne, fut pendant très longtemps la résidence des rois du Portugal.

de l'ordre (1182), mais on sait qu'ils prirent part à la conquête de Silves (1189). Peu après, Sanche Ier leur donna un vaste district sur la rive nord du Tage (1194), contre l'engagement d'y construire un château qui allait être baptisé du nom de Belver, peut-être en hommage au château de Belvoir, l'important château hospitalier de la vallée du Jourdain. Désormais investis de la défense de la vallée du Tage, les frères engagèrent des combats de frontière et participèrent à la conquête d'Alcácer (1217). Dans les années 1230, les campagnes du prieur Afonso Peres Farinha eurent un rôle décisif dans le contrôle militaire de la vallée du Guadiana. C'est à l'initiative du prieur, qui reçut la protection de João Peres de Aboim, l'un des personnages les plus influents de la cour, que fut fondé dans cette vallée le couvent de Vera Cruz do Marmelar (1268), où seraient conservées les reliques de la Sainte Croix que les Hospitaliers avaient emportées à la bataille du Salado.

Le siège de la milice ne tarda pas à se déplacer vers les terres du Sud. Les installations de Leça

furent de nouveau transformées à l'époque du prieur Estêvão Vasques Pimentel (1306-1336), avec la construction d'une nouvelle église dotée d'une tour fortifiée. Mais ces aménagements n'enrayèrent pas le mouvement qui poussait la milice vers le sud. Le prieur Álvaro Gonçalves Pereira (1338-1375) procéda au transfert du couvent vers les terres du Crato. Il y fit bâtir le monastère fortifié de Flor da Rosa (1356), au plan en forme de croix et avec une seule nef – peut-être appelé ainsi en hommage à son passage dans l'île de la Rose (Rhodes) –, qui devint le couvent central de la milice. Non loin du Crato, ce prieur fit aussi construire le château d'Amieira (1356-1359), un exemple de gothique très géométrique, où il allait finir ses jours.

Les liens du Crato avec le couvent central de l'ordre se maintinrent au cours des derniers siècles du Moyen Âge, bien que le prieuré ne lui payât pas régulièrement ses redevances, parfois parce que la couronne entravait le transfert de ces sommes. À la veille de la bataille du Salado (1340), ces liens, associés à l'engagement de l'ordre dans la défense de la chrétienté contre l'islam, se révélèrent décisifs en raison du rôle que joua le prieur de l'ordre hospitalier dans le renouveau de l'esprit de la croisade, lequel allait se perpétuer, à un autre niveau, dans l'image de la monarchie portugaise au XVe siècle. Son caractère international préserva aussi la milice d'une trop grande soumission aux intérêts des rois. La couronne ne cessa d'influencer le choix des prieurs et de s'immiscer dans l'administration du prieuré, mais le gouvernement de l'ordre ne fut remis aux membres de la famille royale qu'au XVIe siècle. Le même phénomène s'était produit pour les autres ordres un siècle plus tôt.

L'ORDRE D'AVIZ

On ne connaît pas de manière certaine la date de la fondation de la confrérie des chevaliers d'Évora, qui fut à l'origine de l'ordre d'Aviz. La référence la plus ancienne la concernant date d'avril 1176. Elle présente les frères d'Évora comme des profès de saint Benoît, placés sous la direction d'un maître et aptes à rendre des services militaires à la couronne. En se fondant sur la biographie du premier maître, Gonçalo Viegas de Lanhoso, R. de Azevedo a attribué la fondation de cette confrérie à une initiative royale (1175-1176), qui avait pour fin d'assurer la défense du flanc sud-est du royaume pendant la trêve de cinq ans signée avec le sultan Yousouf (1173). Rien n'empêche cependant de penser que la confrérie ait pu se former durant la période qui suivit le peuplement de la ville (1166), consécutif à une initiative locale, comme cela a été suggéré par M. Cocheril. Elle aurait pu ne susciter l'attention du roi que plus tard, lorsque l'ost de Geraldo Geraldes eut abandonné la région (1173) et que le désintérêt des Templiers et des Santiaguistes pour la défense des terres situées au sud-est de la vallée du Tage fut devenu évident. En choisissant Gonçalo Viegas, la couronne donnait une autre dimension à la confrérie d'Évora en même temps qu'elle renforçait certainement ses effectifs grâce à ceux de ce guerrier expérimenté qui avait fait ses preuves comme caïd de Lisbonne et gouverneur d'Estrémadure (1173). C'est peut-être sous la pression du clergé, peu

enclin à voir se multiplier les règles religieuses, que les frères d'Évora s'associèrent à l'ordre de Calatrava (1187) en se plaçant sous l'autorité de son maître sur le plan spirituel, et en devenant l'une des premières filiales de cet ordre.

Durant cette période initiale, on ignore quelle fut la vie en communauté des frères d'Évora et comment ils concilièrent la prière avec les exigences de la guerre. On sait cependant qu'ils observaient

La plus grande partie des biens des ordres portugais provenait de privilèges et de donations octroyés par les souverains. Ci-dessus, les rois Sanche Ier (1154-1211) et Alphonse II (1185-1223). Madrid, Bibliothèque nationale.

En mai 1204, le pape Innocent III (1160/1161-1216) plaça l'ordre d'Évora sous sa protection. Ci-dessus, peinture du monastère bénédictin du Sacro Speco à Subiaco (Italie).

et sur leur consommation de viande trois fois par semaine –, bien qu'il eût découvert que les frères vivaient, pendant leurs campagnes, comme n'importe quels autres combattants. À cette époque, le couvent se trouvait dans la forteresse d'Évora, peut-être non loin de la cathédrale. Les résultats de fouilles archéologiques effectuées dans le musée de la ville en 1996-1997, qui ont révélé quelques inhumations de frères datées de la fin du XIIe siècle ou de la première moitié du siècle suivant, prouvent que les bâtiments d'habitation de la milice pouvaient se situer sur l'éminence où se trouve l'actuelle Rua da Freiria.

L'intérêt de la couronne pour les frères d'Évora ne se limitait pas à la défense de la ville. En avril 1176, le roi leur céda le vieux château fort d'Évora. Il leur donna aussi quelques maisons à Santarém et leur confia le château de Coruche, situé dans la vallée du Sorraia. Ainsi le monarque associait-il la protection d'Évora à la défense des accès à Santarém, et il ne tarda pas à récompenser les efforts de la milice par un legs testamentaire de 10 000 maravédis (1179) et à lui faire de nouvelles donations dans ces villes (1181) à la veille du siège d'Évora. La pression des Almohades augmentait, limitant à la ville d'Évora la présence chrétienne au sud du Tage (1191). La couronne cherchait alors à impliquer les frères dans la protection de la frange maritime de l'Estrémadure en leur cédant le château d'Alcanede et le bourg d'Alpedriz (1187), et en leur confiant le château de Mafra (1193), tous deux situés sur les itinéraires qui conduisaient à Lisbonne et à Santarém.

Ni ces nouvelles responsabilités ni les biens que la générosité des fidèles leur offrait dans les lieux les plus éloignés de la frontière n'écartèrent les frères des terres du Sud. Peut-être tentés par la possession de Juromenha, que leur avait promise Sanche Ier (1187), ils participèrent à la conquête de Silves (1189). Cela leur valut de recevoir le château d'Albufeira, que le pape Innocent III inclut dans le patrimoine de l'ordre par les bulles de 1199 et de 1214, bien qu'il eut été perdu pendant les campagnes almohades de 1190-1191. La présence des frères est également mentionnée à la bataille d'Alarcos (1195), où mourut le premier maître de la milice. On sait

la règle de saint Benoît (1176). Quand ils s'associèrent à l'ordre de Calatrava et en adoptèrent les coutumes, dérivées de la règle des Cisterciens, il est probable qu'ils réorganisèrent leur vie en communauté. Peu après, le chroniqueur de la conquête de Silves les identifia sans difficulté comme des chevaliers de l'ordre de Cîteaux et établit leur lien avec Calatrava – car ils avaient laissé des informations sur leur vie au couvent aussi qu'ils prirent part à la conquête de Séville et à la soumission de l'Algarve qui s'ensuivit. Pendant la décennie 1220, il est probable que les frères se soient joints aux « chevaliers de l'Occident » qui dévastèrent par deux fois la vallée du Guadalquivir, ou qu'ils aient participé aux pillages perpétrés à cette époque par les habitants d'Évora dans la vallée du Guadiana.

La région définie par le bassin hydrographique du Sorraia allait cependant devenir le territoire d'élection de la milice. Là se trouvaient le vieux château de Coruche, quelques-unes des commanderies les plus anciennes et de nombreux bourgs qui avaient été peuplés à l'initiative de l'ordre. Pratiquement au centre de cet espace, à mi-distance d'Évora et de Santarém, se trouvait le site d'Aviz, qu'Alphonse II avait donné à la milice (1211) et que celle-ci avait fortifié et peuplé. En 1223, les frères d'Évora y transférèrent leur couvent et prirent peu de temps après le nom de frères d'Aviz. En dépit d'altérations introduites par des réformes ultérieures, les nouvelles installations conventuelles semblent avoir respecté la disposition et les proportions des édifices cisterciens, car elles présentent quelque ressemblance avec le couvent de Calatrava la Nueva érigé pendant la deuxième décennie du XIIIe siècle.

Malgré la proximité de Calatrava, l'ordre d'Aviz parvint à maintenir une autonomie appréciable. Il était dirigé par son propre maître, qui commandait la milice et administrait ses biens après avoir été élu par les frères du royaume réunis en collège. Au supérieur de Calatrava incombait la visite à sa filiale et l'investiture des maîtres, mais l'absence de ces formalités – qui pouvait perdurer – ne diminuait pas les compétences des maîtres, qui d'ailleurs ne dépassaient pas les limites du royaume. Son origine portugaise légitimait en grande partie son indépendance vis-à-vis de Calatrava. Ce dernier comptait du reste sur l'appui de la couronne, qui était à l'origine de la plus grande partie du patrimoine de la milice. Vers la fin du XIVe siècle, en raison des conflits avec la Castille, la rupture fut consommée. L'élection du nouveau maître d'Aviz fut confirmée par l'Église et une bulle d'Eugène IV dégagea définitivement l'ordre des droits de visite et d'ingérence du maître de Calatrava.

L'autonomie de l'ordre explique l'établissement rapide d'un lien avec la couronne et le service du monarque. Comme le rappelait le roi Denys en 1311, « *a Ordin d'Avis he cousa minha e dos reys que forom ante de mim e que depois mim an de viinr pera mandarmos sobrelos bens e sobrelas comendas o que vissemos que era serviço de Deus e nosso e prol da Ordin* » [l'ordre d'Aviz est ma chose et celle des rois qui m'ont précédé et de ceux qui me succéderont, et nous imposerons aux biens et aux commanderies ce que nous pensons être au service de Dieu, à notre service et profitable à l'ordre[1]]. Le droit d'ingérence dans la vie interne de la milice – le roi intervenait jusque-là dans la distribution des commanderies et des offices – s'accompagnait du recours aux compétences des frères pour assurer la fortification et la défense de la frontière avec la Castille, comme à l'époque du maître Lourenço Afonso (1296-1310), lequel avait employé un architecte musulman pour construire le château de l'Alandroal. Bien plus évidente fut l'interférence systématique de la couronne dans le choix de maîtres qui avaient sa confiance. Elle ne cessa de s'accentuer tout au long des derniers siècles du Moyen Âge, préparant ainsi le moment où l'administration de l'ordre sera remise aux mains de la famille royale, d'abord à un bâtard (1363) et aux infants (1434), puis à l'héritier du trône (1468) et enfin au monarque lui-même (1551).

La présence des infants à la tête de l'ordre amena dans ses rangs un nombre croissant d'aristocrates. Nous n'avons que peu de données à ce sujet, mais on constate que les noms nobles devinrent plus fréquents, et qu'il y avait parfois cumul de plusieurs armoiries. Les obligations des frères devinrent corrélativement moins lourdes et leur identité religieuse s'éroda. Avec les Définitions de 1412, la richesse personnelle devint la norme et les frères furent autorisés à conserver les bénéfices des biens gagnés quand ils changeaient de statut, ou à transmettre la moitié de ces bénéfices et des biens mobiliers qu'ils possédaient, même s'ils mouraient sans laisser de testament. Alexandre VI n'allait pas tarder à les relever de leur vœu de chasteté (1496) et à leur permettre de se marier, comme c'était déjà le cas dans l'ordre de Calatrava depuis le milieu du siècle.

1. Cf. Maria Cristina Cunha, « A eleição do mestre de Avis nos séculos XIII-XIV », in *Revista da Faculdade de Letras : Historia*, Porto, n° 13, 1997, doc. n° 1, p. 110 (republié in Isabel Cristina Fernandes (coord.), *As ordens militares em Portugal e no sul da Europa*. Actes de la 2e Rencontre sur les ordres militaires. Edições Colibri – Câmara Municipal de Palmela, Lisbonne, 1997, pp. 373-392).

Page de droite :
*Le pape Boniface VIII
(1235/1240-1303).
Église Saint-François de Sienne.*

L'ORDRE DE SANTIAGO

L'ordre de Santiago ne tarda pas à attirer l'attention du roi du Portugal, bien que son origine léonaise lui inspirât quelques précautions visibles dans la donation du bourg d'Arruda et du château de Monsanto (1172). Les doutes d'Alphonse Ier Henriquez sur la loyauté de l'ordre disparurent peut-être face à la progression de la menace almohade et à l'appartenance de son neveu, le comte Rodrigo Alvares, audit ordre. Une fois dépassée la méfiance initiale, le monarque confia rapidement aux Santiaguistes la responsabilité de défendre la vallée du Tage en leur abandonnant les forteresses d'Abrantes (1173), de Palmela et d'Alcácer (vers 1175). En raison de ses faibles moyens, ou de la concentration de ses effectifs dans le León, l'ordre ne parvint pas à assurer la défense des châteaux d'Abrantes et de Monsanto, qui ne figurent pas parmi les biens cités dans la bulle de 1175. À cette époque, le fait que Rodrigo Alvares eût abandonné la milice ne contribua sans doute pas à améliorer les relations avec le roi. En fait, elles ne tardèrent pas à se détériorer, l'ordre ayant apporté son appui au roi de León, qui mit Sanche Ier en déroute devant Ciudad Rodrigo (1179). Comme l'a suggéré, il y a longtemps, J.-L. Martin, il n'est pas impossible que la couronne ait confisqué les biens que l'ordre possédait au Portugal.

Les données que nous possédons ne nous instruisent guère, mais il est probable que l'ordre ne récupéra ces biens qu'après la participation de plusieurs frères à la défense de Santarém (1184), peut-être intégrés dans l'armée léonaise venue en aide à Sanche Ier. Deux ans plus tard, celui-ci leur attribua en effet, au moyen d'une nouvelle donation, le bourg d'Arruda et les châteaux d'Alcácer et de Palmela, à la condition expresse qu'ils lui obéissent et le servent. Cette fois, la milice ne se déroba pas à ses obligations et prit part à la conquête de Silves (1189), bien que la péninsule de Setúbal fût devenue son territoire d'élection. Écarté de la frontière est, mais possédant une base territoriale cohérente, l'ordre se fixa rapidement dans le bourg de Sado, utilisé pour les incursions continuelles en terre des Maures, comme le rappelle le chroniqueur de la prise de Silves. À en croire un codicille au second testament de Sanche Ier (1188), au

Le château de Silves, dans l'Algarve portugais, fut conquis pour la première fois par Sanche Ier en 1189, avec l'aide d'une troupe de croisés qui participera à la troisième croisade. Le château fut de nouveau repris en 1240 par Paio Peres Correia, maître de l'ordre de Santiago.

À la fin du XIIᵉ siècle, l'ordre du Temple possédait de nombreux châteaux sur la « ligne du Tage », comme celui d'Almourol (Portugal).

2. Cf. *Bulário Português : Inocêncio III (1198-1216)*, éd. de A. Jesus da Costa et de Maria Alegria Marques, Coimbra, 1989, n° 127, pp. 254-255.

3. Cf. Luíz Gonzaga de Lancastre et Távora (marquis d'Abrantes), *Os Estudos da Sigilografia Medieval Portuguesa*, Lisbonne, 1983, p. 212, n° 241 et la reproduction photographique jointe. Pour les documents cités, voir IAN/TT, *Gaveta* 12, Mç. 7, n° 3 ; MCO, *Mosteiro de Santos*, Mç. 2, n° 26.

4. Cf. *Bulário Português : Inocêncio III (1198-1216)*, éd. de A. Jesus da Costa et Maria Alegria Marques, Coimbra, 1989, n° 127, p. 254.

bénéfice des frères d'Alcácer, c'est à Sado que s'installa peut-être le couvent associé à la commanderie principale de la milice, bien que l'offensive almohade de 1191 l'eût condamné à une courte existence.

La frontière ayant reculé vers la ligne du Tage, l'ordre s'attacha à récupérer Palmela. Il dut y installer son siège conventuel, si l'on se réfère à l'identité du commandeur et du prieur du couvent (1194), ainsi qu'au projet d'édifier une église dans les environs (1195) pour servir de sépulture aux frères. On ignore si ce projet fut réalisé, mais des fouilles ont révélé l'existence d'une nécropole dans le château où l'on a exhumé un insigne de l'ordre de Santiago et une antéfixe en forme de croix certainement associée à une construction religieuse. C'est là aussi que l'on a trouvé les vestiges d'un édifice de plan rectangulaire, daté des XIIᵉ-XIVᵉ siècles, qui correspond peut-être aux anciennes structures conventuelles. En dehors des efforts de guerre et de la construction de Belmonte (1207), c'est dans ces travaux effectués dans le couvent de Palmela que furent investis les bénéfices produits par les biens d'Arruda, comme en témoigne une sentence de septembre 1207[2].

Le couvent allait cependant faire preuve d'une grande mobilité. Au cours du XIIIᵉ siècle, les frères jouèrent un rôle décisif dans la conquête des plaines de l'Alentejo et de l'Algarve sous la direction de Paio Peres Correia, grand commandeur du royaume. Le couvent accompagna l'évolution des combats et les fluctuations de la frontière. En 1218, il se déplaça à Alcácer, puis à Mértola (1245), pour respecter la donation de Sanche II qui l'obligeait à y installer son siège et à prêter main-forte à la conquête et à la protection du royaume. Sa présence dans ce bourg est attestée jusqu'à la fin du XIIIᵉ siècle grâce à un sceau du couvent (1274) et à deux mentions du sous-commandeur de Mértola sur des diplômes datés de décembre 1276 et de janvier 1299[3]. Vers le début du XIVᵉ siècle, le couvent s'éloigna de la frontière pour regagner Alcácer, où fut érigée la chapelle funéraire des maîtres de l'ordre, à côté de l'église Santa Maria dos Martires, dans les environs du bourg. L'ultime changement intervint vers le milieu du XVᵉ siècle, quand l'ordre décida de se réinstaller à Palmela, où de nouveaux aménagements furent entrepris (1482). Il se rapprochait ainsi de façon décisive des centres de décision politique, près de la capitale du royaume.

L'ordre comportait aussi des sœurs, qui eurent une vie moins agitée. Au début du XIIIᵉ siècle, alors que Lisbonne était encore exposée aux attaques venues du Sud, elles se réfugiaient dans la maison d'Arruda, où elles menaient vie commune avec les frères de la commanderie – « *fratribus in illa domo commorantibus et sororibus insimul cohabitantibus* » –, d'après ce que rapporte un décret de septembre 1207[4]. Les sœurs devaient cependant posséder des installations séparées, comme l'indique un document postérieur (1255) rédigé après leur départ d'Arruda et leur installation au monastère de Santos. On n'en connaît pas la date exacte, mais il est probable qu'elle coïncida avec la création de la commanderie de Santos, au début des années 1230. La présence des sœurs au monastère fut à l'origine d'une communauté mixte qui subsista jusqu'à la seconde moitié du XIIIᵉ siècle, moment où l'ordre aménagea

Le roi Denys Ier de Portugal (1261-1325). Madrid, Bibliothèque nationale.

Page de droite :
L'ordre du Christ, héritier du défunt ordre du Temple, établit d'abord son siège central à Castro Marim, dans l'Algarve portugais. En haut, sceau du maître Nuno Rodrigues (1372). Lisbonne, Instituto dos Arquivos Nacionais/ Torre do Tombo.

La plus haute dignité de l'ordre de l'Hôpital au Portugal était le prieur, qui dépendait directement du grand commandeur de l'ordre dans les royaumes de Portugal, León, Castille, Aragon et Navarre. Au centre, sceau du prieur (1231). Lisbonne, Instituto dos Arquivos Nacionais/Torre do Tombo. En bas, sceau de Fernao Rodrigues (1396), maître de l'ordre d'Aviz. Lisbonne, Instituto dos Arquivos Nacionais/Torre do Tombo.

un couvent pour les sœurs distinct de celui des frères et de la commanderie. Ce fut peut-être pour affirmer leur individualité au sein de la milice que les sœurs s'approprièrent la mémoire des patrons du monastère, les saints martyrs de Lisbonne, et organisèrent leur culte (1299), qui, très vite, éclipsa la dévotion à saint Jacques.

La relative indépendance dont avait bénéficié la commanderie en chef durant les années de la Reconquête conféra aux frères du royaume un esprit d'autonomie. Si l'on considère qu'elle avait intérêt à confiner la milice aux frontières du royaume, la couronne ne fut certes pas étrangère à cette situation, en particulier lorsque l'ordre limita le détournement

de ses fonds vers la Castille (1253) ou assura le contrôle de la frontière avec l'Algarve. Alphonse III obligea alors l'ordre à renoncer à Cacela et à Tavira (1272) et prit soin d'assurer le peuplement d'Alcoutim et de Castro Marim (1277). Du reste, l'appui du roi eut pour effet que les Santiaguistes portugais s'affranchirent de la tutelle du siège castillan de l'ordre et élurent le grand commandeur de Mértola comme maître provincial (1290-1297)[5]. Pour des raisons qui restent mal connues, les frères revinrent à l'obédience du maître d'Uclés, mais la scission fut consommée avec l'élection d'un nouveau maître provincial. Dans divers rapports envoyés à Rome (1317-1320), les frères ne manquèrent pas de rappeler leur ancienne obéis-

sance aux rois du Portugal, le détournement de leurs bénéfices vers la Castille et la dilapidation qu'avaient faite de leurs biens les maîtres généraux.

La création d'une maîtrise provinciale dans le royaume, soumise à la seule visite du maître général, s'accompagna d'une réorganisation totale de la milice (1327). Celle-ci était inspirée par la couronne et suivait de près le schéma adopté peu auparavant par l'ordre du Christ. Les biens de l'ordre furent distribués au maître, au couvent d'Alcácer et aux 31 commanderies, totalisant 61 chevaliers qui devaient se consacrer au service de l'ordre, de Dieu et des rois. La principale nouveauté était d'ailleurs la subordination de l'ordre à la couronne. Le roi ne se contentait pas d'approuver la nouvelle constitution de la milice, il supervisait ses affaires internes, en particulier la manière dont elle disposait de ses biens, présidait à la destitution éventuelle de commandeurs et à la réforme de l'institution. Ses prérogatives s'exerçaient également lors de l'élection des maîtres, qui devaient être choisis pour leur dévouement au roi et à l'ordre, comme le rappela Alphonse IV dans une lettre adressée au chapitre général d'Alcácer (1329) lorsqu'il fit l'éloge du maître Pedro Escacho, décédé peu auparavant. Peut-être est-ce d'ailleurs la raison pour laquelle quelques maîtres n'hésitèrent pas à ajouter les armes royales sur leur sceau de maître de l'ordre, comme le fit Gil Fernandes de Carvalho au milieu du siècle.

La tendance à choisir des maîtres proches de la couronne, et même à pousser à la démission ceux qui n'avaient pas la confiance du roi, se maintint tout au long du XIVe siècle. C'est cela qui, d'une certaine façon, prépara la cession du gouvernement de l'ordre aux membres de la famille royale, d'abord aux infants (1418) et plus tard à l'héritier du trône lui-même (1475). Outre le fait que les infants percevaient les revenus attachés aux fonctions de maître, lesquelles désormais relevaient définitivement de la couronne, il est possible que celle-ci ait cherché à associer l'ordre à ses projets de guerre sainte en Afrique.

L'ORDRE DU CHRIST

L'ordre du Christ fut fondé après une longue négociation portant sur le destin des biens du Temple au Portugal. Dans une première phase, le roi tenta d'incorporer ces biens à la couronne (1309) en concluant un accord avec Ferdinand IV de Castille et Jacques II d'Aragon (1310-1311). L'objectif était d'empêcher ces biens d'échapper à la juridiction de leurs couronnes. Après le concile de Vienne, en 1312, où l'on évita que les biens du Temple dans la péninsule n'échoient aux Hospitaliers, le roi du Portugal insista sur les liens qu'avaient les Templiers avec le royaume (1313-1318). Peut-être influencé par la solution trouvée en Aragon avec l'ordre de Montesa, il décida de demander la création d'une nouvelle milice du Christ qui siégerait à Castro Marim, près de la frontière maritime avec le pays des Maures. Pour diriger le nouvel ordre, qui fut approuvé par l'*Ad ea ex quibus* de Jean XXII (14 mars 1319) et placé sous la règle de Cîteaux, le roi choisit l'ancien maître d'Aviz, Gil Martins d'Outeiro. Celui-ci fut relevé de ses vœux antérieurs et autorisé à faire profession dans le nouvel ordre par la bulle *Desiderantes ab intimis* (15 mars 1319). Une fois traduite la bulle de fondation (11 mai 1319), l'ordre du Christ fut officiellement installé à Santarém (18 novembre 1319), en présence du roi et des différents membres de la cour.

Le choix de Castro Marim joua probablement un rôle décisif dans les négociations qui aboutirent à la création de l'ordre du Christ, mais rien ne dit que le couvent se fixa en ce lieu. D'après le compte rendu de la visite faite par l'abbé d'Alcobaça à Castro Marim en 1327, les frères n'y disposaient pas d'installations dignes de ce nom et les difficultés d'approvisionnement étaient constantes – peut-être en raison de son emplacement à l'une des extrémités du royaume, très loin de Tomar où se concentrait l'essentiel des ressources du couvent (1327). Des années plus tard, le désintérêt pour le bourg de l'Algarve était patent et la fortification en ruine : le donjon menaçait de s'effondrer et les maisons de l'alcade n'avaient plus de toit (1347). Au dire de la municipalité de Tomar, l'abandon du bourg était déjà ancien. En effet, les cinq premiers maîtres (1319-1357)

*Église de l'ordre du Christ
à Tomar (Portugal).*

n'étaient jamais allés à Castro Marim, l'ordre s'était contenté d'envoyer le grand commandeur et quelques frères lors du siège qu'Alphonse XI imposa au bourg, lesquels « *logo sse tornarom a sseu conuente* » [retournèrent très vite dans leur couvent[6]]. Les bâtiments hérités des Templiers semblent donc avoir exercé une forte attraction sur la milice, qui transféra rapidement son siège à Tomar, où se réunit le chapitre général de 1357. Elle abandonna Castro Marim à la couronne (1373) en échange de Castelo de Vide.

Le lien ténu avec l'ordre de Cîteaux et le transfert de la résidence du maître à Castelo Branco ne les libérèrent pas non plus tout à fait de l'héritage du Temple. Dans la nouvelle milice, presque tout rappelait les anciens chevaliers du Christ, depuis les biens qu'ils administraient jusqu'au nom sous lequel les frères étaient connus, à la forme et à la couleur de leur insigne. En tant que successeurs des Templiers, les frères de l'ordre du Christ étaient tenus de conserver leurs archives et de préserver leur mémoire. Certains d'entre eux se rappelaient jusqu'à leur ancienne profession dans le Temple. Il n'est d'ailleurs pas impossible que, parmi les frères du Christ, certains aient cultivé la mémoire des anciens Templiers. Rien ne le prouve de façon directe, mais le rédacteur de la Chronique de 1419 montra un grand intérêt pour l'histoire de la milice et narra ses débuts en citant les raisons qui avaient entraîné sa disparition, à la manière d'un préambule nécessaire à l'histoire des frères du Christ.

Le respect de la tradition se combinait cependant avec quelques dispositions nouvelles. Deux des plus importantes découlaient du renoncement aux relations avec les pays voisins – les droits de visite avaient été remis à l'abbé d'Alcobaça – et de l'étroite subordination de l'ordre aux intérêts et au service du roi. La bulle qui avait institué la milice

5. Dans l'historiographie portugaise, cette scission a été systématiquement datée de 1288, encore que D. Lomax (« El Rey Don Diniz de Portugal Y La Orden de Santiago », *Hidalguia*, n° 30, 1982, pp. 477-487) ait corrigé cette chronologie et découvert que la *Pastoralis officii* de Nicolas IV était datée du 15 mai 1290. L'équivoque a été créée dans la monarchie lusitanienne par Francisco Brandão, qui attribua à la bulle de Nicolas IV la date figurant sur la bulle homonyme de Célestin V, qui la confirma. D'ailleurs, les cotes des archives indiquées pour la bulle supposée de 1288 (cf. *Quadro Elementar das Relações Políticas e Diplomáticas de Portugal*, t. IX, Lisbonne, 1864, p. 257) correspondent à la bulle de Célestin V.

6. IAN/TT, *Colecção. Especial*, Cx. 33, n° 3. Il s'agit d'une sentence royale datée du 30 octobre 1410, à Lisbonne, et rendue lors d'un procès entre la municipalité de Tomar et Lopo Dias de Sousa, le maître de l'ordre, concernant les droits que celui-ci détenait dans le bourg.

exigeait que le maître et les commandeurs rendent un hommage personnel au roi et l'approbation de celui-ci devint nécessaire aux actes de gestion courante (1326), comme l'aliénation des biens, les modifications apportées à la vie quotidienne, à leur nombre au sein du monastère, ou même la destitution du commandeur. Pour les mêmes raisons, la gestion des hommes et des ressources de la milice était organisée de manière rationnelle (1321), avec l'établissement de près de quarante commanderies, où les biens et les frères qui appartenaient au couvent étaient soigneusement répertoriés. La couronne y disposait ainsi d'effectifs qu'elle pouvait mobiliser en cas de besoin et d'une réponse assurée au devoir d'aide et de conseil auquel étaient assujettis tous les frères.

Le pouvoir d'intervention de la couronne dans la vie de l'ordre se manifestait encore lors de l'élection des maîtres, en général choisis parmi ses hommes de confiance. Dans d'autres circonstances, lorsqu'ils perdaient l'appui du roi, les maîtres étaient contraints de renoncer à leur charge, comme ce fut le cas pour João Lourenço (1326) et Rodrigo Anes (1357). Aux environs de 1374, l'influence de la couronne s'exerça de nouveau pour faire élire un maître âgé de douze ans, qui était un neveu de la reine. Cette intervention se situait dans la tendance qui allait aboutir progressivement à mettre en place des aristocrates à tous les postes-clefs de l'ordre. Dès la fin du XIVᵉ siècle, on note une proportion croissante d'éléments provenant de lignages de la petite et de la moyenne noblesse (Avelar, Botelho, Ferreira, Rebelo, Vale, Vilela), tandis que diminuait le nombre des chevaliers dont le nom trahissait les origines modestes (Bezerro, Campos, Leite, Vinho). Lorsque l'ordre fut remis à l'infant dom Henrique (1420), la tendance s'accentua et quelques-unes des principales familles de gentilshommes (Azevedo, Castro, Coutinho, Cunha, Sousa, Vasconcelos) entrèrent dans les filières de la milice.

En même temps, la nature religieuse de l'institution s'estompa. De fréquentes infractions au vœu de chasteté se constatèrent et l'on vit peu à peu régresser le vœu de pauvreté : les frères furent autorisés à disposer, à leur mort, d'un tiers des biens mobiliers qui leur avaient été confiés (1372). En 1326, cette proportion augmenta de moitié et

les frères furent libres de léguer les deux tiers des biens mobiliers et des biens-fonds qu'ils avaient obtenus par achat ou par héritage. L'ordonnance de 1449 invoqua la fragilité des hommes et la malice des temps pour justifier la réforme des statuts et aller plus loin : on fit de la richesse personnelle des frères une norme, les « actes de chevalerie » furent décrétés nécessaires et les obligations religieuses se rapprochèrent de celles du commun des fidèles. Bientôt Alexandre VI allait dispenser les frères du vœu de chasteté (1496) en les autorisant à se marier.

Leurs liens puissants avec la couronne allaient jouer un rôle décisif dans la trajectoire future des ordres et les associer aux projets de croisade en Afrique et en Orient. Développés depuis la conquête de Ceuta (1415), les projets de guerre sainte en Afrique, en amenant les milices à confondre le combat contre les infidèles avec le service dû au roi, finirent par favoriser un renouveau des idéaux premiers des milices. Parmi les raisons invoquées pour remettre le gouvernement de la branche portugaise de Santiago (1418) et de l'ordre du Christ (1420) aux infants João et Henrique (le futur Henri le Navigateur) figurent les détournements de ressources qu'avaient opérés à des fins illicites les anciens maîtres alors qu'elles auraient dû servir au combat contre les Maures et à la propagation de la foi chrétienne. À cette époque, le rédacteur de la Chronique de 1419 rappelait aussi que les services rendus par les Santiaguistes lors de la conquête de l'Algarve avaient permis à Alphonse III d'attaquer différents lieux d'Afrique et que la rumeur glorieuse de ces faits était arrivée à la Cour de Rome, amenant celle-ci à demander au roi de prendre la croix pour libérer Jérusalem.

L'infant dom Henrique fut celui qui réalisa ces projets avec le plus d'éclat. Se considérant peut-être comme l'héritier de la politique africaine de son père, qui l'avait chargé de l'organisation de la défense de Ceuta (1416), il prépara les attaques contre Grenade et le Maroc et une incursion personnelle en terre des Maures (1434) à la veille de l'attaque contre Tanger. À cette époque, il manifesta le désir d'entrer dans l'ordre et demanda une dispense du vœu de pauvreté (1443), qui allait lui permettre de conserver et de transmettre son vaste patrimoine. Quelques années plus tard, il confia à

la milice la direction spirituelle des terres découvertes et colonisées (1454), peu avant de rappeler, à la fin de sa vie, l'histoire de la fraternité que les chevaliers de sa maison avaient formée à Ceuta après la conquête. Cette fraternité avait été à l'origine de la commanderie de Sainte-Marie d'Afrique, avec peut-être l'espoir de renouveler les attentes créées par le groupe de chevaliers qui avaient fondé l'ordre du Temple en Terre sainte.

Les témoignages connus de l'engagement des frères dans les opérations africaines ne sont cependant pas très significatifs. Bien qu'ils eussent, en général, rejoint les osts royaux levés pour les conquêtes en Afrique, peu nombreux furent ceux qui prirent part de façon continue à leur défense. D'après les données recueillies par Abel Cruz pour la période qui se situe entre 1415 et 1457[7], on ne peut identifier que 15 frères parmi le demi-millier de combattants connus. Les raisons du peu

d'empressement des frères à s'engager réellement dans la défense des territoires africains nous échappent en grande partie. Pourtant, à l'évidence, la pression de la couronne et des infants, les indulgences promises aux combattants et à ceux qui se plaçaient sous la bannière des ordres dans leur lutte contre les infidèles ne suffirent pas à les motiver.

L'implication de la monarchie portugaise dans les croisades allait cependant s'accentuer à partir de la moitié du XVe siècle. De cette période date la récupération des mémoires du conquérant de Ceuta, Jean Ier (« Chronique de la prise de Ceuta », 1449), où il souligne que la conquête participe du même mouvement que la croisade péninsulaire et que l'entreprise, par la présence de contingents de différentes nations parmi les combattants, a une dimension universelle. On allait aussi s'attacher à rappeler la mémoire de l'infant dom Fernando, qui avait été martyrisé en Afrique, et à vanter les hauts

Dans la seconde moitié du XIVe siècle, les Hospitaliers établirent leur couvent central à Flor da Rosa. Monastère et église de Flor da Rosa, à Crato, Portalegre (Portugal).

7. Cf. Abel Santos Cruz, *A Nobreza Portuguesa em Marrocos no Século XV (1415-1464)*, mémoire de recherche en histoire médiévale présenté à la faculté des lettres de l'université de Porto, 1995, pp. 138-182.

*Le monastère de Leça do Bailio
fut le premier établissement
de l'ordre de l'Hôpital dans
le royaume de Portugal.*

faits de l'infant dom Henrique, tandis que la couronne cherchait à assurer la défense de Ceuta et à relancer la guerre sainte sur le sol africain. L'engagement du roi dans la guerre sainte – il prononça ses vœux de croisé le 25 juillet 1456, le jour de la saint Jacques, le saint guerrier protecteur de la péninsule – fut appuyé par Rome, qui allait promulguer deux bulles (1456 et 1462) pour obliger les ordres militaires à construire des couvents en Afrique et à y dépenser au moins un tiers de leurs rentes.

La réaction des frères et de l'infant dom Fernando, qui dirigeait alors les milices du Christ et de Santiago, ne répondit pas exactement aux attentes de la couronne. Depuis le début du XVe siècle, la présence des infants avait progressivement augmenté le nombre des aristocrates parmi les dirigeants de l'ordre et peut-être ceux-ci n'étaient-ils pas très attirés par des faits de che-

valerie en Afrique, de surcroît lorsqu'ils n'étaient pas dans les rangs de l'ost royal. Ils opposèrent un ferme refus à tout engagement direct dans le nord de l'Afrique et, rappelant que les milices avaient été constituées pour défendre le royaume et non pour combattre les Marocains, ils réussirent à faire en sorte que ces dispositions restassent lettre morte. La situation changea peut-être sensiblement avec l'arrivée de l'héritier de la couronne, le futur Jean II, à la tête des ordres d'Aviz (1468) et de Santiago (1475), et la part plus importante que prirent les frères dans la navigation atlantique. Du reste, la chose allait se reproduire avec Manuel Ier, qui gouvernait l'ordre du Christ lorsqu'il fut proclamé roi et qui chercha à l'intégrer à sa politique impériale. L'entrée dans l'ordre put dès lors prendre un autre sens, celui du service dû à un roi qui se considérait comme le défenseur de la chrétienté et qui projetait aussi de délivrer Jérusalem.

Page de gauche :
Chapelle des maîtres
dans l'église Santa Maria
dos Martires (1333), possession
de l'ordre de Santiago. Alcácer
do Sal, Setúbal (Portugal).

La commanderie principale
de l'ordre de Santiago
au Portugal se trouvait
à Mértola depuis le milieu
*du XIII*e *siècle. Vue du château.*

*Château de l'Alandroal
de l'ordre d'Aviz.
Évora (Portugal).*

Page de droite :
*Église Notre-Dame-de-Lorette
de l'ordre d'Aviz, dans
le château de Juromenha.
Évora (Portugal).*

*Château, église et couvent
de l'ordre de Santiago
à Palmela (XVᵉ-XVIIIᵉ siècles).*

Les Santiaguistes portugais participèrent activement à la Reconquête et reçurent des souverains de vastes territoires, dont Alcácer do Sal et Palmela. Ci-dessus, insigne de l'ordre de Santiago mis au jour lors des fouilles du château de Palmela (fin du XIIe siècle). Palmela, Museu Municipal.

Regra ⁊ statutos da ordem de Santiago.

Ci-contre, règle et statuts de l'ordre de Santiago. Lisbonne, atelier typographique de Germão Galharde, 1542. Lisbonne, Bibliothèque nationale.

*L'apôtre saint Jacques
combattant les musulmans
sur un relief de l'église
de Santiago do Cacém
(Portugal). Premier quart
du XIVe siècle.*

Page de droite :
*Peinture d'un retable avec
des symboles santiaguistes
(XVIe siècle). Lisbonne, Museo
Nacional de Arte Antiga.*

Double page suivante :
*Scène de l'affrontement
entre le maître de l'ordre
d'Aviz, João (le futur Jean Ier de
Portugal), et le roi Jean Ier
de Castille à la bataille
d'Aljubarrota (1385).
Londres, British Library.*

Comment le roy de portingal desson

A le Roy de castille a Iuberotes. xl

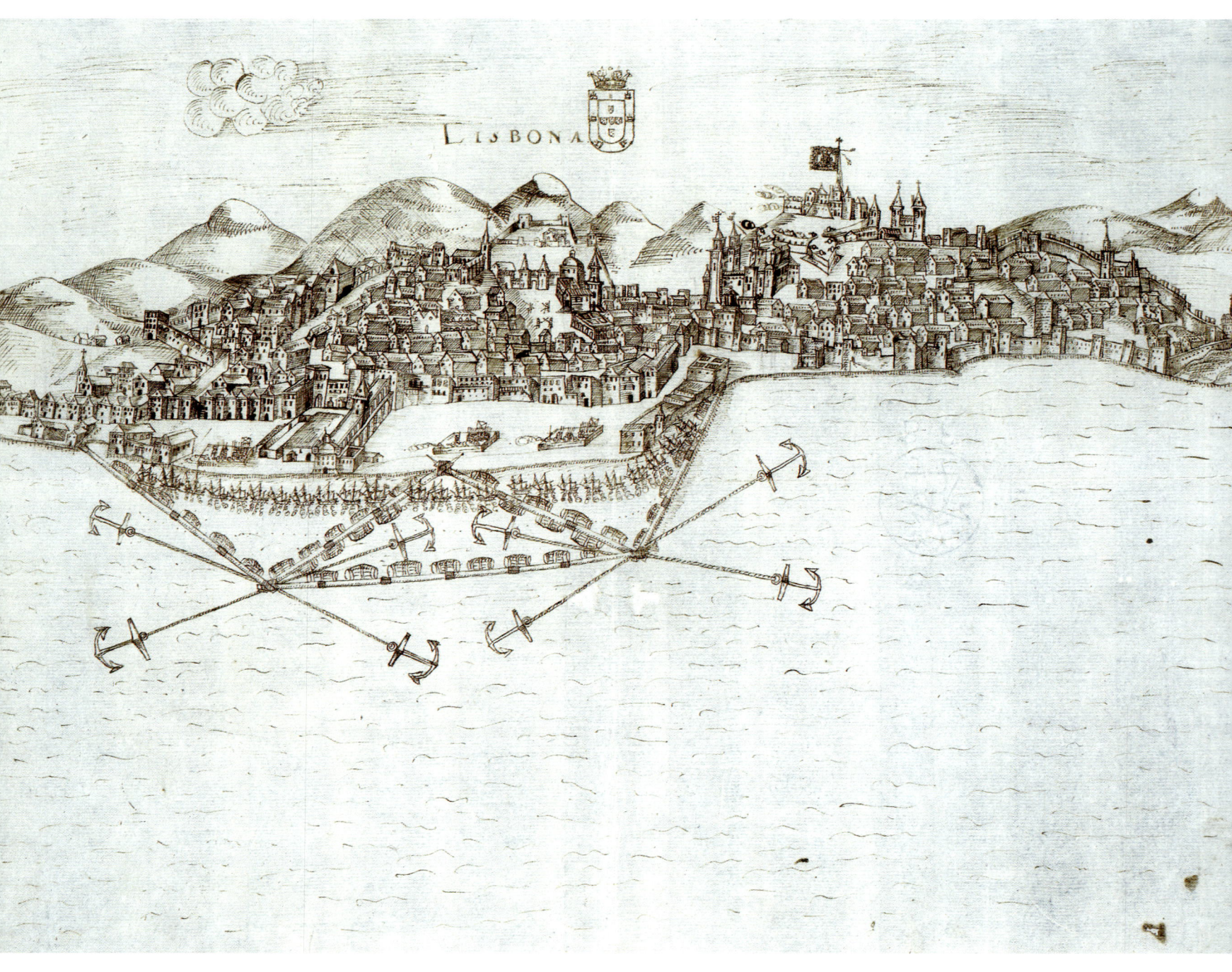

Vue de Lisbonne (XVIᵉ siècle).

Page de droite :
*L'intronisation de la dynastie
d'Aviz marqua un véritable
tournant dans l'histoire
des ordres portugais.
Le roi Jean Iᵉʳ de Portugal
(1357-1433), grand-maître
de l'ordre d'Aviz et fondateur
de la dynastie, sur un retable
du XVᵉ siècle. Lisbonne, Museo
Nacional de Arte Antiga.*

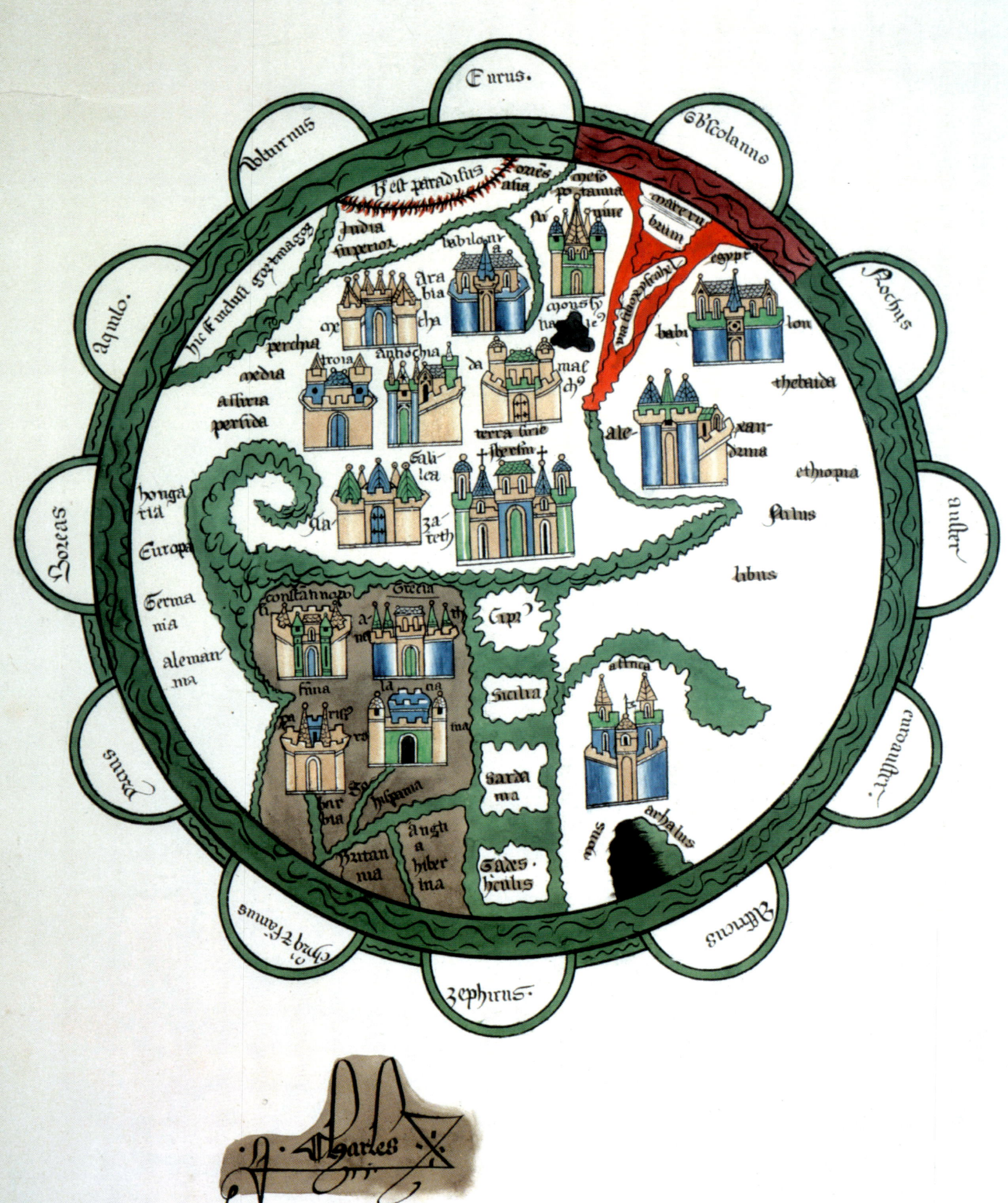

L'ordre de Sainte-Marie des Teutoniques

Philippe Josserand

Entre mémoire et histoire

Enluminure de 1337 représentant l'empereur Louis de Bavière et le grand-maître Dietrich von Altenburg, qui tient la bannière de l'ordre teutonique. Berlin, Geheimes Staatsarchiv.

Page de gauche :
L'ordre teutonique fut fondé aux environs de la ville d'Acre en 1190, pendant la troisième croisade, sous l'invocation de sainte Marie de Jérusalem. Ses fondateurs, des marchands originaires de Brême et de Lübeck, avaient en mémoire la Ville sainte que les pèlerins allemands avaient dû abandonner trois ans auparavant. Ce plan de Jérusalem est extrait d'un manuscrit du XIVᵉ siècle. Paris, bibliothèque Sainte-Geneviève.

Dans la mémoire collective, l'ordre de Sainte-Marie des Teutoniques, plus que ses homologues de l'Hôpital ou même du Temple, reste associé à des images récurrentes empruntées notamment au film d'Eisenstein. Celui-ci restitue, en une scène inoubliable, la bataille sur les glaces du lac Peïpous lors de laquelle les chevaliers furent confrontés aux troupes russes d'Alexandre Nevski. L'épisode, qui eut lieu le 5 avril 1242, est doté d'une historicité indéniable. À l'écran, porté par la musique de Prokofiev, le combat entre les Teutoniques et l'armée du tsar prend pourtant une tout autre couleur : en une séquence d'une rare perfection formelle, il sert en 1938 un objectif de propagande. Le fait ne doit pas surprendre, car, à la veille de la Seconde Guerre mondiale, l'histoire des Teutoniques a de longue date été accaparée par les passions nationalistes. Pour les Allemands comme pour leurs voisins slaves et baltes, l'ordre représentait en effet une force au service de l'expansion germanique dans l'est de l'Europe, une armée disciplinée, fidèle à l'empereur et porteuse des valeurs de la culture occidentale. Dans cette perspective, en 1910, le cinquième centenaire de la bataille de Tannenberg, connue des Polonais qui y écrasèrent les Teutoniques sous le nom de Grunwald, fut abondamment commémoré par un peuple qui vit dans cette victoire l'occasion d'exprimer son aspiration à recouvrer un État. En réaction, l'état-major allemand s'empressa, en 1914, de donner le nom de Tannenberg à une bataille remportée en Prusse, faisant ainsi de l'ancienne défaite teutonique un succès de l'armée de Guillaume II. Récupérée par les idéologies nationalistes dès le début du XXᵉ siècle au moins,

l'histoire des chevaliers teutoniques s'en trouva otage à l'avènement du IIIᵉ Reich : on sait le parti que le régime nazi a cherché à tirer de ces ancêtres présumés qu'il a pris pour modèle lors de la création des SS, alors même qu'il interdisait les structures de l'ordre dans les pays annexés de tradition catholique où, à l'instar de l'Autriche et de la Tchécoslovaquie, ces dernières s'étaient maintenues depuis le Moyen Âge. D'une telle utilisation, la mémoire des Teutoniques est ressortie durablement ternie et l'histoire des chevaliers, pourtant profondément renouvelée dans la seconde moitié du XXᵉ siècle, porte aujourd'hui encore le fardeau de représentations de cruauté ou de fanatisme dont le grand public ne s'est pas toujours dépris.

Riche aujourd'hui d'une tradition historique de plus de huit siècles, l'ordre teutonique, étendu au Moyen Âge de la Terre sainte jusqu'à des régions aussi différentes que l'Italie, l'Espagne, la Hongrie ou la Baltique, réclame d'être appréhendé en dehors des lieux communs qui continuent de s'attacher à son passé. Une telle entreprise peut s'appuyer sur le développement d'une recherche érudite qui s'est progressivement renforcée à partir des années 1960. Importante en volume, la production scientifique consacrée aux Teutoniques l'est également en valeur et fait que, pour de nombreux aspects de leur activité, les chevaliers de l'ordre sont aujourd'hui mieux connus que leurs homologues du Temple ou de l'Hôpital. Plusieurs centres ont contribué, depuis la Seconde Guerre mondiale, à cette dynamique. À Vienne, où sont rassemblées les archives centrales de l'ordre, l'histoire de l'institution, conformément à une tradition ancienne, a été écrite par ses propres membres, qui, à l'instar du grand-maître Mariam Tumler ou du père Bernhard Demel, ont grandement enrichi l'état de nos connaissances. Le renouvellement historiographique s'est ensuite affirmé dans le cadre universitaire, à Bonn d'abord où, à la fin des années 1960, fut créé un centre de recherches sur les Teutoniques qui publie la seule collection consacrée exclusivement à l'ordre, les *Quellen und Forschungen zur Geschichte des Deutschen Ordens*, puis à Berlin et, plus récemment, à Torun, en Pologne, où, lors de colloques bisannuels, les spécialistes allemands confrontent leurs analyses avec celles de leurs collègues d'Europe orientale. En dehors des territoires germaniques et polonais, l'historiographie de l'ordre teutonique reste moins avancée, même si de récents travaux permettent de mieux connaître l'implantation de l'institution en Terre sainte, en Livonie ou en Italie méridionale. Diverse par les espaces qu'elle intéresse, mais aussi multiple dans les champs qu'elle implique d'aborder, l'histoire des Teutoniques n'a fait l'objet que d'un petit nombre de synthèses, pour la plupart en langue allemande, dont le public, notamment dans les pays latins, est souvent dans l'incapacité de tirer profit. À coup sûr, une telle ignorance n'est pas étrangère au fait que bien des topiques continuent à s'attacher au passé de chevaliers dont la représentation a longtemps constitué un enjeu bien plus idéologique que scientifique. Inspirées des recherches récentes, les pages qui suivent ne sauraient prétendre offrir une vision originale de l'histoire de l'ordre teutonique, mais du moins pourront-elles aider le lecteur à débarrasser cette dernière des oripeaux de la légende pour la restituer dans le contexte médiéval où agirent les frères depuis leur établissement en Terre sainte, à la fin du XIIᵉ siècle, jusqu'à la sécularisation de la plus grande partie de leurs domaines à l'époque de la Réforme protestante.

L'ÉMERGENCE D'UN ORDRE MILITAIRE NOUVEAU

Dans les années 1120, alors que le Temple, bientôt suivi par l'Hôpital, donnait l'exemple d'une nouvelle forme de vie monastique associant la promesse de lutter pour la foi aux vœux traditionnels d'obéissance, de pauvreté et de chasteté, une fondation charitable destinée aux pèlerins allemands s'implanta à Jérusalem. Méconnue, cette structure dans laquelle l'historiographie a longtemps cherché l'ancêtre des Teutoniques disparut lors de la prise de la cité sainte par Saladin, en 1187. Deux ans plus tard, sans qu'il existe de lien nécessaire avec l'établissement de Jérusalem, deux marchands allemands de Brême et de Lübeck fondent sous les murs de la ville d'Acre, assiégée par les chrétiens, un hôpital de campagne à l'intention de leurs compatriotes engagés dans la troisième croisade. Une fois la place conquise en 1191, la nouvelle structure est installée à l'intérieur de l'enceinte. Pérennisée à l'initiative du duc Frédéric de Souabe, présent depuis 1190 à Acre, elle prend le nom d'hôpital de Sainte-Marie des Teutoniques, mais se heurte aux pressions de l'Hôpital de Saint-Jean de Jérusalem qui réclamait en Terre sainte le monopole des soins aux pèlerins malades. Confortée par Célestin III, qui, le 21 décembre 1196, reconnaît son autonomie, la nouvelle fondation reçoit le soutien des croisés allemands arrivés à Acre en 1197 à la suite de l'empereur Henri VI. Rapidement privée de son chef, l'expédition impériale se solde par un échec qui conduit ses participants à reprendre la mer dès février 1198. C'est au cours des six mois de leur présence en Orient que les croisés allemands obtiennent la transformation de l'hôpital de Sainte-Marie des Teutoniques en un ordre religieux militaire, dont l'existence est confirmée le 19 février 1199 par Innocent III, qui lui impose une règle empruntant à ses deux illustres devanciers, le Temple et l'Hôpital.

Soutenu par le pouvoir impérial, soucieux de disposer d'un relais en Méditerranée, l'ordre teutonique sert en même temps le projet du pape qui veut mobiliser des forces nombreuses pour défendre les États latins d'Orient. Protégé par les deux plus grandes puissances de l'époque, il semble au moment de sa fondation en mesure d'ambitionner un destin comparable à celui du Temple ou de l'Hôpital. La conjoncture politique ne lui est cependant pas longtemps favorable. La mort de l'empereur Henri VI à

« En avant donc, soldats ! Vous n'avez rien à craindre ! Repoussez les ennemis de la croix du Christ ! Votre cœur ne tremble pas, sûr que " ni la mort ni la vie ne pourront vous séparer de l'amour de Dieu qui est dans le Christ Jésus " (Rom 8, 38). Au moment du danger vous vous redites cette parole de l'Apôtre : " Soit que nous vivions, soit que nous mourions, nous appartenons au Seigneur ! " (Rom 14, 8). Quelle gloire pour ceux qui reviennent victorieux du combat ! Quelle béatitude pour ceux qui meurent martyrs sur le champ de bataille ! [...] En réalité, qu'on meure dans son lit ou à la guerre, " la mort des saints est sans nul doute précieuse devant Dieu " (Ps 115, 15), mais la mort sur le champ de bataille a d'autant plus de prix qu'elle est plus glorieuse. »

BERNARD DE CLAIRVAUX, *DE LAUDE NOVAE MILITIAE* XIIᵉ SIÈCLE (TRAD. ÉLISABETH DE SOLMS, NAMUR, ÉD. DU SOLEIL LEVANT, 1958).

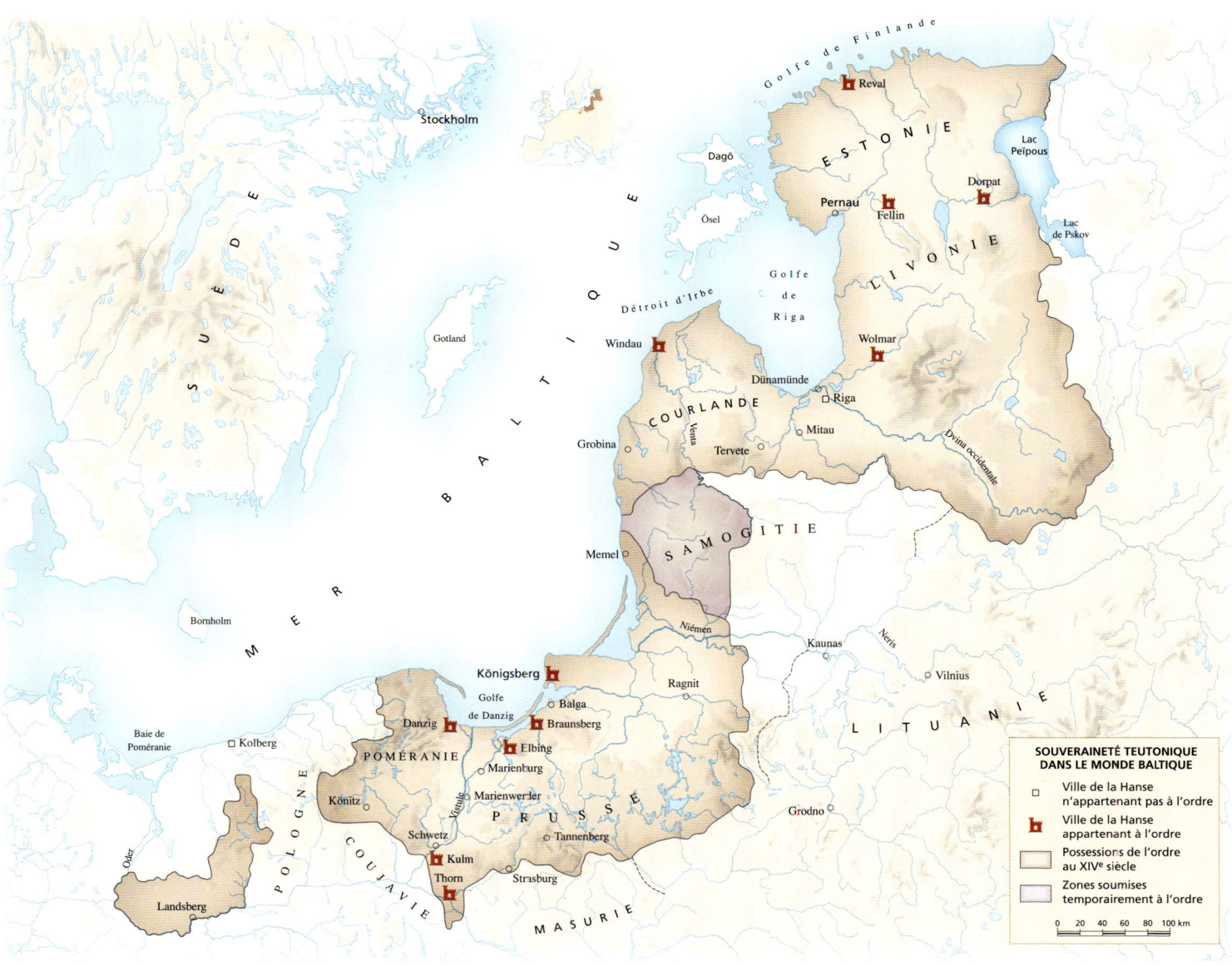

SOUVERAINETÉ TEUTONIQUE
DANS LE MONDE BALTIQUE

□ Ville de la Hanse
n'appartenant pas à l'ordre

⛫ Ville de la Hanse
appartenant à l'ordre

Possessions de l'ordre
au XIVe siècle

Zones soumises
temporairement à l'ordre

0 20 40 60 80 100 km

l'automne 1197 et le départ des croisés arrivés à sa suite ont en effet obligé le nouvel ordre, privé de l'appui de ses promoteurs, à rechercher des alliances parmi les opposants à l'autorité impériale qui, en Allemagne et en Sicile, s'arrogent l'essentiel du pouvoir au détriment du jeune Frédéric II. Sans doute cette politique a-t-elle débouché sur certains acquis territoriaux, offrant aux Teutoniques de développer leur présence en Italie méridionale, notamment autour de Barletta et de Palerme, et de prendre pied dans l'Empire, où ils créent en 1200 une première commanderie à Sonntag, en Styrie, et implantent des hôpitaux à Halle et à Bolzano. Le profit

d'une telle ligne de conduite est cependant ambigu. En prenant parti contre Frédéric II, qu'il juge incapable de protéger efficacement ses intérêts, le nouvel ordre s'aliène Innocent III, proclamé tuteur du jeune prince, duquel dépend en grande partie sa consolidation institutionnelle. De fait, en 1208, si l'on repère pour la première fois la présence d'une hiérarchie au sein du chapitre des Teutoniques, celle-ci reste rudimentaire, sans comparaison avec celle dont disposent à l'époque Templiers et Hospitaliers. La jeune communauté demeure donc fragile, contestée jusque dans son existence par l'Hôpital, qui prétend lui imposer une tutelle, et, même confirmée

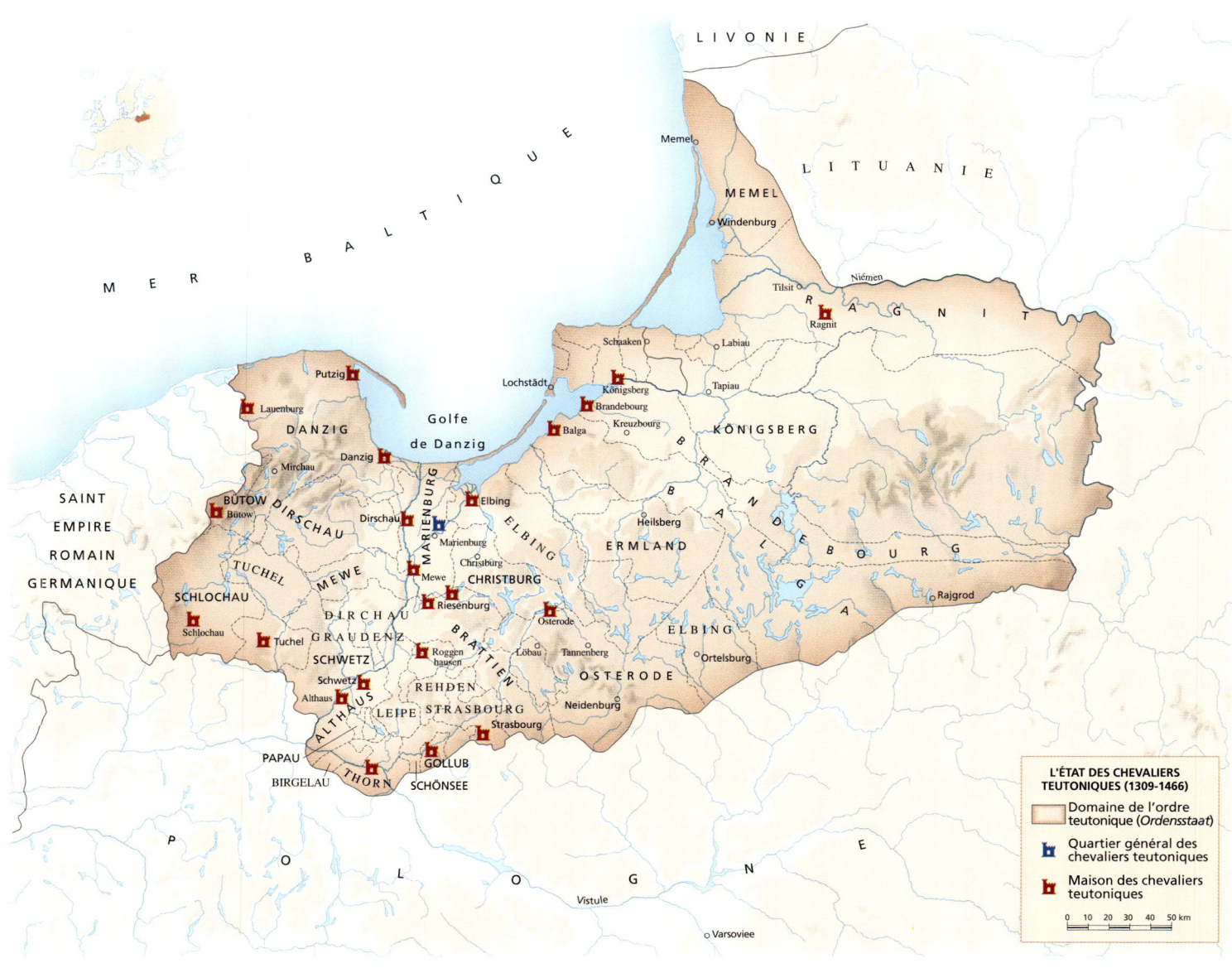

par Innocent III en 1209, une fois leurs différends apaisés, elle ne se différencie guère des petits ordres militaires tel celui des frères de Saint-Lazare.

À partir des années 1210, une conjoncture politique nouvelle permet toutefois à l'ordre teutonique de s'affirmer progressivement. Perçue comme un appui indispensable au projet pontifical de croisade, l'institution est en même temps tenue par Frédéric II pour un auxiliaire militaire puissant dans son projet de soumettre l'Allemagne et la Sicile. De telles collaborations, les Teutoniques retirent un bénéfice très important, développant leur implantation foncière en Terre sainte, mais également en Occident, princi-

palement dans l'Empire, et confortant leur statut juridique, qui, face au Temple ou à l'Hôpital, était jusqu'alors fragile. Ces progrès remarquables par leur ampleur et leur rapidité restent aujourd'hui encore attachés au souvenir d'un homme, Hermann von Salza, dont plusieurs historiens, à l'instar de Kristjan Toomaspoeg, n'ont pas hésité à faire l'« inventeur » de l'ordre, le responsable de sa « création définitive ». Élu maître entre juin 1209 et octobre 1210, cet habile politique a en effet profondément transformé en quelque trois décennies l'institution dans laquelle il était entré peu après son arrivée en Terre sainte. Liant l'ordre à la dynastie des

L'hérésie cathare, ou albigeoise, est probablement l'élément discordant le plus frappant dans le cadre homogène de la doctrine ecclésiastique de l'Occident latin au cœur du Moyen Âge. Que l'on interprète ce mouvement hérétique comme une simple déviance des principes chrétiens défendus depuis Rome ou comme une religion d'inspiration manichéenne, ses répercussions sociales et politiques dans l'Europe des xiie et xiiie siècles furent considérables, en particulier dans le midi de la France.

Dès le milieu du xie siècle, l'Église romaine avait entrepris son programme de réforme et s'était dotée des instruments nécessaires pour combattre l'hérésie, en s'assurant la collaboration du pouvoir civil pour atteindre son objectif de l'unité doctrinale. Ces instruments servent, au début du xiiie siècle, à lancer une procédure inquisitoriale qui permet à l'Église et aux pouvoirs publics qui collaborent avec elle de s'emparer des biens des hérétiques au nom de l'unité de la foi. Un appui circonstanciel des Templiers aux « hérétiques » offrira au roi de France un argument de poids pour justifier son désir de confisquer le patrimoine de l'ordre.

Les deux événements – développement du catharisme et suppression de l'ordre du Temple – sont très liés à l'échec du mouvement croisé qui, dès le xiiie siècle, avait entraîné la perte des possessions occidentales en Terre sainte. Ils témoignent également de la nouvelle direction que prend la lutte pour le *dominium mundi* ; en effet, au xive siècle, le rôle des monarchies nationales naissantes s'impose face à l'Empire en déclin. C'est le roi de France qui va rétablir l'emprise du pouvoir temporel sur le Saint-Siège, dont le transfert à Avignon signe l'échec des dernières tentatives de renouveau de la théocratie pontificale qu'avait ourdies Boniface VIII.

Staufen et en particulier à Frédéric II, sans aller jusqu'à rompre avec la papauté, il lui permit de conquérir dans l'Empire une position qu'aucune milice n'avait jamais atteinte et l'investit dans la défense de la frontière orientale de la chrétienté latine, en Hongrie d'abord, de 1215 à 1225, puis dans les années qui suivirent en Prusse et en Livonie où ses frères s'employèrent contre les païens des régions baltes. En effet, ni les missions, ni les croisades organisées depuis 1147, ni même l'action militaire d'institutions spécifiques comme les Porte-Glaives n'avaient réussi à arracher ces peuples à leurs anciennes croyances. Aux prises avec un champ d'investissement considérablement étendu, l'ordre teutonique parvint ainsi, en 1239, à la mort d'Hermann von Salza, à être reconnu comme l'égal du Temple et de l'Hôpital, dont les plus, puissantes forteresses étaient concurrencées par le château de Montfort où le siège de la milice, originellement fixé à Acre, avait été déplacé depuis une dizaine d'années déjà.

Entre Terre sainte et Baltique

Présents en Terre sainte aux côtés des Templiers comme des Hospitaliers jusqu'à la chute d'Acre, en 1291, les Teutoniques acquièrent à partir du deuxième quart du xiiie siècle une spécificité croissante par rapport à leurs homologues en s'investissant dans la conquête et la christianisation de l'espace baltique. En Prusse, dans une région de basses terres entre Vistule et Niémen où vivent les dernières populations païennes d'Europe avec les Lituaniens, l'intervention des frères est sollicitée en 1225 par le duc Conrad de Mazovie, qui jusque-là avait échoué à assurer à sa principauté un accès à la mer. Formée du Kulmerland, à l'est de la Vistule, la donation initiale accordée aux Teutoniques leur est solennellement confirmée par Frédéric II en mars 1226 dans la bulle d'or de Rimini qui fait d'eux les vassaux directs de l'empereur dans chacun des territoires qu'ils enlèveront aux païens. Fondé dans ses droits et donc assuré de ne pouvoir être frustré de sa victoire par le duc de Mazovie, comme il l'avait été peu avant par le roi de Hongrie, l'ordre se lance militairement à la

conquête de la Prusse à partir de 1230 sous la conduite d'Hermann Balk. Progressant depuis Kulm vers l'embouchure de la Vistule, puis le long du littoral baltique, les chevaliers parviennent en une décennie à contrôler la Prusse occidentale qui s'ouvre à des châteaux et à des bourgs fortifiés, tels que Marienwerder ou Elbing, conçus comme autant de centres de colonisation. En 1237, l'installation des Teutoniques en Livonie, où ils recueillent l'héritage des Porte-Glaives, leur offre d'entreprendre des actions militaires plus à l'est jusque dans la vallée du Niémen, aux confins des territoires tenus par les Lituaniens. Ralentie en 1242 à cause de la révolte du duc Svantopolk de Pomérélie, qui, dans son combat contre l'ordre, n'hésite pas à s'allier aux païens, la soumission de la Prusse orientale est parachevée peu après le milieu du xiiie siècle avec la fondation de Königsberg, l'actuelle ville de Kaliningrad, créée en 1254 à l'emplacement de l'ancienne agglomération de Tuwangste.

Faute d'être capable de mettre en œuvre une politique de colonisation suffisante, l'ordre teutonique s'est exposé, dans les régions baltiques qu'il a conquises, à de véritables rébellions des populations arrachées contre leur gré à leurs croyances et à leurs structures d'organisation ancestrales. Combinés le cas échéant à des interventions extérieures russes ou encore polonaises, ces mouvements de révolte dégénérèrent à partir du début des années 1260 en une guerre ouverte d'une très grande violence. Le signal en fut donné en 1259 avec le soulèvement des Semgalliens et des Coures de Livonie qui, à l'été suivant, infligèrent aux teutoniques la terrible défaite de Durben. À la tête des Lituaniens, Mindaugas décida alors de rompre avec le christianisme, auquel il s'était rallié sous la pression quelques années plus tôt, pour entrer en guerre à son tour contre l'ordre dont il écrasa les troupes à Pocarwist en juillet 1261. Profitant des revers enregistrés par les Teutoniques, les Prussiens s'affranchirent en masse de la domination et de la foi qui leur avaient été imposées. Les succès militaires des révoltés furent tels qu'en 1263 l'essentiel du pays conquis dans les décennies précédentes échappait aux frères qui n'en contrôlaient plus à grand-peine, que les châteaux et les bourgs principaux. Seul un investissement massif de croisés allemands appelés à l'aide par le grand-maître Anno von Sangerhausen permit aux Teutoniques de reprendre pied en évitant que les Polonais et les Russes, prompts à remettre en cause la domination de la milice, ne se coalisent avec leurs ennemis. Progressivement isolés, ces derniers furent contraints de relâcher leur pression. En 1272, face aux Prussiens et aux Semgalliens, l'ordre remporta plusieurs victoires décisives qui lui permirent de réaffirmer son emprise sur des territoires qu'il n'acheva de pacifier qu'à la fin de la décennie suivante. Vaincus, les païens n'avaient d'autre choix que de se soumettre ou de s'enfuir au-delà de la Wildnis, cette épaisse ceinture de bois et de marais qui sépare les domaines teutoniques de Prusse et de Livonie de la Lituanie, seule capable, à la fin du xiiie siècle, de contester aux frères leur prépondérance baltique.

Mobilisés contre les païens aux confins septentrionaux de la chrétienté latine, les Teutoniques n'en ont pas moins continué, durant les deux derniers tiers du xiiie siècle, à s'opposer par les armes aux musulmans en Terre sainte. Dans un contexte militaire toujours plus difficile pour les Latins, les frères de l'ordre ont payé sur le front syrien un tribut très lourd, notamment lors de la défaite de La Forbie, en 1244, où 400 d'entre eux sont morts aux côtés de leurs homologues templiers et hospitaliers. Pendant environ quatre décennies, le château de Montfort, où la milice avait établi son siège, a même constitué la meilleure défense de la ville d'Acre, qui faisait figure de capitale du royaume de Jérusalem. Exposée aux offensives des Mamelouks, la forteresse assiégée en 1266, peu après que la place templière de Safed fut tombée, parvint à résister pendant cinq ans, au terme desquels les Teutoniques durent l'abandonner pour se replier à Acre. Malgré un tel recul, les chevaliers continuèrent le combat jusqu'à ce que le grand port latin de Terre sainte fût à son tour évacué en 1291. Après cette défaite où périt avec plusieurs de ses frères le lieutenant du maître, Heinrich von Bouland, l'ordre a été

confronté à une difficile réorientation de sa mission militaire. Présent en Méditerranée orientale, en particulier à Chypre, en Cilicie et dans le Péloponnèse, il ne s'est nullement impliqué dans les tentatives lancées à la fin du xiiie siècle par les Templiers et les Hospitaliers pour reprendre pied en Terre sainte à la faveur de l'alliance mongole. Dès cette époque, une majorité de Teutoniques semble s'être ralliée à l'idée d'un déplacement du centre d'activités de l'ordre en Baltique. Dans ces conditions, l'établissement du siège de l'institution à Venise, porte ouverte vers l'Orient et débouché des routes provenant d'Europe centrale et septentrionale, était une solution d'attente. En 1309, à l'instigation du maître Siegfried von Feuchtwangen, un choix est opéré en faveur de la Prusse où, quelque quinze ans plus tard, la forteresse de Marienburg devient le quartier général d'un ordre qui, en dépit de l'échec du projet latin en Terre sainte, apparaît alors en pleine maturité.

L'ordre teutonique à son apogée

À la fin du xiiie siècle, au moment de quitter la Terre sainte, l'ordre teutonique est loin de constituer une institution aux abois, promise faute de raison d'être à un irrémédiable déclin. Mieux même, en se fixant en Baltique dans les décennies suivantes, il entre dans la période de son histoire que l'on peut tenir pour son apogée. Selon les lieux de son implantation, la milice revêt désormais trois visages différents. Aux provinces de Prusse et de Livonie, où les frères luttent pour la défense et l'expansion de la foi chrétienne, s'opposent les terres d'Empire et, plus généralement, d'Occident qui participent d'une réalité tout autre. Dans ces dernières régions coupées du théâtre des combats, l'ordre teutonique est, à l'instar de l'Hôpital, une institution ecclésiastique dotée d'une puissance économique localement considérable, forte de nombreuses maisons urbaines, de commanderies, de domaines fonciers, d'églises ou encore d'hôpitaux comme celui de Marburg, où s'est illustrée dans les années 1220 sainte Élisabeth de Hongrie, devenue après sa mort l'une des principales patronnes de la milice. Divers dans

uges le roi richart. et qui auoient nure — arriuast: et de la fauſete le roi richart.

Rois phelippes qui moult — mais: et arriua deuant la cite/droite

La troisième croisade (1189-1192) est associée au roi d'Angleterre Richard Cœur de Lion et au roi de France Philippe Auguste. Ci-dessus, scène de la prise de la ville d'Acre dans un manuscrit français du XIVe siècle. Londres, British Library.

sa composition, le patrimoine occidental de l'institution est au XIVe siècle placé pour l'essentiel entre les mains du *Deutschmeister*, le maître de la province d'Allemagne, créé à l'initiative d'Hermann von Salza afin de régir les douze bailliages entre lesquels se répartissaient les possessions teutoniques de l'Empire. Si certaines de ces régions germanophones, à l'exemple de l'Alsace ou de l'Autriche, lui ont été enlevées au cours du XIVe siècle pour être attribuées en propre au grand-maître, le principal officier de l'ordre en Occident a pu compenser cette perte en étendant son contrôle à l'ensemble des établissements détenus par l'institution dans l'espace méditerranéen. Passablement marginalisées à la suite de la perte de la Terre sainte et menaçant parfois d'évoluer vers une totale autonomie, les terres méridionales de la milice présentent un intérêt qui n'est pas seulement local. Dans les Pouilles et, plus encore, en Sicile où les domaines teutoniques, dépassant en superficie les propriétés du Temple et de l'Hôpital, peuvent être rapportés à ceux du bailliage de Saxe, elles permettent de mobiliser des ressources en numéraire expédiées vers le front, dans les régions où

l'ordre exerce au contact des païens sa mission combattante, c'est-à-dire en Prusse et en Livonie.

En Livonie, comme en Occident, l'ordre teutonique est dirigé par un maître spécifique indépendant dans son action du grand-maître de l'institution qui depuis le début du XIVe siècle réside en Prusse. Dans ces régions aujourd'hui réparties pour l'essentiel entre les républiques baltes de Lettonie et d'Estonie, les frères se sont d'abord attachés à lutter contre les Lituaniens qui, après la soumission des Prussiens, forment le dernier ensemble païen en Europe. À ce combat, qui jadis avait constitué la mission des Porte-Glaives, les Teutoniques se sont consacrés sans relâche à partir du moment où ils se sont implantés en Livonie. Dès le milieu du XIIIe siècle, la fondation de Memel, l'actuelle Klajpeda lituanienne, a révélé la volonté de l'ordre d'unir la Prusse aux espaces plus septentrionaux qu'il contrôlait par une route terrestre plus sûre que la voie maritime périlleuse et saisonnière. En empêchant cet itinéraire de fonctionner, sinon de façon ponctuelle, l'intégration de la Samogitie à l'État lituanien rassemblé au début du XIVe siècle par Gediminas, l'ancêtre des Jagellon, acheva de

donner aux luttes menées aux frontières méridionales de la Livonie un caractère permanent. Essentielles aux Teutoniques pour défendre leurs domaines et justifier leur raison d'être, ces guerres leur sont également nécessaires pour éviter que certains éléments de la société chrétienne avec lesquels ils entretiennent des rivalités n'utilisent la menace païenne pour secouer leur domination comme l'ont fait les archevêques de Riga et plusieurs de leurs suffragants. Faites de raids et de contre-raids, de massacres et de conversions forcées, les actions entreprises par les frères contre les Lituaniens ont souvent engendré des débordements de violence dont il faut rappeler qu'ils n'étaient pas unilatéraux. Excommuniés en Livonie par Clément V et pério-

diquement dénoncés par des prélats dont beaucoup, comme en Prusse au siècle précédent, sont intéressés à les perdre auprès de l'opinion, les Teutoniques essuient dès le milieu du XIVe siècle des critiques croissantes au sujet de la guerre missionnaire qu'ils mènent contre les Lituaniens, accusée de braquer un peuple dont la papauté aimerait au contraire rechercher l'alliance contre les khanats mongols dominant les steppes situées au nord-ouest de la mer Noire.

À la différence de la Livonie, la Prusse est une région où aucune puissance séculière ou ecclésiastique n'a pu porter ombrage à l'ordre teutonique qui s'est employé d'emblée à en écarter tout concurrent potentiel. Dès la période de la conquête, les frères ont occupé les deux

Depuis des châteaux comme ceux de Torun et de Marienwerder, les chevaliers teutoniques se lancèrent à la conquête et l'évangélisation des territoires prussiens. Ici, le château de Marienwerder, en Pologne.

tiers d'un pays divisé en quatre évêchés, dont un seul, celui de Warmie, est resté en dehors de leur contrôle. Dévolue au grand-maître qui fit en 1309 le choix de s'y établir, la province de Prusse est agrandie au début du XIVe siècle des terres de Pomérélie, à l'ouest de la Vistule, en arrière du grand port de Danzig, dont la paix de Kalisz, signée en 1343, sanctionne diplomatiquement pour les Polonais une perte consommée quelque trois décennies plus tôt. En position de force par rapport à leurs ennemis chrétiens et païens, les Teutoniques transforment alors la région en un

État souverain, l'*Ordensstaat*, doté d'un système judiciaire particulier, d'une monnaie propre et d'un gouvernement central conçu autour du maître, qui est à la fois prince d'Empire et membre de la Hanse. Parvenue à son apogée à la faveur de l'administration de Winrich von Kniprode, de 1351 à 1382, la Prusse offre une image de prospérité tout à fait singulière : impliquée dans des opérations de crédit à grande échelle, elle connaît un développement économique sans précédent dont témoigne l'activité de ses ports et notamment de Danzig, de Königsberg et même d'Elbing, largement insérés dans le grand commerce international. Fondée sur le trafic des grains, du bois, de l'ambre et des minerais exploités en Europe centrale, cette richesse nouvelle est loin de bénéficier à l'ensemble de la société prussienne. Si les paysans d'ascendance païenne, encadrés dans un régime seigneurial très contraignant, en sont pour une bonne part exclus, les colons allemands, les petits aristocrates et même les membres du patriciat des villes hanséatiques n'en retirent que de modestes profits à cause du monopole auquel prétendent les Teutoniques sur de nombreuses activités économiques. Plus encore qu'en Livonie, l'ordre paraît en Prusse avoir par ses prétentions généré un conflit avec les principaux éléments de la société coloniale qu'il a contribué à mettre en place. Lourd de menaces, ce dernier reste latent à la fin du XIVe siècle, faute d'un événement extérieur qui puisse en précipiter l'explosion en ébranlant la position d'une institution encore largement indiscutée dans l'espace baltique.

Le palais épiscopal de Heilsberg, en Warmie (Pologne).

Avers et revers d'une monnaie en argent avec les insignes de l'ordre teutonique et du grand-maître Johann von Tiefen (1489-1497). Nuremberg, Germanisches Nationalmuseum.

L'ORGANISATION INTERNE DES TEUTONIQUES

En dehors même de l'Europe orientale et septentrionale, l'ordre teutonique représente une force temporelle et spirituelle avec laquelle, jusqu'à la fin du XIVe siècle au moins, il convient de compter à l'intérieur de la chrétienté latine. Le grand-maître de la milice, prince de l'Empire et vassal du siège pontifical, jouit en effet d'un prestige et d'une autorité morale considérables auprès de ses contemporains. Pour faire valoir son pouvoir à l'intérieur comme à l'extérieur de son ordre, il dispose d'une organisation remarquablement efficace et d'institutions centralisées et hiérarchisées de longue date. Nommé à vie par le chapitre électoral au terme d'un processus complexe associant élection et cooptation, le grand-maître des Teutoniques, désigné sous l'appellation de *magister generalis* ou de *Hochmeister* selon la langue des documents considérés, est dans l'ordre le détenteur de l'autorité suprême. Il est entouré de cinq officiers supérieurs, le grand commandeur, le maréchal, le drapier, l'hospitalier et le trésorier, qui, outre la charge spécifique qu'ils assument, forment autour de lui un conseil exécutif. Aux échelons inférieurs, les directives du grand-maître sont répercutées par toute une hiérarchie d'officiers nommés, contrôlés et le cas échéant, révoqués à sa demande. À la différence de la Prusse, soumise à un régime spécifique puisque dévolue en propre au supérieur de l'ordre, les provinces de Livonie et d'Allemagne sont assignées à un grand commandeur jouissant d'une réelle autonomie de décision et qui porte en règle générale le titre de *Landmeister*, c'est-à-dire de maître provincial. Pour chacune de ces trois circonscriptions, il existe des provinces régionales appelées bailliages, elles-mêmes subdivisées en commanderies qui, comme dans tout ordre militaire, constituent les cellules de base de l'administration. À chaque échelon de cette hiérarchie, le pouvoir des responsables individuels investis par la milice est équilibré par l'autorité du groupe qui s'exprime à travers des chapitres dont la puissance transparaît encore au plus haut degré de l'institution en 1413, lors de la

destitution du grand-maître Heinrich von Plauen, auquel, trois ans plus tôt, ses coreligionnaires devaient de ne pas avoir été complètement écrasés à la suite de la défaite que les Polonais et les Lituaniens leur avaient infligée à Tannenberg.

Doté d'une organisation efficace, l'ordre teutonique n'a jamais compté qu'un nombre de membres relativement limité. Même à la période d'apogée de l'institution, on peut estimer que les frères, chevaliers ou prêtres, ne furent pas plus de 2 000. En Prusse, ils passent pour avoir été quelque 500 en 1418 ; en Livonie, un tiers de siècle plus tard, ils ne dépassaient pas le nombre de 270. Sans doute, dans ces deux régions, les membres de la milice étaient-ils plus nombreux avant le désastre de Tannenberg, mais, même en supposant cela, l'ordre teutonique n'a jamais abrité les milliers de frères qu'on lui a prêtés ensuite, sachant qu'en Occident aucun couvent n'a accueilli plus d'une vingtaine d'individus, comme ce fut le cas, en Baltique, de ceux établis dans les châteaux de Marienburg, de Wenden ou de Fellin. Vêtus du grand manteau blanc frappé au côté de la croix noire, les Teutoniques, qui dans l'ordre sont chevaliers ou prêtres, ne représentent pas à eux seuls l'ensemble de l'institution. Allemands dans leur grande majorité à partir du XIVe siècle et issus de la petite noblesse ou du patriciat urbain, ils comptent à leurs côtés des individus de moindre extraction associés à la milice en vertu de liens moins contraignants que la profession monastique. Parmi ces derniers figurent d'abord, comme chez les Templiers et les Hospitaliers, des frères sergents, les *Sariantbrüder* pour reprendre le vocabulaire de la règle, parfois appelés les manteaux-gris, du nom de leur habit orné de la croix de l'ordre, à l'instar de celui des chevaliers et des prêtres. Absents des commanderies d'Europe occidentale, ils y sont remplacés par ceux que l'on nomme les demi-frères, les *Halbbrüder*, assimilables aux donnés attestés pour d'autres institutions, auxquels parfois sont associées des demi-sœurs, les *Halbschwester*, dont la présence s'explique par la vocation charitable d'une milice au sein de laquelle quelques couvents spécifiquement féminins se sont développés, en particulier à

Berne et à Francfort-sur-le-Main. À côté de tels membres, d'autres individus qui, à leur différence, sont extérieurs à l'ordre participent en tant que familiers ou confrères à un rayonnement teutonique qu'on ne saurait restreindre à la seule action des frères.

Comme les Templiers et les Hospitaliers qui dans un premier temps leur avaient servi de modèles, les Teutoniques sont soumis à des normes communes censées régir au quotidien leur comportement. Reposant sur les trois piliers traditionnels du monachisme que sont l'obéissance, la chasteté et la pauvreté, la règle de l'ordre impose aux frères des conditions de vie assez proches de celles des clercs réguliers, à l'exception des aspects spécifiquement liés à leur vocation militaire. Le luxe et l'ostentation sont ainsi scrupuleusement bannis et toute propriété personnelle est en théorie interdite, jusque pour les livres. Dans la mise comme dans l'habillement des frères prévaut une simplicité qui s'étend avec la même rigueur à leurs habitudes alimentaires ou à leurs coutumes funéraires. Jamais les Teutoniques, prêtres ou chevaliers, ne doivent oublier qu'ils appartiennent à un ordre religieux. Les pratiques liturgiques auxquelles ils sont astreints s'offrent de le leur rappeler, puisqu'on a pu calculer qu'elles occupent jusqu'à sept heures de leur journée. En l'espèce toutefois, la règle n'exige pas autant des chevaliers que des prêtres. Dotés d'une préparation intellectuelle supérieure, ces derniers jouent un rôle essentiel dans la constitution d'une culture teutonique dont on conserve à partir du XIVe siècle de beaux témoignages. Touchant à des domaines très différents, cette culture cherche à développer une conscience commune au sein d'une institution dont le patrimoine est réparti dans l'ensemble de la chrétienté latine. De la Baltique en Espagne, l'unité du monde des Teutoniques repose d'abord sur le culte des saints patrons de l'ordre qui, à l'instar de la Vierge, de Barbe ou d'Élisabeth de Hongrie, fournissent dans chaque province des repères liturgiques, un calendrier et des symboles homogènes. Le fait ne saurait toutefois suffire et, à partir du début du XIVe siècle, la culture teutonique passe de

plus en plus par une production historiographique propre, dont le *Chronicon Terre Prussie* de Peter von Dusburg et la *Kronike von Pruzinlant* de Nikolaus von Jeroschin forment les monuments majeurs. Exclusivement consacrées à l'espace baltique, ces chroniques vouées aux prouesses guerrières de l'ordre exaltent une série de valeurs morales issues de la littérature religieuse de l'époque qui visent en un temps de difficultés croissantes à justifier la mission des Teutoniques et à démontrer que, dans un

La légendaire figure de Tannhäuser avec des symboles empruntés à l'ordre teutonique, dans un manuscrit du XIVe siècle. Bibliothèque de l'université de Heidelberg (Allemagne).

Triptyque daté de 1456 qui fut exécuté pour commémorer la rédaction des statuts de l'ordre teutonique. Le panneau central représente la Vierge Marie à côté du mont Horneck, encadrée par les maîtres teutoniques Ulrich von Lentersheim et Konrad von Horneck. Nuremberg, Germanisches Nationalmuseum.

monde où le paganisme est en reflux, les frères, malgré les critiques qu'ils reçoivent, restent de parfaits chevaliers du Christ.

LES TEUTONIQUES FACE À L'UNION POLONO-LITUANIENNE

Aspirant à l'hégémonie baltique, les Teutoniques se sont créé, au cours du XIVe siècle, de nombreux ennemis. À la Lituanie païenne, objet d'une interminable croisade pour reprendre les termes d'Erik Christiansen, se sont ajoutées les principautés russes et, plus encore, la Pologne, qui, désormais constituée en royaume, refuse d'entériner la perte de son débouché maritime de Poméralie, consacrée en 1343 par la paix de Kalisz. Face à ces adversaires, l'ordre teutonique n'a réussi à maintenir ses positions qu'au prix d'un jeu diplomatique habile combiné à des opérations militaires soutenues par des nobles français et anglais venus combattre en Prusse lors de voyages auxquels est resté attaché le

mot allemand de *Reise*. Favorable aux frères jusqu'au début de la décennie 1380, la situation balte tend toutefois, à partir de cette période, à se renverser rapidement sous l'effet de l'union politique intervenue entre la Pologne et la Lituanie : abjurant le paganisme pour lui et pour son peuple, le grand-duc Jagellon est couronné roi le 4 mars 1386 sous le nom de Ladislas, après avoir épousé Edwige, l'héritière du trône polonais, vacant depuis la mort de Louis le Grand quelque quatre ans plus tôt. La conversion des Lituaniens à la suite de leur prince représente une terrible menace pour les Teutoniques, dont le combat risque de perdre sa traditionnelle justification religieuse. Dans ce contexte de difficultés nouvelles, les frères s'attachent à exploiter les ambiguïtés de l'union polono-lituanienne. Avec l'accord de Ladislas, désireux d'agir sans entraves aux frontières méridionales de son royaume, ils obtiennent en 1398 d'être reconnus comme maîtres de la Samogitie, qu'ils tentent dans les

années suivantes de soumettre militairement au motif que la région abrite différents foyers de résistance païenne. Ces succès ne doivent cependant pas tromper. En 1409, les Samogitiens se révoltent, tandis que les Polonais menacent Thorn et le Kulmerland. Croyant briser l'union polono-lituanienne, les Teutoniques se décident à la guerre. Le 15 juillet 1410, à Tannenberg, leurs troupes sont écrasées par celles de Ladislas et de ses alliés lituaniens et slaves. Le grand-maître Ulrich von Jungingen, les officiers supérieurs qui l'entourent et environ 200 frères trouvent la mort dans un combat dont l'ordre gravement atteint n'a pu se relever qu'à la faveur des divergences qui se sont emparées de ses ennemis.

Abandonné par les Lituaniens et par plusieurs princes polonais inquiets de la poursuite de la guerre, Ladislas est contraint, en septembre 1410, de lever le siège de Marienburg, où Heinrich von Plauen avait rassemblé les dernières forces de l'ordre teutonique. Signée au printemps suivant, la paix de Torun n'est guère favorable au monarque, qui, faute d'obtenir le contrôle de la Pomérélie, doit se contenter de recouvrer la Samogitie à titre viager. Les conséquences de Tannenberg pour les Teutoniques restent donc très limitées en termes territoriaux, mais, dans son image comme dans ses structures, l'ordre est touché. Au concile de Constance, en 1415, l'action missionnaire des

Symboles teutoniques dans un manuscrit du XVe siècle commémorant la bataille de Tannenberg, où les troupes polonaises écrasèrent les chevaliers teutoniques. Cracovie, bibliothèque Jagiellonska.

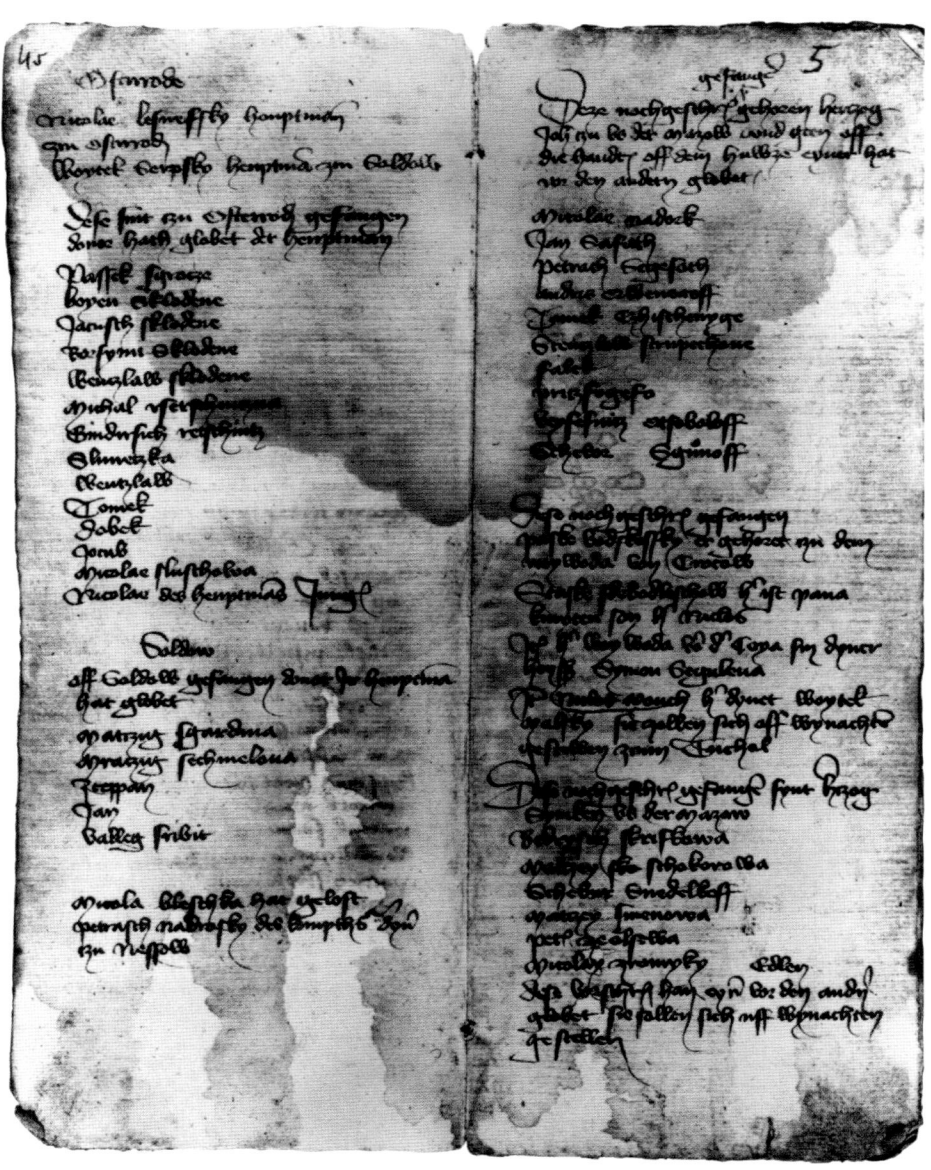

L'ordre teutonique versa des sommes considérables pour libérer les chevaliers faits prisonniers par les troupes polonaises et lituaniennes lors de la bataille de Tannenberg. Ci-dessus, document contenant la liste des prisonniers teutoniques. Berlin, Geheimes Staatsarchiv, SMPK.

l'aristocratie terrienne et le patriciat urbain qui, écartés du pouvoir, s'estiment injustement méprisés. Après l'échec de plusieurs tentatives de réforme conduites dans le cadre de la diète, c'est en dehors de celle-ci que nobles et bourgeois forment, en mai 1440, une ligue, le *Preußisches Bund*, à travers laquelle ils entendent mettre fin à la toute-puissance de la milice. Devant le refus des Teutoniques d'accorder la moindre concession, l'organisation entre dans l'action révolutionnaire et, le 15 avril 1454, offre à Casimir IV de Pologne de devenir seigneur de Prusse en échange d'une promesse d'autonomie. Ainsi débute la guerre de Treize Ans, particulièrement éprouvante pour l'ordre, sur le territoire duquel les opérations se déroulent presque exclusivement. Battus militairement mais plus encore minés par les défections de leurs mercenaires et de leurs vassaux, les frères sont contraints, en 1466, de demander au roi de Pologne une paix qui porte en elle l'abandon de nombreux territoires : la Pomérélie avec Danzig, le Kulmerland, l'Ermland même avec Marienburg sont perdus et l'ordre ne conserve plus de son berceau en Baltique que la Prusse orientale, avec Königsberg et Memel, que le grand-maître doit s'engager à tenir en fief de son vainqueur.

Telle qu'elle ressort de la paix de Torun signée le 19 octobre 1466 entre la Pologne et les Teutoniques, la situation de la Prusse est un danger pour l'ordre tout entier. Affaiblie au cœur de son domaine, l'autorité du grand-maître est contestée dans les provinces de Livonie et d'Allemagne où le pouvoir de l'institution elle-même peut ponctuellement, comme en Sicile ou en Castille, être remis en cause. Pour remédier à une telle évolution, les frères du couvent central, désormais établi à Königsberg, cherchent à obtenir contre la Pologne de puissants alliés parmi les princes d'Empire. À l'un d'eux, le duc Frédéric de Saxe, il est même offert, en 1498, de devenir grand-maître de l'ordre teutonique. À la mort du dignitaire, en 1510, la solution est reconduite en faveur du margrave Albert de Brandebourg, largement possessionné dans les provinces orientales de l'Empire. Conçue pour rendre à la milice son lustre et son indépendance, cette manœuvre n'en est pas moins à la

frères est mise en cause pour son arbitraire et sa violence. Divisée par la prédication hussite, l'institution est exposée dans le même temps à une crise financière sans précédent. Due à des dépenses militaires en constante augmentation qui, pour la première fois, contraignent le grand-maître à recourir à l'impôt, cette dernière se révèle d'autant plus grave qu'elle s'inscrit dans un contexte marqué à l'échelle de la Baltique par une profonde dépression. En moins de vingt ans, un tel climat ouvre en Prusse sur une crise sociale et politique majeure. La stratégie de l'ordre teutonique, consistant à réaffirmer ses droits de monopole pour conserver une marge de profit suffisante, dresse contre lui à la fois

source de graves problèmes politiques. Comme Frédéric de Saxe avant lui, Albert de Brandebourg refuse en effet de prêter au souverain de Pologne à titre de chef d'ordre un hommage auquel jamais il n'a été obligé en tant que prince d'Empire. Une nouvelle guerre opposant les Polonais aux Teutoniques apparaît donc inévitable. Privé du soutien de l'empereur Charles Quint, intéressé dans une Europe secouée par la prédication de Luther à maintenir la paix entre les puissances catholiques, le grand-maître est conscient d'aborder le conflit en position délicate. Aussi décide-t-il d'utiliser à son profit l'affrontement religieux ouvert au sein de la chrétienté latine : en mars 1523, il passe à la Réforme, dont les idéaux triomphent en moins d'un an en Prusse orientale. Rendu à la vie laïque, Albert de Brandebourg travaille immédiatement à s'entendre avec la Pologne, qui, en avril 1525, lui reconnaît l'ancien *Ordensstaat* comme duché héréditaire. Malgré de vives protestations élevées en Allemagne contre la trahison du grand-maître, la Prusse est irrémédiablement perdue pour les Teutoniques. La milice tout entière s'en trouve fragilisée, notamment en Livonie où, face aux Russes, les frères sont de plus en plus isolés. En 1561, pour préserver son domaine, le maître Gotthard Kettler se tourne vers la Pologne,

comme l'avait fait Albert de Brandebourg quarante ans plus tôt. Embrassant à son tour la religion réformée, il cède les possessions teutoniques de Livonie à son puissant voisin méridional en échange de la concession héréditaire du duché de Courlande. Dénoncé par les frères d'Allemagne restés fidèles à Rome, l'accord marque l'éviction définitive de l'espace baltique d'un ordre désormais réduit à ses seules terres d'Empire.

SÉCULARISATION ET SURVIVANCE

Tour à tour, en 1525 et en 1561, les possessions des Teutoniques en Prusse orientale et en Livonie ont été sécularisées. En Allemagne, dans de nombreux territoires gagnés à la Réforme, les biens des frères n'ont pas connu un sort différent. Si certains États protestants, comme la Saxe et la Hesse, ont dans un premier temps au moins respecté les privilèges de l'institution, c'est à partir des régions demeurées fidèles au catholicisme que l'ordre a pu organiser sa survie. Protégés par les Habsbourg, qui, dès la dernière décennie du XVIe siècle, s'efforcent d'accaparer la dignité de grand-maître, les Teutoniques tentent de préserver leur tradition militaire, mais s'ils se battent, notamment contre

Prospectus Domus Teutonicæ in vico cantorum, in qua St. Elisabethæ templum à S. Severino, ut perhibent, conditum a. Turris S. Stephani. Prospect des Teütschen Haußes in der Singer-Straßen darinen eine Kirche St. Elisabethæ, soll von St. Severino erbauet worden seyn. a. Der St. Stephans Thürn.

Sal. Kleiner del.   Joh. Aug. Corvinus sculps.

Siège de l'ordre teutonique à Vienne. Gravure baroque de Salomon Kleiner (XVIIIᵉ siècle). Vienne, Historisches Museum der Stadt Wien.

les Ottomans, ils le font moins au nom de leur ordre que pour servir les princes de la dynastie impériale qui s'en proclament les patrons. Affaiblie par les guerres de l'époque moderne, la milice n'est plus que l'ombre d'elle-même lorsque les campagnes napoléoniennes la privent des domaines qui lui restaient en Allemagne du Sud. Chassé en 1809 de Mariental-Mergentheim, comme il l'avait été autrefois de Marienburg et de Königsberg, le grand-maître se fixe à Vienne. Là, sous l'égide des Habsbourg, l'institution connaît, à partir du XIXᵉ siècle, une certaine renaissance. Prenant acte de la disparition de l'engagement armé des frères, une nouvelle règle fait en 1839 de l'ordre teutonique un établisse-ment religieux actif dans les domaines spirituel et hospitalier. Près d'un siècle plus tard, en 1929, le pape Pie XI parachève cette transformation : privée de références militaires, y compris juridi-quement puisque le statut de chevalier est supprimé, l'institution devient un ordre reli-gieux au même titre que les autres. Revenus à des pratiques d'assistance dont leurs fonda-teurs avaient donné l'exemple sous les murs d'Acre, les Teutoniques y consacrent aujour-d'hui encore l'essentiel d'une activité qui, au XXᵉ siècle, leur a permis de surmonter deux guerres mondiales au cours desquelles, sans une telle œuvre, ils auraient pu bel et bien dispa-raître à tout jamais.

Page de gauche :
*En 1229, l'ordre teutonique établit
son siège central au château
de Montfort, près de Saint-Jean-d'Acre
(Israël). Il dut l'abandonner après
la chute d'Acre, en 1291.*

Ci-dessus :
*Le château de Torun était
un des centres de colonisation fondés
par les chevaliers teutoniques pour
conquérir et évangéliser la Prusse.*

Double page suivante :
*Le grand-maître de l'ordre teutonique
avait sa résidence au château
de Marienburg jusqu'en 1466, année
où la place fut abandonnée aux
Polonais lors de la deuxième paix
de Torun ; il s'installa ensuite
à Königsberg. Vue du château
de Marienburg (Pologne).*

Ci-dessus :
*Albert de Brandebourg fut élu
grand-maître de l'ordre
teutonique en 1510.
Kaliningrad, université
de Königsberg.*

Ci-dessus :
*Albert de Brandebourg (1490-1568),
dernier grand-maître de l'ordre teutonique,
passa à la Réforme et fit de la Prusse un duché
héréditaire dont il fut le premier duc.
Gravure du XVIe siècle.*

Page de gauche :
*Emblème avec le blason
de l'ordre teutonique. Stuttgart,
Württembergisches
Landesmuseum.*

Doubles pages suivantes :
*Le roi Jagellon s'adresse aux troupes polonaises
qui combattent les chevaliers teutoniques
à la bataille de Grunwald-Tannenberg (1410) :
« Mes frères, nous nous mobilisons aujourd'hui
pour mettre fin à la tyrannie qui a opprimé
nos terres. »* La Bataille de Grunwald *du peintre
Jan Matejko (XIXe siècle), avec un détail (page 192)
du tableau (Varsovie, Muzeum Narodowe)
et une gravure (page 193) montrant une autre
scène de la bataille (collection particulière).*

L'œuvre d'assistance
des ordres militaires

Feliciano Novoa Portela
F. Javier Villalba Ruiz de Toledo

Introduction

Au mois d'avril de l'an 1222, l'hôpital de Santa María de las Tiendas de l'ordre de Santiago recevait une donation particulière en reconnaissance des activités qu'il accomplissait. Le monde médiéval avait à l'époque parfaitement conscience de la double fonction des ordres religieux-militaires, à savoir la défense du royaume contre les musulmans (*defensioni frontarie*) et l'action charitable, qui comprenait l'assistance spirituelle et hospitalière. Dans la plupart des cas, l'action charitable est la vocation première des nouvelles institutions qui naissent, à partir de la première moitié du xiie siècle, sur le terreau fertile du pèlerinage aux lieux saints et de l'esprit de croisade, et dont le rôle ne cessera de croître. C'est le cas de l'ordre de l'Hôpital de Saint-Jean de Jérusalem, dont l'origine remonte à un hospice fondé par des marchands originaires de la ville italienne d'Amalfi pour héberger, secourir et protéger les pèlerins occidentaux qui se rendaient sur les lieux saints. En examinant le prototype du futur hôpital Saint-Jean, on s'aperçoit que le principal objectif des Amalfitains réunis autour de deux monastères de Jérusalem – un masculin et l'autre féminin – se limitait à l'assistance des pèlerins, dans un contexte de relative stabilité politique rendue possible par l'alliance entre les Fatimides et l'Empire romain d'Orient. C'est lorsque commence la progression des Turcs seldjoukides – qui infligent aux Byzantins une terrible défaite à Mantzikert en 1071 – que les pèlerins commencent à être victimes de toutes sortes d'abus, et cette situation les pousse, dans de nombreux cas, à demander aux frères hospitaliers une assistance d'une autre nature. D'où la nécessité de construire un hôpital pour les pèlerins souffrants

et indigents. L'établissement est par conséquent un lieu d'assistance charitable pour l'accueil des pèlerins sains et malades, où dès le début on ne fait pas de distinctions entre hommes et femmes. Le soin des malades va devenir ainsi la première des obligations de ces « frères ». L'existence de cet hôpital est attestée par Jean de Würzburg, qui visite Jérusalem en 1135. L'ordre avait à l'origine un caractère exclusivement charitable, comme le prouvent la bulle de confirmation et de protection octroyée par le pape Pascal II en 1113, et la règle rédigée pendant la maîtrise de Raymond du Puy (entre 1120 et 1153) qui comportait dix-neuf articles consacrés, entre autres questions, à l'assistance des pauvres et l'accueil des malades.

À l'exception de l'ordre du Temple, qui sert par ailleurs de modèle à tous les autres, les ordres militaires de Terre sainte ont toujours pour origine une institution religieuse qui s'est militarisée par la suite. L'ordre de l'Hôpital de Saint-Jean de Jérusalem est sans doute le plus important de tous, en particulier dans le domaine qui nous intéresse ici, celui de l'assistance. Son influence sur des ordres tels que Saint-Thomas d'Acre, Saint-Lazare ou les Teutoniques est d'ailleurs évidente. Dans la péninsule Ibérique, on trouve chez tous les ordres une adaptation, plus ou moins importante, de l'action charitable à la militarisation qui les caractérise.

Précédents en Occident

L'assistance n'est pas un phénomène nouveau en Europe occidentale. Pendant le haut Moyen Âge, on trouve, à côté des activités charitables traditionnelles des ordres monastiques, quelques

Fragment d'une dalle funéraire (xve siècle) appartenant à un chevalier de l'ordre de Saint-Jean de Malte, ancien ordre de l'Hôpital. La dalle fut amenée en Espagne par une expédition scientifique à la fin du xixe siècle. Madrid, Musée archéologique national.

Page de gauche :
Fidèle à la tradition augustinienne, l'ordre de Santiago fut l'ordre militaire hispanique qui accorda la plus grande attention aux activités d'assistance. Cette croix de l'ordre de Santiago orne la façade de l'ancien hôpital de San Marcos de León.

exemples d'établissements d'assistance que l'on ne peut pas encore qualifier d'hospitaliers, mais qui se consacrent en tout cas au soin des malades. Avant l'an 800, les documents occidentaux emploient le mot grec *xenodochium* pour désigner les maisons de charité publique. Que les sources parlent de *xenodochium* ou d'*hospitalia*, il s'agit dans les deux cas de lieux d'accueil pour les voyageurs. À la même époque, le monde grec utilisait déjà un terme spécifique pour désigner les établissements consacrés au traitement de la maladie : *nosokomeion*. Par conséquent, et comme le signale Timothy S. Miller, il convient de se montrer prudent lorsqu'il s'agit de déterminer si les sources latines décrivent un simple hospice ou un véritable hôpital.

Les structures mentionnées dans les documents latins du haut Moyen Âge sont généralement des hospices qui semblent avoir rarement eu une réelle fonction d'hôpital. Dans la France mérovingienne, on trouve deux cas exceptionnels au VIIᵉ siècle : l'hôpital fondé à Clermont par l'évêque d'Auvergne, Praejectus, et un autre créé par un évêque anonyme du Poitou. Dans le reste de l'Occident latin, nous connaissons deux autres exemples de *xenodochia* qui devaient fonctionner comme de véritables hôpitaux : le premier, dans l'Espagne wisigothique, fut fondé par l'évêque Masona de Mérida à la fin du VIᵉ ou au début du VIIᵉ siècle ; le second était actif à Rome pendant les VIIᵉ et VIIIᵉ siècles. Il s'agit dans les deux cas de villes qui avaient des contacts avec le monde gréco-byzantin. En dehors de ces quatre exemples, rien ne permet d'affirmer qu'il existait d'autres hôpitaux dignes de ce nom. Par exemple, les hospices attachés aux monastères bénédictins ne s'occupaient pas du traitement médical des malades, ils n'étaient que des maisons d'accueil pour les voyageurs. D'ailleurs, la règle de saint Benoît précise bien que les infirmeries sont exclusivement réservées aux moines.

Durant le haut Moyen Âge, les véritables hôpitaux en Occident se trouvent dans des villes qui maintiennent des contacts religieux ou commerciaux avec l'Empire byzantin. Pour comprendre ce phénomène, rappelons que la majorité des abbés n'accordaient aux hospices qu'une importance secondaire dans les affaires quoti-

diennes du monastère, ce qui conduisit à un certain abandon de ces activités d'assistance de la part de la communauté. C'est ainsi que de nombreuses sources allemandes signalent la disparition au XIIᵉ siècle d'anciennes fondations carolingiennes et ottoniennes de ce type.

Au milieu du XIᵉ siècle, avec l'essor urbain, la nécessité d'établir de véritables hôpitaux se fait sentir en Europe occidentale en raison de l'inefficacité des anciennes structures d'assistance. Il faut bien voir que la population occidentale a pratiquement triplé entre la fin du XIᵉ siècle et le milieu du XIVᵉ, les villes se multiplient et s'étendent, les faubourgs abritent une population nombreuse qui vit dans la pauvreté la plus absolue, propice au développement de toutes sortes d'épidémies et de maladies. Au sein même de l'Église, des voix s'élèvent pour réclamer une amélioration de l'assistance aux pauvres et aux malades. Néanmoins, le développement des infirmeries dans l'Europe latine restera très faible jusqu'à la fondation de l'hôpital de l'ordre de Saint-Jean de Jérusalem.

PRÉCÉDENTS EN ORIENT

Avant de poursuivre, il serait intéressant de connaître les influences qu'a reçues l'ordre de l'Hôpital des mondes byzantin et musulman. Les premiers véritables hôpitaux de Byzance remontent au IVᵉ siècle, c'est-à-dire aux années immédiatement postérieures à la fondation de Constantinople, la Nouvelle Rome. Bien que nous ne disposions pas de preuves concluantes de l'existence de ce type d'établissements sur le sol byzantin avant le VIᵉ siècle, nous savons, en revanche, que certaines communautés religieuses développèrent au IVᵉ siècle un monachisme urbain et que leurs activités charitables envers les pauvres reçurent dès le milieu du siècle le soutien des responsables des diocèses de Constantinople et de Césarée. Ceux-ci dotèrent des centres dépendants de l'Église pour l'assistance des indigents.

La longue tradition hospitalière byzantine aboutit à une organisation généralisée de ces centres, si bien qu'au début du XIIᵉ siècle, sous le règne de Jean II Comnène, le monastère du

« [...] le roi don Alonso s'était résolu à lever le siège, car il en mourait beaucoup de son armée d'une maladie maligne, un flux de ventre que la médecine appelle dysenterie, occasionnée par une nuée de mouches si importune qu'ils ne pouvaient ni manger ni boire sans que les mouches ne vinssent se mêler à la nourriture et la boisson, ce qui causa la corruption des corps. »
ATTAQUE, EN 1257, DE LA VILLE ANDALOUSE DE NIEBLA PAR L'ARMÉE CHRÉTIENNE DU ROI ALPHONSE X DE CASTILLE. CHRONIQUE DE L'ORDRE D'ALCÁNTARA DE ALONSO DE TORRES Y TAPIA, XVIIᵉ SIÈCLE.

Les activités des ordres militaires sur le chemin de Saint-Jacques étaient essentiellement liées à l'action hospitalière destinée aux pèlerins. Les ordres ne faisaient rien d'autre que de suivre les prescriptions que l'on trouve déjà au XIIᵉ siècle dans le Livre V du *Codex Calixtinus*, le célèbre *Guide du pèlerin de Saint-Jacques-de-Compostelle* : « Ces hospices ont été installés à des emplacements où ils étaient nécessaires ; ce sont des lieux sacrés, des maisons de Dieu pour le réconfort des saints pèlerins, le repos des indigents, la consolation des malades, le salut des morts, l'aide aux vivants. » (Trad. Jeanne Vielliard, Paris, Librairie philosophique J. Vrin., 1997.)

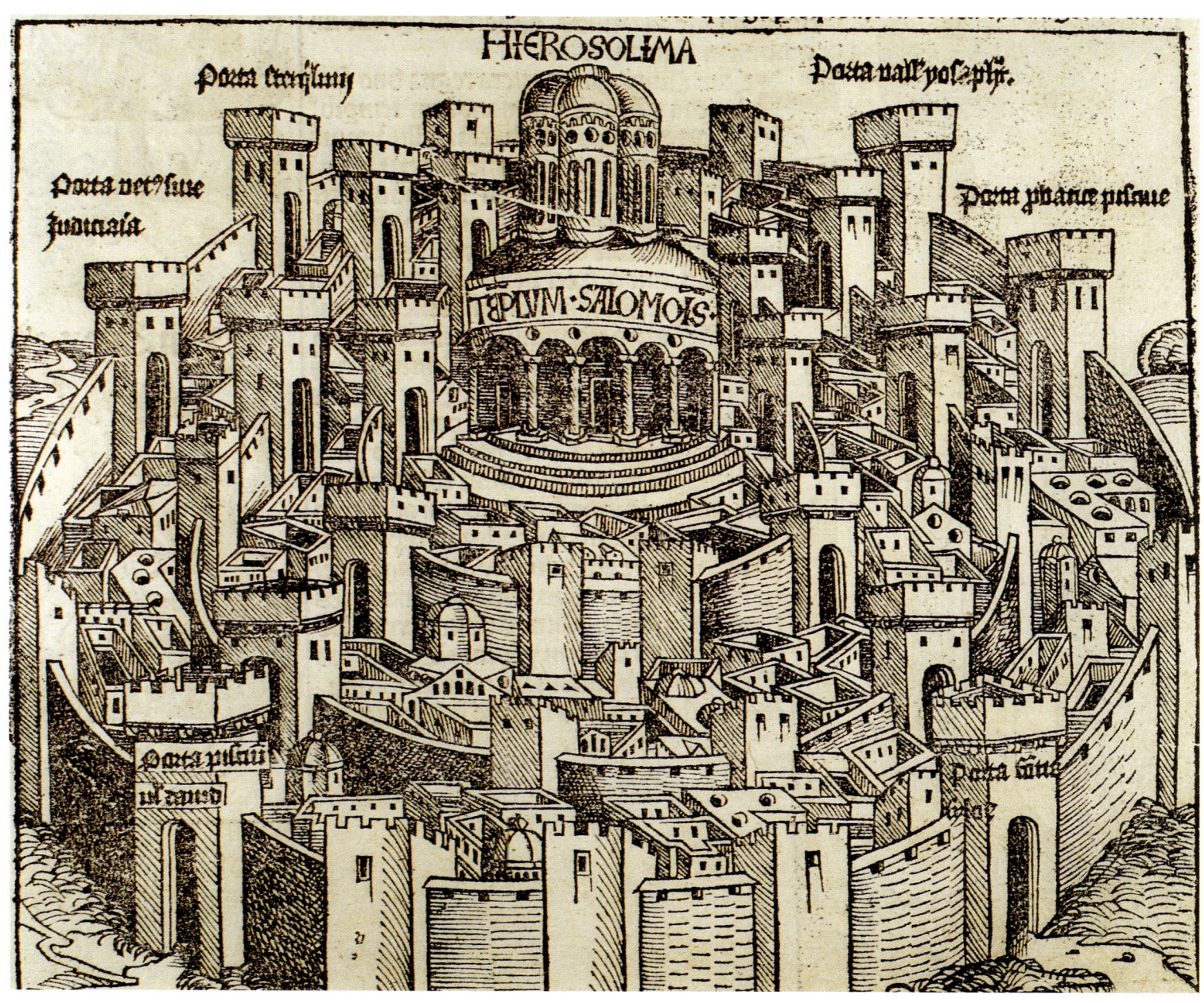

HIEROSOLIMA

Porta ererjlum   Porta uall' pose phe

Porta uet'sue
judaraia

Porta phane priue

TPLVM·SALOMOIS·

Porta pilnni
ut dauid

Porta sonte
hene

*Jérusalem, l'endroit où
« la terre est le plus près
du ciel », a attiré depuis l'époque
de Constantin des foules
de pèlerins. Fatigués et parfois
malades, ils recevaient
à leur arrivée l'assistance
des institutions hospitalières.
Gravure du XVIᵉ siècle. Madrid,
Bibliothèque nationale.*

Pantocrator disposait d'un personnel permanent composé de chirurgiens, de médecins, de divers assistants et servants. Le système médical était sous la responsabilité de deux administrateurs, dont peut-être un moine. La pratique hospitalière était très évoluée : dans ce centre, on séparait les patients en cinq groupes, en fonction de la maladie dont ils souffraient. Cet établissement qui se trouvait au cœur même de l'Empire, dans la ville de Constantinople, constitue l'exemple le plus parfait de la tradition hospitalière de la chrétienté orientale. Le monde byzantin disposait donc, depuis au moins le VIᵉ siècle et jusqu'au XIIᵉ siècle, de structures hospitalières qui ont servi d'exemple pour l'organisation des établissements créés par l'ordre de Saint-Jean. Il y a pourtant une différence fondamentale : tandis que la règle ou les ordonnances du monastère du Pantocrator ne font aucune mention du travail hospitalier – le recrutement de professionnels de la médecine est par contre abordé –, l'ordre de l'Hôpital accorde une attention primordiale à ces missions. En Orient, c'est la tradition publique qui s'intègre à l'action charitable des centres monastiques, alors qu'en Occident (et par extension chez les chevaliers de Saint-Jean de Jérusalem et l'ensemble des ordres militaires) c'est exactement le contraire : la vocation charitable des centres monastiques récupère et adapte la tradition

grecque de l'assistance médicale publique pour l'intégrer dans ses règlements.

Le développement économique et urbain de Byzance et du monde islamique permit l'essor de structures d'assistance charitable et médicale, inconnues dans le contexte occidental beaucoup plus rural. Pour Riley-Smith, ce sont plus probablement les musulmans qui ont exercé une influence sur les Hospitaliers, ne serait-ce qu'en raison de leur plus grande proximité géographique de la zone d'occupation latine de Jérusalem à la fin du XIᵉ siècle. La similitude entre les hôpitaux de l'ordre de Saint-Jean et les *xenodochia* byzantins ne fait pourtant aucun doute. D'autre part, il ne faut pas oublier que des établissements hospitaliers existaient déjà avant la conquête de Jérusalem et qu'ils ont survécu pendant la période de

domination islamique grâce à la protection du patriarche de Jérusalem, dont le siège ecclésiastique ne fut jamais supprimé. Rappelons également que l'influence politique de Byzance sur toute la frange de la Palestine ne cessa de croître entre le Xᵉ siècle et la fin du XIᵉ, ce qui permit aux autorités impériales d'exercer une protection à distance sur les chrétiens qui séjournaient dans la Ville sainte, essentiellement à travers la dotation et l'entretien de ces établissements d'assistance.

Dans le monde islamique, nous pouvons dire que le premier centre hospitalier de l'Orient méditerranéen fut fondé à l'époque du calife Haroun al-Rachid, à la fin du VIIIᵉ siècle. L'influence byzantine dans l'organisation primitive de cet établissement, dont le premier responsable fut un chrétien nestorien, semble

« En face du Saint-Sépulcre et au sud se trouve une magnifique église élevée à saint Jean-Baptiste, et un hôpital y est adjoint, dans les nombreuses salles duquel est rassemblée une vaste multitude de malades, tant hommes que femmes, chaque jour soignés et guéris à grands frais » (Jean de Würzburg). Ici, vue de Jérusalem.

« D'autres disaient qu'il ne convenait point à l'autorité d'un Maître de Calatrava de tourner le dos aux Maures, alors qu'il était si bien accompagné. Le Maître suivit cet avis et ainsi s'engagea la bataille dans une plaine près de Vaena. Tous combattirent avec tant de courage et d'effort que pendant plus de trois heures on ne vit point de signe de victoire. Il survint derechef tant de Maures qu'il parut que la victoire leur était acquise. Le Maître voyant que pour chacun des siens il y avait cinq ou six des ennemis, et sans cesse il arrivait de nouveau des Maures, voulut rassembler ses hommes en faisant une honnête retraite, pour se retrancher sur une colline qui se trouvait près de là. Il commanda donc à don Fernan Ruyz de Tolède, son Gonfanonier, de mener son enseigne dans ce but et le Maître le suivit. Beaucoup de Chevaliers et d'autres soldats qui ne comprirent pas le dessein du Maître, voyant le Gonfanon de l'Ordre s'en retourner en arrière, pensèrent qu'il s'enfuyait, comme ils le dirent après au Roi don Alonso, et ils furent découragés de telle sorte que les Maures remportèrent la bataille. La plupart des Frères Chevaliers de cet Ordre y trouvèrent la mort, ainsi que beaucoup d'autres laïcs. C'est ainsi que se déroula cette bataille, même si l'auteur de la Chronique du Roi Alonso le onzième attribue toute la responsabilité de cette défaite au Maître, en disant que quand les Frères Chevaliers étaient au plus fort de la bataille, le Maître avait fui avec son Gonfanon. »

FRANCISCO DE RADES Y ANDRADA,
CHRONIQUE DES TROIS ORDRES
DE CHEVALERIE DE SANTIAGO,
CALATRAVA ET ALCÁNTARA,
XVIe SIÈCLE.

évidente. Ce type d'hôpital fut reproduit dans tout l'Islam, d'abord en Orient et ensuite, avec l'apparition de nouvelles dynasties, en Afrique du Nord et al-Andalus. La grande différence par rapport à la chrétienté orientale tient à ce que, dans le monde musulman, ces établissements ne dépendaient pas des institutions religieuses.

LE NOUVEAU MONACHISME ET LA NAISSANCE DES ORDRES MILITAIRES

L'essor urbain est à l'origine d'un renouveau du monachisme en Occident. L'influence des ordres monastiques qui voient le jour au XIIe siècle, et en particulier de Cîteaux, se fera sentir dans beaucoup d'aspects de la société médiévale. En ce qui concerne l'assistance, la réforme cistercienne va faire évoluer la situation dans les monastères occidentaux, mais pas immédiatement. Alors que les premiers statuts cisterciens de 1134 prévoyaient uniquement l'assistance médicale pour les moines, une modification introduite dès 1157 encourage l'assistance aux laïcs à l'extérieur de l'enceinte conventuelle. Chez les Prémontrés, qui s'inspirent de l'esprit ascétique de l'ordre de Cîteaux, la mission de soin des malades hors des monastères figure dès le début dans les statuts. On peut donc dire que la nécessité de créer de véritables hôpitaux commence à se faire sentir en Occident à partir du renouveau monastique incarné par Cîteaux.

Cependant, le changement majeur vient de l'extension de la règle de saint Augustin – adoptée, entre autres, par les chanoines réguliers de Prémontré – qui permet d'organiser des communautés religieuses d'un genre nouveau : les frères laïcs. En raison de leur orientation apostolique, ces nouvelles congrégations qui apparaissent au XIIe siècle s'associent avec certains évêques pour créer en Allemagne, en France et en Angleterre de nouveaux *xenodochia* complètement affranchis du contrôle monastique. C'est justement au XIIe siècle qu'une importante communauté régie par la règle augustinienne commence à orienter ses activités charitables vers l'assistance médicale aux malades : l'hôpital Saint-Jean de Jérusalem, soutenu par les chevaliers de Saint-Jean.

Les Hospitaliers constituent l'une de ces nouvelles maisons de frères laïcs apparues dans la chrétienté latine à la fin du XIe siècle. Le premier supérieur de la congrégation est un laïc chargé de l'administration du *xenodochium* attaché au monastère bénédictin Sainte-Marie-Latine. Les premiers statuts des frères de Jérusalem (la règle de Raymond du Puy) étaient fortement influencés par d'autres maisons augustiniennes. De fait, le Saint-Siège rangera, en 1184, les Hospitaliers de Jérusalem parmi les membres de la communauté de Saint-Augustin.

Le premier hospice des Hospitaliers était très différent des autres structures d'assistance qui existaient à l'époque dans la chrétienté latine. Bien que nous ne disposions pas de documents décrivant l'activité quotidienne et l'organisation de cet établissement au XIIe siècle, les informations fournies par les sources pontificales et les récits de pèlerins nous permettent d'affirmer qu'il fonctionnait comme un véritable hôpital et que les malades y recevaient des soins professionnels.

Après la conquête de Jérusalem (1099), la congrégation hospitalière connaît un développement spectaculaire. Les grands protagonistes de la première croisade en Terre sainte – comme Godefroi de Bouillon ou Baudouin Ier, roi de Jérusalem – et toute la noblesse latine font d'importantes donations de terres aux Hospitaliers pour l'accueil des pauvres et des pèlerins. En 1113, le pape reconnaît officiellement l'Hôpital comme établissement consacré au soin des pauvres et des malades.

Si l'action d'assistance de l'ordre dans les premières années ne fait pas de doute, nous n'avons pas la certitude que l'Hôpital ait administré une véritable infirmerie jusqu'à la maîtrise de Raymond du Puy (1120-1160), car c'est dans sa règle que l'on trouve cette indication. En 1155, les documents de l'ordre mentionnent pour la première fois la charge de *custos Hospitalis infirmorum*, ce qui prouve clairement l'existence d'une organisation régulière des fonctions médicales et d'assistance des Hospitaliers. Avec Roger des Moulins, maître de l'Hôpital de 1177 à 1187, l'organisation médicale fait de nets progrès : les statuts de 1182 décrètent le recrutement de quatre médecins compétents pour diagnostiquer les maladies et administrer les remèdes appropriés, et décrivent en détail de nombreux aspects du séjour des malades, y compris leurs vêtements.

La militarisation de l'ordre de Saint-Jean à partir du milieu du XIIe siècle n'a pas relégué les activités d'assistance au second plan. D'ailleurs, la papauté ne l'aurait pas permis. Ainsi, le pape Alexandre III rappelait aux Hospitaliers, à la fin des années 1170, l'importance de leur mission d'assistance, « comme avaient fait leurs prédécesseurs », en précisant toutefois qu'une certaine contribution militaire ou guerrière était tolérée. Les frères hospitaliers ne l'oublieront pas, puisqu'ils fonderont un nouvel hôpital à Rhodes en 1440 et un autre quelques années plus tard, en 1453, à Consuegra, près de Tolède, dans le royaume de Castille. Encore en 1814, les représentants de l'ordre, qui avait pris désormais le nom d'ordre de Malte, continuaient à invoquer l'action charitable et militaire parmi les caractéristiques essentielles de l'institution.

Un autre ordre né en Terre sainte a connu une histoire semblable, quoique moins ancienne. Il s'agit de l'ordre teutonique, dont les origines lointaines remontent aussi à un hôpital et une chapelle annexe construits à Jérusalem par des Allemands, peu après la conquête de la ville par les croisés en 1099. Cet établissement disparaît en 1187, lorsque Saladin reprend Jérusalem. Trois ans plus tard, pendant le siège d'Acre, des croisés allemands originaires de Lübeck et de Brême fondent un nouvel hôpital, de campagne cette fois-ci, qui aboutira à la création définitive de l'ordre en 1198. L'année suivante, le pape Innocent III louait les chevaliers teutoniques pour leur mission militaire, sans oublier de mentionner l'action hospitalière et charitable à laquelle ils devaient également se consacrer et qui était bien sûr inscrite dans leur règle primitive.

La naissance de l'ordre de Saint-Lazare se fait dans des circonstances similaires, mais elle est liée à une léproserie qui existait déjà en 1142 et qui était située entre le mont des Oliviers et le Jourdain. L'ordre s'est militarisé au milieu du XIIIe siècle. Ses hôpitaux, implantés en Terre

sainte, au Moyen-Orient et dans tout l'Occident, accueillaient également les frères lépreux de l'ordre du Temple, avec lequel les chevaliers de Saint-Lazare ont toujours entretenu une relation particulière. Témoignage du profond esprit d'assistance de l'ordre, le maître était aussi un lépreux, du moins jusqu'au milieu du XIIIe siècle, moment où Saint-Lazare se transforme en ordre militaire.

L'ordre de Saint-Thomas d'Acre a également pour berceau la Terre sainte. Le roi d'Angleterre Richard Cœur de Lion fonde à Acre une église en l'honneur de Thomas Becket, où des chanoines réguliers se consacrent à des activités d'assistance dès 1190. Cette communauté à vocation purement charitable va connaître un changement radical dans le premier quart du XIIIe siècle. L'évêque de Winchester, Pierre des Roches, décide d'en faire un ordre militaire doté d'une règle analogue à celle des Teutoniques, règle qui sera approuvée par le pape Grégoire IX en 1236. Les principales possessions de l'ordre étaient situées en Terre sainte, à Chypre et surtout en Angleterre, à Londres, où l'ordre survécut jusqu'à la première moitié du XVIe siècle, mais il avait perdu entre-temps son caractère militaire.

Tout au long du Moyen Âge, les ordres ont eu un nombre considérable d'établissements d'assistance. Une simple énumération n'aurait pas grand intérêt, mais on peut signaler que la majorité de ces centres se divisent en deux grands types d'implantations. Le premier type concerne les zones frontalières, où les établissements remplissaient une mission essentiellement hospitalo-sanitaire pour la prise en charge des combattants chrétiens blessés. Un document daté de 1172, émanant du maître de l'ordre hispanique de Calatrava, Martín Pérez de Siones, permet d'illustrer ce modèle d'implantation : « [...] voyant que beaucoup des chevaliers de cet Ordre et autres vassaux sortaient des batailles blessés, et pour qu'ils fussent mieux soignés, il convenait d'avoir une maison de l'Ordre affectée à cet usage ». La plupart des ordres offrent des exemples de ce type d'hôpital de frontière. Nous pouvons citer San Julián del Pereiro, devenu en 1218 ordre d'Alcántara, dont l'hôpital fut construit

L'empereur byzantin Jean II Comnène (1118-1143) tenta, tout au long de son règne, de prendre le contrôle de la Terre sainte. En haut, monnaie à l'effigie de l'empereur, représenté à côté de la Vierge. Madrid, Musée archéologique national.

Parmi l'extraordinaire héritage laissé par l'empereur Justinien (527-565), on compte de nombreuses constructions civiles et militaires : églises, thermes, édifices publics, fondation de nouvelles villes, etc. En bas monnaie à l'effigie de Justinien. Madrid, Musée archéologique national.

À quelques mètres du chemin
de Saint-Jacques, déjà
en terres galiciennes, se trouve
Vilar de Donas, ancien prieuré
de l'ordre de Santiago.
Les chevaliers santiaguistes
furent inhumés dans
l'église de Vilar de Donas
durant des siècles.

sur la *frontaria paganorum*, comme l'indique une bulle de novembre 1265 émise par Clément IV, par laquelle le pape accorde vingt jours d'indulgence aux fidèles qui contribueront par leurs aumônes à soulager la pauvreté de l'hôpital. Par la suite, lorsque la frontière progressa laissant l'hôpital à l'arrière, on étendit les soins aux pauvres, aux malades et aux enfants abandonnés. Ces derniers faisaient également l'objet d'une attention prioritaire dans un établissement appartenant aux frères de l'ordre portugais d'Évora. L'hôpital de l'ordre de Santiago à Tolède connaît un parcours historique analogue à celui de San Julián del Pereiro : à l'origine « *hospital de sangre* » (pour les blessés), on sait qu'il se consacre dès le XVIe siècle à soigner les pauvres du « *mal contagio de bubas* » (la vérole). Dans la plupart des cas, cependant, les blessés étaient soignés sur le champ de bataille, dans une sorte d'hôpital de campagne : « [...] les commandeurs des hôpitaux sont tenus de réparer les hôpitaux et d'emporter à la guerre les choses nécessaires,

comme l'ordonne notre Règle » (Définitions données par le maître Henri à l'ordre de Santiago en 1440). Les « choses » auxquelles fait allusion le document ne devaient pas être très différentes de celles que doit emporter au début du XIIIe siècle le commandeur calatravais de l'hôpital de Santa Olalla (Tolède), quand il est appelé à suivre l'armée du roi qui va affronter les troupes musulmanes. On lui indique qu'il devra être accompagné d'un « maître de chirurgie » et d'un chapelain pour donner le viatique aux mourants : « *Et etiam secum capellanum ducat qui infirmis et ulneratis cum opus fuerunt uiaticum et magistrum cirugie qui ulneratis conferat medicinam.* »

Le second type d'implantation regroupe les établissements situés soit dans des lieux dotés d'une signification sociale et religieuse particulière – comme le chemin de Saint-Jacques dans la péninsule Ibérique, où ils vont remplacer en grande partie les monastères bénédictins –, soit dans des commanderies importantes ou dans

des centres économiques et de décision des ordres, comme les hôpitaux de l'ordre de Saint-Jean à Jérusalem, Acre, Limassol, Chypre ou Rhodes. Dans les deux cas, les activités hospitalières et d'assistance sont destinées aux membres de l'ordre, pour lesquels on prévoit des lieux d'accueil spécifiques comme il est stipulé dans la Règle et établissements de la chevalerie de Saint-Jacques-de-l'Épée (Santiago) : « [...] qu'il y ait dans l'Ordre des maisons pour loger les Frères vieux et infirmes, où toutes les choses nécessaires leur soient administrées avec libéralité et comme il convient, et pour qu'ils puissent soulager leur maladie qu'on leur donne une plus grande licence qu'aux autres frères et tous les soins, et qu'ils puissent pourvoir à la santé de leurs âmes ». Il fut parfois nécessaire de rappeler le devoir d'assistance envers les frères, lorsque les membres et les

responsables de l'ordre avaient tendance à négliger ces obligations. Ainsi, en 1440, l'infant Henri d'Aragon, maître de l'ordre de Santiago, rappelait lors d'un chapitre général « que les couvents de notre Ordre, tant de frères que de sœurs, doivent avoir des infirmeries pour les frères et les sœurs qui seraient souffrants, et qu'elles soient pourvues de lits et de tous les médicaments et choses nécessaires à leurs maladies ».

D'autres établissements accueillaient, en plus des frères, les pauvres et les malades (*hospitum e indigentum*). Certains leur étaient même exclusivement réservés, comme le célèbre hôpital construit par l'ordre de Saint-Jean à Consuegra (Tolède), dont l'acte de fondation précisait qu'il était dédié au soin des pauvres et des malades, ce qui excluait implicitement les frères hospitaliers.

L'Aragonais Juan Fernández de Heredia fut l'un des plus importants maîtres de l'ordre de l'Hôpital. Nommé en 1377, il conserva sa charge jusqu'à sa mort, en 1396. Au cours de ses vingt années, l'ordre s'adapta aux temps nouveaux, marqués surtout par les prémices de l'absolutisme monarchique. Ci-dessus, représentation du maître dans la lettrine de la Primera Partida de la Grant Crónica de Espanya *(XIVe siècle). Madrid, Bibliothèque nationale.*

*Illustration extraite
du manuscrit* Médecine
et pharmacie, *réalisé en Sicile
pour l'empereur Frédéric II.
Cet ouvrage recueille
une grande partie
des connaissances médicales
de l'Europe médiévale.*

ORGANISATION, ACTIVITÉS
ET SOURCES DE FINANCEMENT

Les sources mentionnent deux types d'établissements d'assistance, les hôpitaux et les infirmeries, mais elles sont moins explicites lorsqu'il s'agit de les définir. Nous ne croyons pas qu'ils aient été différents par leurs activités, en tout cas la plupart des documents n'établissent pas de différences nous permettant de penser que chacun offrait des services spécifiques, du moins

tant que les progrès de la science médicale ne permirent pas de mieux distinguer le pauvre du malade. La différence tient au fait que les hôpitaux étaient, dans leur majorité, des commanderies dotées d'une organisation que l'on ne trouve pas dans les infirmeries.

L'organisation de l'hôpital dépendait normalement d'un commandeur, auquel étaient affectés des revenus pour l'entretien de la fonction hospitalière. Les commandeurs étaient « inspectés » par divers visiteurs chargés de vérifier le bon fonctionnement des commanderies et des hôpitaux qui y étaient attachés, y compris les conditions sanitaires qui demandaient une attention urgente. En 1442, par exemple, les visiteurs de l'hôpital de San Marcos de León – qui dépendait de l'ordre de Santiago depuis sa donation, en 1190, par le chapitre cathédral de la ville – demandent que l'on dispose douze lits propres sur une planche en chêne, « encastrés et fixés afin que l'on ne puisse les déplacer ». Deux ans plus tard, le maître Henri chargeait les visiteurs de « s'occuper » de certains hôpitaux qui « n'ont pas de lits et ordonne que les maravédis que lesdits commandeurs devaient consacrer à des réparations en cette année de la date de ces statuts servent à acheter les lits susmentionnés […] Et qu'ils désignent un hospitalier qui donne lesdits lits par écrit ». Le maître de l'ordre de Santiago faisait référence aux hôpitaux de Tolède, de Cuenca et de Santa María de las Tiendas. Malgré l'inspection à laquelle ils étaient soumis, il faut souligner l'importance des commandeurs des hôpitaux, du moins de certains d'entre eux, qui jouissaient d'une grande notoriété puisqu'ils faisaient partie de la structure dirigeante de certains ordres. C'était le cas dans l'ordre de Saint-Jean, dont le conseil général comptait parmi ses membres un hospitalier placé au même niveau que les autres hauts dignitaires de l'ordre, comme le grand commandeur, le maréchal, le trésorier ou le drapier.

D'après d'autres documents, comme les descriptions de certains pèlerins en Terre sainte, nous savons que l'hôpital Saint-Jean de Jérusalem disposait de plusieurs salles pour loger les malades, sans séparation entre les hommes et les femmes. Au XIIᵉ siècle, le nombre

total de patients devait probablement dépasser le millier. On ne peut plus parler d'une simple assistance aux malades, mais bien d'une véritable pratique médicale et pharmacologique, dans la mesure de ce que permettaient les moyens et les connaissances de l'époque.

Les membres de l'ordre de Saint-Jean installés en Occident vont très vite ouvrir des centres hospitaliers analogues au grand hôpital de Jérusalem. En effet, dès 1137, le roi Roger II de Sicile admet la présence sur ses territoires de ces établissements où l'on traite la « maladie ». Et à l'époque de la maîtrise de Roger des Moulins, à la fin du XIIe siècle, les statuts de l'ordre attestent l'existence hors de Jérusalem de *domus infirmorum* dédiées au soin des malades.

On retrouve l'influence de l'ordre de l'Hôpital dans le fonctionnement d'autres ordres militaires, comme l'ordre teutonique déjà évoqué. Dès sa création en tant qu'ordre militaire indépendant, il suit les usages des Hospitaliers pour le soin des malades. Le développement des institutions ou hôpitaux rattachés aux Teutoniques

a été beaucoup plus important en Allemagne, où les établissements faisaient appel aux services de spécialistes non membres de l'ordre, alors qu'en Terre sainte la maison centrale disposait de médecins résidents.

Dans l'administration centrale de l'ordre de Saint-Jean, on trouve l'« hospitalier », également appelé « infirmier ». Ce dignitaire, nommé par le chapitre général, était préposé au soin des malades. En tant que responsable ultime de l'action hospitalière de l'ordre, il devait rendre des comptes détaillés à la fin de l'année, avec l'inventaire des matelas, des draps et autres biens de l'infirmerie. L'hospitalier avait à son service quatre médecins, qu'il accompagnait dans les visites quotidiennes aux malades. Les médecins faisaient le diagnostic et prescrivaient les traitements. Ils étaient assistés de neuf servants qui s'occupaient des malades et de l'intendance.

Parmi les ordres hispaniques, il convient de rappeler que c'est celui de Santiago qui a été le plus actif dans le domaine hospitalier. Là encore, un commandeur hospitalier faisait

À la sortie de la ville de Burgos, Alphonse VIII de Castille fonda sur le chemin de Saint-Jacques, non loin du monastère de Las Huelgas, l'hôpital du Roi. Son administration fut à maintes reprises réclamée par l'ordre de Calatrava, dont dépendait l'établissement sous le règne de Sanche IV.

généralement partie des *Trece*, un collège de 13 frères investi de fonctions importantes, notamment l'élection du nouveau maître. En plus du commandeur, l'hôpital disposait d'un nombreux personnel, dont des membres de l'ordre qui s'occupaient de l'organisation et des tâches quotidiennes de l'hôpital et de la commanderie. Dans le célèbre hôpital du Roi de Burgos, fondé par Alphonse VIII et qui appartenait à l'ordre de Calatrava depuis le règne de Sanche IV de Castille, le personnel non soignant se composait de 12 frères et 8 sœurs assistés, à la fin du XVe siècle, de 7 chapelains, 38 officiers subalternes et d'un certain nombre de domestiques permanents qui s'occupaient de l'intendance de l'établissement (comme les bouchers et les boulangers) ou de l'entretien et du nettoyage, comme le faisait le frère préposé à ces tâches au milieu du XVe siècle dans l'hôpital de Consuegra de l'ordre de Saint-Jean.

Concernant le personnel soignant, les documents mentionnent les valets d'infirmerie ou infirmiers, pour la plupart des membres de l'ordre,

comme celui qui accompagnait le médecin pour visiter les malades dans les hôpitaux de l'ordre de Saint-Jean. Ce modèle se retrouve dans pratiquement tous les ordres ibériques. Mais ceux qui jouaient un rôle majeur dans l'activité médicale étaient les médecins, chirurgiens et physiciens. Leurs compétences scientifiques étaient essentielles et devaient faire l'objet d'une attention particulière. C'est en tout cas ce que recherchent les dignitaires de l'ordre de Montesa qui, en 1444, ont besoin d'un médecin « diligent et expert ». Le maître de l'ordre de l'Hôpital, Jean de Lastic (1437-1454), semble partager ces principes en matière « sanitaire » lorsqu'il déclare que l'essentiel dans la guérison est, certes, la prière, mais sans oublier la science, puisque Dieu « permit le très expert et très utile art de la médecine » ; et le maître poursuit : « l'on appellera, pour le secours des malades de l'infirmerie, des médecins ornés de science et pratique, honnêtes personnes, experts et graves ». Signalons pour finir que les grands hôpitaux avaient de magnifiques apothicaireries, comme celle de l'hôpital

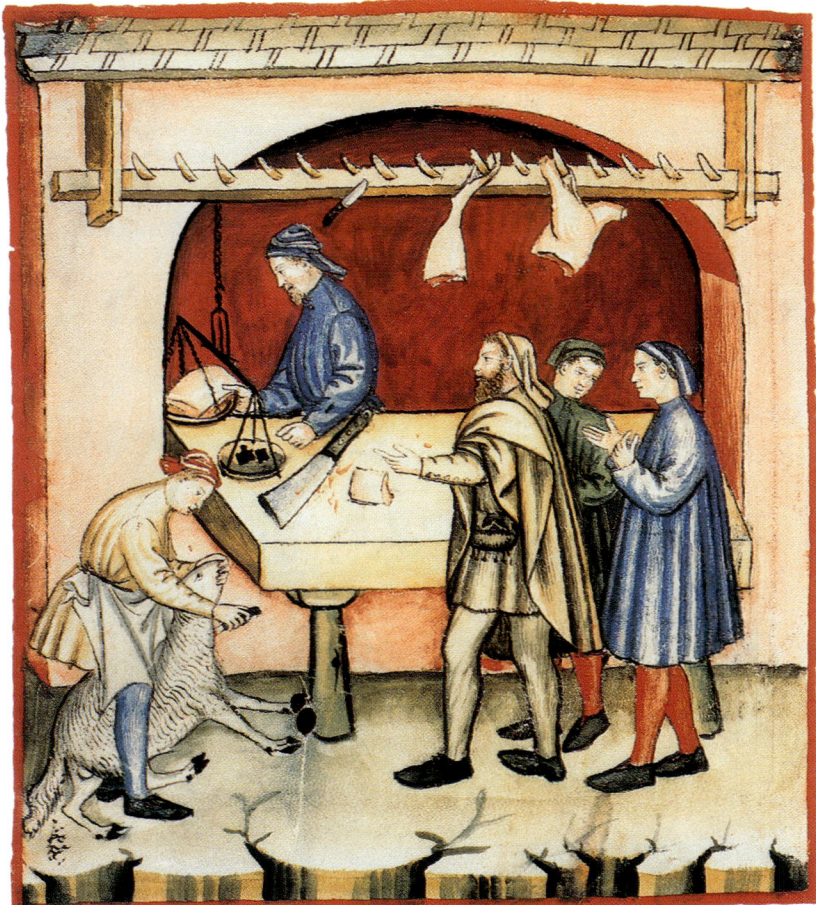

du Roi qui disposait d'une longue liste de remèdes : huiles, onguents, conserves, drogues, épices, eaux diverses, le tout préparé par l'apothicaire sur les indications du médecin.

On a coutume de diviser l'action charitable des ordres militaires en quatre types d'activités, mais nous estimons qu'on peut les réduire à deux grandes fonctions : soigner les malades et nourrir les pauvres et les pèlerins. Le « rachat des captifs » doit être traité à part, car si cette mission figure bien dans les règles des différents ordres, nous ne croyons pas qu'il s'agisse vraiment d'une œuvre charitable. Nous avons la conviction que cette activité avait une valeur stratégique, quand ce n'était pas un véritable commerce. Il n'en a peut-être pas été ainsi dès le départ, quand les ordres respectaient l'obligation de réserver des ressources financières pour la libération des captifs et les rançons. Mais il est évident qu'avec le temps, comme le reconnaît d'ailleurs Alan Forey, les intérêts

économiques, personnels et même militaires liés à la capture systématique d'ennemis l'ont emporté sur la charité.

Les centres d'assistance des ordres militaires se consacraient donc au soin des malades et des blessés, mais également et avant tout à l'accueil et l'hébergement des pauvres : « [...] les souffrants de toute condition et nation chrétienne sont reçus, soignés et récréés, et nourris et médicamentés pour leurs maladies aux frais de notre trésor » (Établissements de l'ordre de Saint-Jean). Dans la péninsule Ibérique, l'assistance s'étendait aux pèlerins qui se rendaient à Saint-Jacques-de-Compostelle. Un grand nombre de centres étaient implantés le long de la route du pèlerinage et il suffit de citer la règle de l'ordre de Santiago pour souligner leur importance : « il y a quelques hôpitaux sur les frontières et d'autres sur le chemin de Saint-Jacques ». La capacité des hôpitaux et des infirmeries dépendait dans une très large mesure de leur

L'approvisionnement en eau, illustration extraite du manuscrit Médecine et pharmacie.

Au XIVe siècle, on savait déjà qu'une nourriture convenable est essentielle pour être en bonne santé. Cette image fait référence à la consommation de viande de chèvre, un aliment très énergétique qui figurait souvent dans les repas offerts aux indigents par les hôpitaux des ordres. Illustration du Theatrum Sanitatis *d'Ububchasym de Baldach.*

situation et des besoins du lieu ; comme le précise le pape Alexandre III dans sa bulle de 1175 adressée à l'ordre de Santiago : « prenez un soin particulier des hôtes et des pauvres, et donnez-leur librement le nécessaire selon les moyens de la maison ». Les structures qui accueillaient les blessés, les pauvres, les malades ou les pèlerins étaient par conséquent très diverses. En ce qui concerne l'ordre de Saint-Jean, l'hôpital de Jérusalem hébergeait plus de 1 000 personnes en 1160, celui de Rhodes avait en 1478 une salle de 51 mètres de long sur 12 mètres de large, à laquelle sont venues s'ajouter onze chambres installées à l'étage. L'hôpital castillan de Santa María de las Tiendas, construit à la fin du XIIe siècle par l'ordre de Santiago, ne comptait en revanche que quatre lits. La capacité de certains hôpitaux était également empreinte de symbolisme biblique, comme l'hôpital santiaguiste de San Marcos de León, qui avait douze lits, en mémoire des douze apôtres.

Pour conclure sur le soin des malades, il faut préciser que l'évolution n'a pas été homogène dans tous les ordres. La plupart s'occupaient essentiellement de leurs membres. Ce sont les guerres successives qui les ont poussés à étendre les soins médicaux à tous les blessés chrétiens, quelle que soit leur origine.

Une des principales activités de ces centres consistait à nourrir les pauvres et les indigents. On trouve dans les sources de nombreuses références. Au début du XIIIe siècle, à l'hôpital santiaguiste de Villamartín, sur le chemin de Saint-Jacques, on servait de la viande fraîche trois fois par semaine. Les documents indiquent également la ration de nourriture, fromage et beurre que doivent recevoir ceux qui demandent l'hébergement ; en comparaison, la ration que l'on donne, au milieu du XVe siècle, aux pèlerins qui s'arrêtent à Santa María de las Tiendas semble plus frugale (« un pain, une tasse de vin et une sardine »). On nous dit enfin qu'on doit offrir un pichet de vin à chaque personne qui fait halte dans l'hôpital. La nourriture que recevaient les pauvres et pèlerins à l'hôpital du Roi de Burgos au cours du XVe siècle est également documentée : chaque personne accueillie avait droit à une ration composée de deux pains

d'environ un demi-kilo, deux verres de vin, une soupe de légumes secs ou verts et un morceau de viande de mouton de deux livres, mais cette portion était à partager entre trois. Les jours d'abstinence, le poisson remplaçait la viande et pour les malades les rations étaient exclusivement composées de volaille et de fruits. La première occupation des hôtes, et surtout des malades, n'était pourtant pas de manger, mais de remplir leurs obligations religieuses. Nous en avons un bon exemple à l'hôpital du Roi : les lits étaient placés dans les bas-côtés de l'église pour que les pèlerins puissent se reposer tout en assistant aux offices liturgiques. D'après les témoignages de l'époque, cet hôpital aurait été l'un des meilleurs établissements, non seulement du chemin de Saint-Jacques, mais de toute la chrétienté. Voici l'éloge qu'en fait le chroniqueur Jiménez de Rada : « Il ne manque jamais de lits pour tous ceux qui veulent y passer la nuit, des femmes et des hommes miséricordieux s'occupent des malades jusqu'à leur mort ou jusqu'à ce qu'ils recouvrent la santé, en sorte que l'on peut y contempler dans un miroir toutes les œuvres de miséricorde. »

Les sources de financement pour l'entretien régulier de ces établissements étaient liées aux rentes du patrimoine des commanderies auxquelles ils appartenaient. Un document de 1211 relatif à l'hôpital santiaguiste de Santa María de las Tiendas, par lequel le prieur d'Uclés détermine les revenus que doit verser la commanderie, nous permet de nous faire une idée du potentiel économique de l'établissement : « […] que soit remise au prieur la dixième partie de tout fruit de tout champ de culture et de toutes les rentes, moulins, bétail, fromage et beurre, troupeaux de brebis, laines, ainsi que des agneaux, moutons et bœufs et de leurs petits, des canards et des poules ». Il faut ajouter à cette liste les bénéfices tirés de l'élevage des porcs, lesquels servaient à payer les revenus du commandeur de l'hôpital. Le prieur décrète ensuite que le quart des bénéfices de la commanderie soit destiné aux pauvres du Christ et qu'on donne le nécessaire aux pèlerins de toutes provenances. Au XVe siècle, les recettes du puissant hôpital du Roi de l'ordre de Calatrava

dépassaient 1,5 million de maravédis, somme à laquelle venaient s'ajouter 7 000 fanègues de grain et 300 de sel, ainsi que du bétail, dont plus de 4 000 têtes rien que pour les ovins.

En plus de ces revenus, les donations et les legs testamentaires, provenant tant de particuliers que de l'Église et de la royauté, constituaient des sources de financement non moins importantes. Les bénéficiaires sont parfois directement les hôpitaux, qui se voient octroyer des privilèges comportant un quelconque avantage économique. Concernant les dons faits par les particuliers, on en trouve de nombreux exemples dans les documents : en 1156, l'ordre de Saint-Jean recevait une hôtellerie fondée par doña Eldonza et sa sœur dans le village castillan d'Almaraz de la Mota ; il est demandé dans l'acte de donation que l'hôtellerie conti-

nue à être consacrée au service des pauvres. Dans d'autres cas, il s'agissait de moyens de production qui permettaient d'améliorer la situation économique. On peut citer la donation faite en 1198 par Pedro Fernández de Castro à l'infirmerie d'Uclés, qui consistait en une vigne à Guadalajara et tout ce qu'il possédait à Peñahora : « *illam parteem vinee quam habeo in Guadalfaiara et quamtum habeo in Penna fora* ». L'exemption d'impôts était un autre type de donation extrêmement intéressant. En 1206, Gonzalo Pérez, seigneur de Molina, exonérait des droits de péage les hôpitaux de Cuenca et Huélamo, les deux établissements que possédait l'ordre de Santiago dans le royaume de Castille.

Les exemples de mesures pontificales en faveur des hôpitaux des ordres militaires sont également

La peste noire fut l'épidémie la plus terrible du Moyen Âge. Apparue au milieu du XIVe siècle, elle se propagea à travers toute l'Europe et au-delà. Aucun remède n'était connu, on ne pouvait que fuir vite et rester loin le plus longtemps possible. Pour prendre soin des malades, on fonda de nouveaux hôpitaux, certains administrés par les ordres militaires. À gauche, enluminure représentant une messe et une danse macabre.

La brièveté de la vie et l'obsession de la mort, à laquelle il fallait se préparer, ont profondément marqué la société médiévale.

très fréquents. Ainsi, en 1258, Alexandre IV demandait aux évêques d'aider les Santiaguistes à collecter des aumônes destinées aux activités hospitalières.

Les rois se sont eux aussi montrés généreux dans leurs contributions à l'entretien des hôpitaux. Un exemple significatif est offert par la reine Éléonore, épouse de Pierre IV d'Aragon, qui octroya une somme de 70 000 sous pour la fondation à Sigena d'un hôpital rattaché à l'ordre

de Saint-Jean ; les travaux débutèrent en 1357. Outre cette dotation, la reine affecta trois prêtres, qui seront six quelques années plus tard, au service de l'hôpital. L'ordre de Calatrava bénéficia aussi des donations royales ; son hôpital de Guadalerza, dans le royaume de Castille, reçut des vignes et d'autres domaines qui appartenaient au roi Alphonse IX, et celui de Vallota, dans la Rioja, obtint d'Alphonse VIII la ville de Hormilla, sur le chemin de Saint-Jacques.

En haut :
À gauche, encensoir en argent orné de la
croix de l'ordre de Calatrava (XVIIIᵉ siècle).
Madrid, Musée archéologique national.

En 1254, le roi Alphonse X concéda
un privilège à l'école de médecine
du studium generale de Salamanque pour
institutionnaliser le savoir, la pratique et
la diffusion des sciences médicales dans
tous ses royaumes. Dans certains cours,
les étudiants s'exerçaient en disséquant des
yeux, des cœurs, etc. À droite, instruments
chirurgicaux en bronze (XIᵉ siècle).
Madrid, Musée archéologique national.

L'auscultation, la saignée
et les potions étaient
les méthodes de diagnostic
et de soin traditionnellement
utilisées par les médecins
du Moyen Âge.
Ci-dessus, l'infirmerie
de l'ordre de l'Hôpital,
à La Valette (Malte).

Dague de miséricorde ornée de la croix de l'ordre de Santiago. Madrid, Musée archéologique national.

« Une innombrable quantité de flèches, sorties des carquois des arcs, volent dans les airs et envoyées dans une direction incertaine viennent blesser d'un tir certain les chrétiens » (Chronique latine des rois de Castille). *Ce carquois, utilisé par les troupes musulmanes, est probablement d'époque nasride. Madrid, Musée archéologique national.*

Le soin des malades dans le Codex Granatensis, manuscrit rédigé par un moine belge au XIIIᵉ siècle et magnifiquement illustré par un maître allemand avec des caractères gothiques et des enluminures vers 1425. Grenade, Bibliothèque universitaire (ancien hôpital royal).

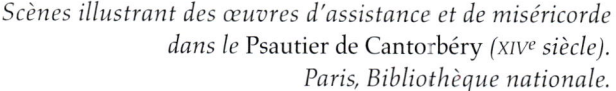

Scènes illustrant des œuvres d'assistance et de miséricorde dans le Psautier de Cantorbéry (XIVᵉ siècle). Paris, Bibliothèque nationale.

*Les activités d'assistance des ordres
militaires étaient essentiellement
de trois types : soigner les blessés
de guerre, prendre soin des frères
de l'ordre malades ou âgés et,
la dernière et la plus importante,
secourir les pauvres et les indigents.
Ci-dessus, le couvent Saint-Benoît
à Alcántara (Cáceres).*

*Le monastère Saint-Jacques
abritait une des plus anciennes
infirmeries de l'ordre de Santiago.
Ci-dessus, vue sur la façade
occidentale du monastère
Saint-Jacques à Uclés (Cuenca).*

« Si tu es mort pour le monde, tu vivras de nouveau en Dieu. » Après leur avoir fourni des vêtements distinctifs et une crécelle pour signaler leur présence, on mettait les lépreux à l'écart en prononçant cette phrase. L'ordre de Saint-Lazare avait pour maître un malade atteint du « mal de saint Ladre », nom populaire de saint Lazare. Ci-dessus, représentation d'un lépreux dans le De proprietatibus rerum de Barthélemy l'Anglais (manuscrit du XVe siècle). Paris, Bibliothèque nationale de France.

Page de droite :
La fortification de la cité de Rhodes est associée à la figure du maître de l'Hôpital, Pierre d'Aubusson (1423-1503), qui entreprit des travaux pour réparer les murailles et renforcer le système défensif. Ici, le maître lors d'une visite sur le chantier (manuscrit du XVe siècle). Paris, Bibliothèque nationale de France.

Double page suivante :
L'un des premiers nobles qui répondit à l'appel du pape Urbain II fut Godefroi de Bouillon, descendant direct de l'empereur Charlemagne. Ici, couronnement de Godefroi de Bouillon, élu souverain de Jérusalem après la première croisade. Chroniques des croisades (manuscrit du XVe siècle). Vienne, Bibliothèque nationale.

Cy senfieuent
ceuly qui
conquirent
le pays de
surie et de Jherusalem sicõ
me vous pouez voir les
noms des grans seigneۜ
par figurez en partie, et
les villes et citez quilz cõ
quirent figurees.

N aprez pouez
veoir cõment
godefroy de
bullon fu fait
roy de Jherusalem et ne
voult oncques porter
couronne et cõment
dambert archeuesque
de pise fu fait patriarche
de Jherusalem.

Et puis se
lon lordre de
larbre trou
uerez tous
les roys crestiens qui
regnerent en Jherusalem
apres godesfroy de billon
par lespace de quatre
vingtz z huit ans ou
enuiron. ∞ ∞ ∞ ~

Item Com
ment toute
la sainte
terre doultre
mer fu perdue et les
crestiens tous octis et
en quel an christian roy
regna en Jherusalem
et ou royaume de su
rie. ~

Double page précédente :
*Scène de combats
entre musulmans et chrétiens.
Peinture du porche de l'église
du château d'Alcañiz (Teruel),
possession de l'ordre de Calatrava
(XIIIe siècle).*

*Les combattants des ordres
militaires prirent part à la bataille
de Las Navas de Tolosa (1212) sous
le commandement de leurs maîtres.
La bataille se solda par un grand
nombre de morts, blessés
et prisonniers, principalement
parmi les forces musulmanes.
Détail des combats sur une fresque
de l'église du monastère
de Las Huelgas (Burgos).*

Les batailles rangées, quoique peu fréquentes, étaient extrêmement meurtrières et exigeaient l'intervention de médecins et chirurgiens pour soigner les blessés. Les ordres militaires participaient plus souvent aux chevauchées, des expéditions courtes destinées à causer des dommages et à capturer des prisonniers. Ci-dessus, une scène de la conquête d'Antioche par les croisés. Manuscrit médiéval. Paris, bibliothèque de l'Arsenal.

INFIRMIS SERVIRE
FIRMISSIMVM REGNARE.

LES ORDRES MILITAIRES
APRÈS LE MOYEN ÂGE

À partir du XVIe siècle, les ordres militaires commencent à abandonner leur caractère religieux et militaire, à l'exception peut-être des Hospitaliers, qui ont joué un rôle majeur pour contenir la progression turque en Méditerranée. Après leur départ de Rhodes à l'issue du siège de cinq mois conduit par Soliman le Magnifique, les Hospitaliers s'installèrent sur l'île de Malte, cédée par Charles Quint en 1530 avec les îles de Gozo et Comino. Ils développèrent une importante activité militaire, économique et commerciale, et la capitale de Malte prit le nom de Jean Parisot de La Valette, grand-maître de l'ordre de 1557 à 1568. Deux de ses successeurs, les Majorquins Raphaël (1660-1663) et Nicolas Cotoner (1663-1680), firent construire la grande muraille surnommée la Cotonera. Après la conquête de l'île de Malte par Napoléon en 1798, puis par les Anglais deux ans plus tard, l'ordre établit définitivement son siège à Rome en 1834, mais sans renoncer à sa souveraineté. Il continue à l'heure actuelle à accomplir sa mission hospitalière et charitable.

Les autres ordres ont connu un avenir moins brillant. Dès le XVe siècle, les Teutoniques furent dépossédés d'une bonne partie de leurs domaines et de leur pouvoir, avant d'être circonscrits à l'Autriche au XIXe siècle, où l'ordre a fixé son siège à Vienne et se consacre à des œuvres hospitalières et d'assistance. Depuis 1929, il porte le nom de *Deutsche Orden* et n'est plus qu'un ordre religieux mendiant.

En Espagne, les Rois Catholiques rattachèrent à la fin du XVe siècle les ordres hispaniques à la couronne et créèrent un conseil royal des ordres militaires. L'annexion définitive n'aura lieu qu'en 1523, lorsque le pape Adrien VI attribue l'administration perpétuelle des ordres à la monarchie. Le conseil réunira tous les ordres à partir de 1566, sauf Montesa, qui ne sera annexé à la couronne qu'en 1593. On assiste ainsi à une uniformisation complète des ordres, qui perdent leurs caractères spécifiques et leur singularité. Cette évolution fut ratifiée en 1540 par une bulle de Paul III qui « adoucit » les vœux de pauvreté et de chasteté, en autorisant les membres des ordres à abandonner le célibat et la vie conventuelle après l'obtention d'une dispense pontificale. Les ordres, dont la structure politique et administrative se plie désormais aux impératifs de la monarchie, vont devenir des institutions honorifiques. Il est intéressant de noter qu'au XVIIe siècle, les candidats qui souhaitent prendre l'habit de chevalier doivent fournir des preuves de noblesse et de pureté de sang particulièrement exigeantes. L'aristocratie tentait de freiner l'ascension sociale d'une bourgeoisie en quête d'anoblissement ; elle voulait pour tout dire endiguer une dynamique sociale qui était en train de miner le système de l'Ancien Régime. À l'évidence, on avait oublié le rôle traditionnel des ordres militaires, à savoir l'exercice de la chevalerie pour la défense de la religion catholique, et d'ailleurs la chevalerie était déjà en déclin dans le nouvel art de la guerre, comme l'observait Alonso de Palencia dans son traité d'art militaire de 1459. Au milieu du XVIIe siècle, la monarchie lança un appel aux ordres militaires ; les résultats furent décevants, malgré la constitution, en 1639, de la « Junta de la Milicia de Órdenes », chargée de former une compagnie de chevaliers des ordres de Santiago, Calatrava, Montesa et Alcántara pour servir sur les « frontières de l'Espagne ». Et pourtant,

beaucoup de hauts dignitaires de l'État appartenaient à ces institutions, en particulier ceux qui assumèrent d'importantes responsabilités dans le Nouveau Monde, territoire qui offrait aux ordres militaires leur dernière raison d'être. Nous pouvons citer Francisco de Bobadilla, commandeur de Calatrava, qui succéda à Christophe Colomb dans le gouvernement et l'administration des terres nouvellement découvertes, ou encore Nicolás de Ovando, frère d'Alcántara et commandeur de Lares, qui devint à son tour gouverneur des Indes occidentales en 1501.

La disparition de l'Ancien Régime et, surtout, les sécularisations entreprises en Espagne et au Portugal vont liquider le patrimoine des ordres militaires, mettant un point final à l'histoire officielle des milices médiévales. En 1809, Joseph Bonaparte supprimait les ordres et confisquait leurs biens. Les Cortes de Cadix de 1812 les restaurèrent, mais les dispositions promulguées, comme la création d'un « tribunal » spécial qui remplaçait l'ancien conseil des ordres, et d'autres mesures décrétées en 1820 et 1836 visant à supprimer les juridictions seigneuriales, ont complètement effacé la présence officielle des ordres militaires sur le sol ibérique et sérieusement affecté leur fonctionnement.

Ils sont aujourd'hui reconnus comme ordres de mérite au Portugal, tandis qu'en Espagne le conseil des ordres a été restauré. Ce conseil est présidé par un membre de la famille royale ; depuis la mort de don Juan de Bourbon, son président est don Carlos de Bourbon des Deux-Siciles et Bourbon-Parme, actuel duc de Calabre.

La conquête de Malte par Napoléon en 1798, puis par les Anglais deux ans plus tard, obligea l'ordre de Malte à quitter l'île et à transférer son siège à Rome en 1834. Ci-dessus, maîtres de l'ordre sur une gravure du XIXe siècle.

BIBLIOGRAPHIE

BIBLIOGRAPHIE

LES ORDRES SECONDAIRES DE CHEVALERIE
EN PALESTINE ET L'ORDRE CANONIAL
DU SAINT-SÉPULCRE

AYALA MARTÍNEZ, Carlos de : *Las órdenes militares hispánicas en la Edad Media, siglos XII-XV*, Madrid, 2003.

BARBER, Malcolm : « The Order of St. Lazarus and the Crusades », in *The Catholic Historical Review*, 80, 1994, pp. 439-456.

BLÁQUEZ JIMÉNEZ, Ángel : « Bosquejo histórico de la Orden de Monte Gaudio », in *Boletín de la Real Academia de Historia*, 71, 1917, pp. 138-172.

BRESC-BAUTIER, Geneviève : « Bulles d'Urbain IV en faveur de l'ordre du Saint-Sépulcre (1261-1264) », in *Mélanges de l'École française de Rome*, 85, 1973, pp. 283-310.

Cartulaire du chapitre du Saint-Sépulcre de Jérusalem, Le, Geneviève Bresc-Bautier (dir.) (Documents relatifs à l'histoire des croisades, 15), Paris, 1984.

CRAMER, Valmar : *Der Ritterorden vom Hl. Grabe von den Kreuzzügen bis zur Gegenwart. Ein geschichtlicher Abriß*, Cologne, 1952 (ND 1983).

DEMURGER, Alain : *Chevaliers du Christ. Les ordres religieux-militaires au Moyen Âge, XIe-XVIe siècle*, Paris, 2002.

DICHTER, Bernard : *The Orders and Churches of Crusader Acre*, Acre, 1979.

DONDI, Christina : *The Liturgy of the Canons Regular of the Holy Sepulchre of Jerusalem : A Study and a Catalogue of the Manuscript Sources* (Bibliotheca Victorina, 16), Turnhout, 2003.

ELM, Kaspar : « Fratres et Sorores Sanctissimi Sepulcri. Beiträge zu "fraternitas", "familia" und weiblichem Religiosentum im Umkreis des Kapitels vom Hl. Grab »,
in *Frühmittelalterliche Studien*, 9, 1975, pp. 287-333.

— « Die Spiritualität der geistlichen Ritterorden. Forschungsstand und Forschungsprobleme », in *Militia Christi e Crociata nei secoli XI-XIII. Atti della undecima Settimana internazionale di studio Mendola, 28 agosto-1 settembre 1989* (Miscellanea del centro di studi medieovali, 13), Milan, 1992, pp. 477-518.

— *Umbilicus mundi Beiträge zur Geschichte Jerusalems, der Kreuzzüge, des Kapitels vom Hlg. Grab in Jerusalem und der Ritterorden* (Instrumenta canonissarum regularium Sancti Sepulcri, 7), Sint-Kruis, 1998.

FOREY, Alan : « The Order of Mountjoy », in *Speculum*, 46, 1971, pp. 250-266.

— « The military order of St Thomas of Acre », in *English Historical Review*, 92, 1977, pp. 481-503.

— *The military orders : from the twelfth to the early fourteenth centuries*, Basingstoke et autres, 1992.

GENNES, Jean-Pierre de : *Les chevaliers du Saint-Sépulcre de Jérusalem. Essai critique 1 : Origines et histoire générale de l'ordre*, Paris, 1995.

— *Insignes et décorations de l'ordre équestre du Saint-Sépulcre de Jérusalem, des origines à nos jours*, Versailles, 2002.

HIESTAND, Rudolf : *Vorarbeiten zum Oriens pontificius 1 : Papsturkunden für Templer und Johanniter* (Abhandlungen der Akademie der Wissenschaften in Göttingen, Phil.-hist. Kl. III/77), Göttingen, 1972.

— *Vorarbeiten zum Oriens pontificius 2 : Papsturkunden für Templer und Johanniter* (Abhandlungen der Akademie der Wissenschaften in Göttingen, Phil.-hist. Kl. III/135), Göttingen, 1983.
— *Vorarbeiten zum Oriens pontificius 3 : Papsturkunden für Kirchen im Heiligen Lande* (Abhandlungen der Akademie der Wissenschaften in Göttingen, Phil.-hist. Kl. III/137), Göttingen, 1985.

— « Der lateinische Klerus der Kreuzfahrerstaaten : geographische Herkunft und politische Rolle », in *Die Kreuzfahrerstaaten als multikulturelle Gesellschaft*, Hans Eberhard Mayer (dir.) (Schriften des Historischen Kollegs, Kolloquium 37), Munich, 1997, pp. 43-68.

— « Bernhard von Clairvaux, Norbert von Xanten und der lateinische Osten », in *Vita religiosa im Mittelalter. Festschrift für Kaspar Elm zum 70. Geburtstag*, Franz J. Felten et Nikolas Jaspert (dir.) (Berliner Historische Studien 31 = Ordensstudien 13), Berlin, 1999, pp. 301-320.

JANKRIFT, Kay Peter : *Leprose als Streiter Gottes : Institutionalisierung und Organisation des Ordens vom Heiligen Lazarus zu Jerusalem von seinen Anfängen bis zum Jahre 1350* (Vita regularis, 4), Münster, 1996.

JASPERT, Nikolas : « Die Ritterorden und der Orden vom Heiligen Grab auf der Iberischen Halbinsel », in *Militia Sancti Sepulcri. Idea e istituzioni. Atti del colloquio internazionale tenuto presso la Pontificia Università del Laterano, 10-12 aprile 1996*, Kaspar Elm et Cosimo Damiano Fonseca (dir.), Le Vatican, 1998, pp. 381-410.

— *Die Kreuzzüge*, Darmstadt, 2003.

MARCOMBE, David : *Leper Knights : The Order of St Lazarus of Jerusalem in England, c. 1150-1544*, New York/Suffolk, 2003.

MARSY, comte Eduard A. de : « Fragment d'un cartulaire de l'ordre de St. Lazare en Terre sainte », in *Archives de l'Orient latin*, 2, 1884, pp. 121-157.

MAYER, Hans Eberhard : *Bistümer, Klöster und Stifte im Königreich Jerusalem* (Schriften der Monumenta Germaniae Historica, 26), Stuttgart, 1977.

– *Das Siegelwesen in den Kreuzfahrerstaaten* (Bayerische Akademie der Wissenschaften. Phil.-hist. Klasse, Abhandlungen N.F. 83), Munich, 1978.

– *Geschichte der Kreuzzüge* (Urban-Taschenbücher, 86), Stuttgart, 2000.

– « Das Turiner Lazariter-Chartular », in *Quellen und Forschungen aus italienischen Archiven und Bibliotheken*, 82, 2002, pp. 663-676.

Militia Sancti Sepulcri. Idea e istituzioni. Atti del colloquio internazionale tenuto presso la Pontificia Università del Laterano, 10-12 aprile 1996, Kaspar Elm et Cosimo Damiano Fonseca (dir.), Le Vatican, 1998.

MOREL, P. Gall : « Die ältesten Statuten für die Lazaritenklöster Seedorf, im Gfenn und in Slatte », in *Der Geschichtsfreund. Mittheilungen des historischen Vereins der fünf Orte Lucern, Uri, Schwyz, Unterwalden und Zug*, 4, 1856, pp. 119-158.

SÁNCHEZ PAGÍN, José M. : « El conde don Rodrigo Álvarez de Sarria, fundador de la orden militar de Monte Gaudio », in *Compostellanum*, 28, 1983, pp. 273-298.

SAUER, Elisabeth : *Der Lazariter-Orden und das Statutenbuch von Seedorf*, Fribourg, 1930.

SCHWENK, Bernd : *Calatrava. Entstehung und Frühgeschichte eines spanischen Ritterordens zisterziensischer Observanz im 12. Jahrhundert* (Spanische Forschungen der Goerresgesellschaft, 2. Reihe, 28), Münster, 1992.

TOUATI, François-Olivier : « Entre Orient et Occident : les archives de Saint-Lazare de Jérusalem au Moyen Âge », in *La présence latine en Orient au moyen âge*, Ghislain Brunel (dir.), Paris, 2000, pp. 4-129.

VINCENT, Nicholas : *Peter des Roches : an alien in English politics, 1205-1238*, Cambridge, 1996.

LES ORDRES MILITAIRES HISPANIQUES
AU MOYEN ÂGE

AYALA MARTÍNEZ, Carlos de : *Las órdenes militares en la Edad Media*, Madrid, 1998.

–, *Las órdenes militares hispánicas en la Edad Media (siglos XII-XV)*, Madrid, 2003.

CORRAL VAL, Luis : *Los monjes soldados de la Orden de Alcántara en la Edad Media. Su organización institucional y vida religiosa*, Madrid, 1999.

DEMURGER, Alain : *Chevaliers du Christ. Les ordres religieux-militaires au Moyen Âge, XIe-XVIe siècle*, Paris, 2002.

FOREY, Alain J. : *The Military Orders from the Twelfth to the Early Fourteenth Centuries*, Londres, 1992.

GARCÍA-GUIJARRO RAMOS, Luis : *Datos para el estudio de la renta feudal maestral de la Orden de Montesa en el siglo XV*, Valence, 1978.

GUINOT RODRÍGUEZ, Enric : *Feudalismo en expansión en el norte valenciano. Antecedentes y desarrollo del señorío de la Orden de Montesa. Siglos XIII y XIV*, Castellón, 1986.

IZQUIERDO, R. ET RUIZ F.(dir.) : *Las Órdenes Militares en la Península Ibérica, I. Edad Media*, Cuenca, 2000.

JOSSERAND, Philippe : *Église et pouvoir dans la péninsule Ibérique : les ordres militaires dans le Royaume de Castille (1252-1369)*, 3 vol., thèse de doctorat, université de Nantes, 2000 ; publiée en microfiche, Lille, 2001.

LALIENA CORBERA, Carlos : *Sistema social, estructura agraria y organización del poder en el Bajo Aragón en la Edad Media (siglos XII-XV)*, Teruel, 1987.

LOMAX, D. W. : *La Orden de Santiago (1170-1275)*, Madrid, 1965.

MARTÍN RODRÍGUEZ, José Luis : *Orígenes de la Orden militar de Santiago (1170-1195)*, Barcelone, 1974.

MARTÍNEZ DÍEZ, Gonzalo : *La cruz y la espada. Vida cotidiana de las órdenes militares españolas*, Barcelone, 2002.

MATELLANES MERCHÁN, José Vicente : *Organización social y económica de la Orden de Santiago en la Transierra castellano-leonesa. Siglos XII-XIII*, université autonome de Madrid, 1998 (édition numérique sur le site http// www.uam.es/medieval).

NOVOA PORTELA, Feliciano : *La Orden de Alcántara y Extremadura (siglos XII-XIV)*, Mérida, 2000.

O'CALLAGHAN, Joseph F. : *The Spanish Military Order of Calatrava and its Affiliates*, Londres, 1975.

Órdenes Militares en el Mediterráneo Occidental (Las). Siglos XII-XVIII, Casa de Velázquez-Instituto de Estudios Manchegos, Madrid, 1989.

Órdenes Militares en la Península durante la Edad Media (Las). Actas del Congreso internacional hispano-portugués, Madrid-Barcelone, 1981.

PORRAS ARBOLEDAS, Pedro Andrés : *La Orden de Santiago en el siglo XV. La Provincia de Castilla*, Madrid, 1997.

RIVERA GARRETAS, Milagros : *La encomienda, el priorato y la villa de Uclés en la Edad Media (1174-1310). Formación de un señorío de la Orden de Santiago*, Madrid-Barcelone, 1985.

RODRÍGUEZ BLANCO, Daniel : *La Orden de Santiago en Extremadura (siglos XIV y XV)*, Badajoz, 1985.

RODRÍGUEZ LLOPIS, Miguel : *Señoríos y feudalismo en el Reino de Murcia. Los dominios de la Orden de Santiago entre 1440 y 1515*, Murcie, 1987.

RODRÍGUEZ-PICAVEA MATILLA, Enrique : *Las órdenes militares y la frontera : la contribución de las órdenes a la delimitación de la jurisdicción territorial de Castilla en el siglo XII*, Madrid, 1994.

– *La formación del feudalismo en la meseta meridional castellana. Los señoríos de la Orden de Calatrava en los siglos XII-XIII*, Madrid, 1994.

RUIZ GÓMEZ, Francisco : *Los orígenes de las órdenes militares y la repoblación de los territorios de La Mancha (1150-1250)*, Madrid, 2003.

SÁINZ DE LA MAZA LASOLI, Regina : *La Orden de Santiago en la Corona de Aragón*, 2 vol., Saragosse, 1980-1988.

– *La Orden de San Jorge de Alfama. Aproximación a su historia*, Barcelone, 1990.

SOLANO RUIZ, Emma : *La Orden de Calatrava en el siglo XV. Los señoríos castellanos de la orden al fin de la Edad Media*, université de Séville, 1978.

BILANS HISTORIOGRAPHIQUES
(AVEC RÉPERTOIRES BIBLIOGRAPHIQUES COMPLETS)

AYALA MARTÍNEZ, Carlos de : « Las órdenes militares hispánicas en la Edad Media. Aproximación bibliográfica », in Fr. Javier Campos, (dir.) : *Estudios sobre las Órdenes Militares. Lux Hispaniarum*, Madrid, 1999, pp. 425-457.

- et Barquero Goñi, Carlos : « Historiografía hispánica y órdenes militares en la Edad Media, 1993-2003 », in *Medievalismo*, 12, 2002, pp. 101-161.
- *et al.* : « Las Órdenes Militares en la Edad Media Peninsular. Historiografía, 1976-1992 », in *Medievalismo*, 2, 1992, pp. 119-169, et 3, 1993, pp. 87-144.
- Josserand, Ph. : « L'historiographie des ordres militaires dans les royaumes de Castille et de León. Bilan et perspectives de la recherche en histoire médiévale », in *Atalaya. Revue française d'études médiévales hispaniques,* n° 9, 1998, pp. 5-44.
- Ladero Quesada, Miguel Ángel : « La investigación sobre Órdenes Militares en la Edad Media hispánica durante los últimos decenios : Corona de Castilla y León », in R. Izquierdo et F. Ruiz (dir.). : *Las Órdenes militares en la Península Ibérica, I. Edad Media,* Cuenca, 2000, pp. 9-31.
- Lomax, D. W. : *Las Órdenes Militares en la Península durante la Edad Media*, Salamanque, 1976.

Les ordres militaires
au royaume du Portugal

- Ayala Martínez, Carlos de : *Las Órdenes Militares Hispánicas en la Edad Media (siglos XII-XV)*, Marsial Pons Historia – Latorre Literaria, Madrid, 2003.
- Barroca, Mário Jorge : « A Ordem do Templo e a Arquitectura Militar Portuguesa do Séc. XII », in *Portugália*, nouvelle série, vol. XVII-XVIII, Porto, 1997, pp. 171-209.
- « Os Castelos das Ordens Militares em Portugal (sécs. XII a XIV) », in *Actas do Simpósio Internacional sobre Castelos. Mil Anos de Fortificações na Península Ibérica e no Magreb (500-1500)*, Edições Colibri/Câmara Municipal de Palmela, Lisbonne, 2002, pp. 535-548.
- Cocheril, Maur : « Les ordres militaires cisterciens au Portugal », in *Bulletin des études portugaises et de l'Institut français au Portugal*, nos 28-29, 1967-1968, pp. 11-71.
- Cunha, Maria Cristina : *A Ordem Militar de Avis (Das origens a 1329)*, mémoire de recherche présenté à la faculté des lettres de l'université de Porto, 1989.

- Ferreira Fernandes, Isabel Cristina (coord.) : *Ordens Militares. Guerra, Religião, Poder e Cultura*. Actes de la 3e Rencontre sur les ordres militaires, Edições Colibri – Câmara Municipal de Palmela, Lisbonne, 1999.
- *O Castelo de Palmela. Do islâmico ao cristão*. Edições Colibri – Câmara Municipal de Palmela, Lisbonne, 2004.
- (coord.) : *As Ordens Militares e as Ordens de Cavalaria na Construção do Mundo Ocidental*. Actes de la 4e Rencontre sur les ordres militaires, Edições Colibri – Câmara Municipal de Palmela, Lisbonne, 2005.
- Ferreira Fernandes, Isabel Cristina et Pacheco, Paulo (coord.) : *As Ordens Militares em Portugal e no Sul da Europa*. Actes de la 2e Rencontre sur les ordres militaires. Edições Colibri – Câmara Municipal de Palmela, Lisbonne, 1997.
- Ferreira Mata, Joel : *A Comunidade Feminina da Ordem de Santiago : A comenda de Santos na Idade Média*, mémoire de recherche présenté à la faculté des lettres de l'université de Porto, 1991.
- Fonseca, Luís Adão da : *O Condestável D. Pedro de Portugal*, INIC, Porto, 1982.
- « Ordens Militares » in *Dicionário de História Religiosa de Portugal*, Círculo de Leitores, Lisbonne, 2001, pp. 334-345.
- Gomes Pimenta, Maria Cristina : « A Ordem Militar de Avis », in *Militarium Ordinum Analecta*, n° 1, Porto, 1997, pp. 127-242.
- *As Ordens de Avis e de Santiago na Baixa Idade Média. O Governo de D. Jorge*, Câmara Municipal de Palmela, Palmela, 2002.
- Lago Barbosa, Isabel : « A Ordem de Santiago em Portugal nos finais da Idade Média », in *Militarium Ordinum Analecta*, n° 2, Porto, 1998, pp. 93-288.
- Lomax, Derek W. : *Las Órdenes Militares en la Península Ibérica Durante la Edad Media*, tiré à part du *Repertorio de Historia de Las Ciencias Eclesiásticas en España*, Salamanque, 1976.
- Morgado Silva, Isabel : « A Ordem de Cristo durante o Mestrado de D. Lopo Dias de Sousa (1373?-1417) », in *Militarium Ordinum Analecta*, n.º 1, Porto, 1997, pp. 5-126.
- « A Ordem de Cristo (1417-1521) », in *Militarium Ordinum Analecta*, n° 6, Porto, 2002, pp. 5-503.

- Oliveira, Luís Filipe : « O mosteiro de Santos, as freiras de Santiago e o culto dos Mártires », in *A Cidade e o Campo. Estudos de Homenagem à Professora Iria Gonçalves* (sous presse).
- Différentes entrées sur les ordres militaires et leurs couvents in *Guia Histórico das Ordens Religiosas Portuguesas*, Lisbonne, 2005.
- Pacheco, Paulo ; Antunes, Luís P. (coord.) : *As Ordens Militares em Portugal*. Actes de la 1ere Rencontre sur les ordres militaires, Câmara Municipal de Palmela, Palmela, 1991.
- Pestana de Vasconcelos, António : « A Ordem Militar de Cristo na Baixa Idade Média. Espiritualidade, Normativa e Prática », in *Militarium Ordinum Analecta*, Porto, n° 2, 1998, pp. 5-92.
- Pinto de Azevedo, Ruy : « Algumas achegas para o estudo das origens da Ordem de S. João do Hospital de Jerusalém, depois chamada de Malta, em Portugal », in *Revista Portuguesa de História*, n° 4, Coimbra, 1949, pp. 317-327.
- *Primórdios da Ordem Militar de Évora*, tiré à part du *Boletim Cultural da Junta Distrital de Évora*, Évora, 1969.
- Pinto Costa, Paula : *A Ordem Militar do Hospital em Portugal (Séculos XII-XIV)*, mémoire de recherche présenté à la faculté des lettres de l'université de Porto, 1993.
- « A Ordem Militar do Hospital em Portugal : dos Finais da Idade Média à Modernidade », in *Militarium Ordinum Analecta*, n° 3-4, Porto, 2000, pp. 6-592.
- Sousa Cunha, Mário R. : *A Ordem Militar de Santiago (Das origens a 1327)*, mémoire de recherche présenté à la faculté des lettres de l'université de Porto, 1991.
- Valente, José M. : *Soldiers and Settlers : The Knights Templar in Portugal, 1128-1319*, thèse de doctorat présentée à l'université de Californie, Santa Barbara, 2002.
- Vieira da Silva, J. C. : « A Capela dos Mestres em Alcácer do Sal », in *Estudos de Arte e História. Homenagem a Artur Nobre de Gusmão*, Lisbonne, 1995, pp. 234-235.
- « A igreja de Santiago da Espada de Palmela », in *O fascínio do Fim. Viagens pelo final da Idade Média*, Lisbonne, 1997, pp. 61-74.

WITTE, Charles M. de : *Les Bulles Pontificales et L'Expansion Portugaise au xvᵉ siècle*, tiré à part de la *Revue d'Histoire Ecclésiastique*, Lovaina, 1958.

L'ORDRE DE SAINTE-MARIE DES TEUTONIQUES

TRAVAUX GÉNÉRAUX

BOGDAN, H. : *Les chevaliers teutoniques*, Paris, 1995.

MASCHKE, E. : *Domus Hospitalis Theutonicorum. Europäische Verbindungslinien der Deutschordensgeschichte*, Bad Godesberg, 1970.

MILITZER, K. : *Von Akkon zur Marienburg. Verwaltung und Sozialstruktur des Deutschen Ordens, 1190-1309*, Marbourg, 1999.

TOOMASPOEG, K. : *Histoire des chevaliers teutoniques*, Paris, 2001.

TUMLER, M., et ARNOLD, U. : *Der Deutsche Orden von seinem Ursprung bis zur Gegenwart*, Bonn, 1975.

OUVRAGES PORTANT SUR LA MÉDITERRANÉE

FAVREAU, M. L. : *Studien zur Frühgeschichte des Deutschen Ordens*, Stuttgart, 1975.

FORSTREUTER, K. : *Der Deutsche Orden am Mittelmeer*, Bonn, 1967.

HOUBEN, H. (dir.) : *L'ordine teutonico nel Mediterráneo. Tai del convengo internazionale di studio de Torre Alemana (Cerignola) – Mesagne –Lecce*, Galatina, 2004.

HUBATSCH, W. : *Monfort und die Bildung des Deutschordensstaates im Heiligen Land*, Göttingen, 1966.

TOOMASPOEG, K. : *Les Teutoniques en Sicile (1197-1492)*, Rome, 2003.

OUVRAGES SE RAPPORTANT À LA BALTIQUE

BURLEIGH, M. : *Prussian Society and the German Order. An Aristocratic Corporation in Crisis, c. 1410-1466*, Cambridge, 1984.

CHRISTIANSEN, E. : *The Northern Crusades. The Baltic and the Catholic Frontier, 1100-1525*, Minneapolis, 1980.

KLUGER, H. : *Hochmeister Hermann von Salza und Kaiser Friedrich der Zweite*, Marbourg, 1987.

PARAVICINI, W. : *Die Prebenreisen des europäischen Adels*, Sigmaringen, 2 vol., 1989-1994.

SCHUMACHER, B. : *Geschichte Ost-und Westpreubens*, Würzbourg, 1959.

L'ŒUVRE D'ASSISTANCE DES ORDRES MILITAIRES

BARBER, M. : « The order of Saint Lazarus and the Crusades », in *Catholic Historical Review*, n° 80, 1994, pp. 439-456.

– « The Charitable and Medical Activities of the Hospitallers and Templars, Eleventh to Fifteenth Centuries », in G. R. Evans (dir.), *A History of Pastoral Care*, Londres-New York, 2000, pp. 148-168.

CIERBIDE MARTINENA, R. : *Estatutos antiguos de la Orden de San Juan de Jerusalén*, Pampelune, 1999.

DELAVILLE LE ROUX, J. : « Les Statuts de l'Ordre de l'Hôpital de Saint Jean de Jérusalem », in *Bibliothèque de l'École des chartes*, t. XLVIII, 1887, pp. 341-356.

FOREY, A. : « The Military Orders and the ramsoming of captives from Islam (twelfth to early fourteenth centuries) », in *Studia Monástica*, n° 33, 1991, pp. 259-279.

– *The Military Orders from the twelfth to the early fourteenth centuries*, Londres, 1992.

– *Military Orders and Crusades*, Hampshire-Brookfield, 1994.

– « The Military Order of St. Thomas of Acre » in *English Historical Review*, n° 92, 1977, pp. 481-503.

GARCÍA ET GARCÍA, A. : « La vida monástica-religiosa en el Concilio IV Lateranense », in *Antonianum*, n° 37, 1982, pp. 81-94.

LUTTRELL, A. : *The Hospitallers of Rhodes and their Mediterranean World*, Hampshire-Brookfield, 1992.

MADRID ET MEDINA, A. : « La hospitalidad en las órdenes militares españolas », in *Estudios sobre las órdenes miiitares. Lux Hispaniarum*, Madrid, 1999, pp. 237-261.

MARTÍNEZ GARCÍA, L. : « El albergue de los viajeros : del hospedaje monástico a la posada urbana », in *IV Semana de Estudios Medievales*, Nájera, 1994, pp. 71-87.

MATELLANES MERCHÁN, J. V., et RODRÍGUEZ-PICAVEA, E. : « Las órdenes militares en las etapas castellanas del Camino de Santiago », in H. Santiago-Otero (dir.), *El Camino de Santiago. La Hospitalidad monástica y las peregrinaciones*, Junta de Castilla y León, 1992, pp. 343-363.

MILLER, T. S. : « The knights of St. John and the hospitals of Latin West », in *Speculum*, t. LIII, 1978, pp. 709-733.

Crédits photographiques

Album/AKG Images : 37, 78, 79, 166, 167, 173, 175, 176, 177, 178, 179, 180, 181, 182, 188, 189, 212 en bas, 218, 219
Album/Erich Lessing : 183, 184, 186-187, 190-191, 192
Paul Almasy/CORBIS : 185
Archivi Alinari, Florence : 85
Archivo Iconográfico, S.A./CORBIS : 225
Archivo General de Indias, Séville : 164
Archivo Lunwerg : 115
Manel Armengol : 129
Neil Beer/CORBIS : 99 droite
Bettmann/CORBIS : 29, 90, 99 gauche, 193, 228
Bibliothèque Nationale, Lisbonne : 159 droite
Bibliothèque Nationale, Madrid : 202
Matías Briansó : 125, 131
Câmara Municipal de Palmela-Museo Municipal : 158, 160
Gregorio de la Cruz : 62, 68, 69
Isabel Cristina Ferreira : 147, 152, 154, 156, 157, 159 gauche
Mário Barroca : 153
Foto Opera Metropolitana Siena/Scala, Florence : 31
Foto Scala, Florence/HIP : 19, 32, 67
Foto Scala, Florence : 20-21, 34-35, 94, 97, 98, 143
Fototeca 9 x 12/Schmidt Reinhard : 174
Joan Fuguet Sans : 56
Gianni Dagli Orti/CORBIS : 36, 74, 81
Giraudon/The Bridgeman Art Library/Alinari : 136
Hulton-Deutch Collection/CORBIS : 55
Marc Llimargas : 133
Xurxo Lobato : 50, 120, 194, 201
Ramon Manent : 39
Luigi Marino : 45, 53, 61 en bas à droite
Oscar Masats : 141
Ramon Masats : 130
Mendrea Dinu, Radu y Sandu : 64
Gail Mooney/CORBIS : 65, 70
Domi Mora : 63, 112, 124, 126. 150, 203, 204, 205, 206-207, 208, 210, 214, 222-223
Luca Mozzati : 58-59, 61 en haut, en bas à gauche
Musée Archéologique National, Madrid : 23, 27, 38, 104, 111, 195, 200, 212 en haut, 213
Richard T. Nowitz/CORBIS : 47
Francisco Ontañón : 92, 93, 122, 123, 132, 135
Oronoz : 13, 16, 25, 26, 30, 40, 41, 42, 43, 91, 101, 105, 108, 109, 121, 127, 134, 137, 142, 145, 148, 165, 215, 216, 217, 220-221
José Pessoa/DDF/Instituto Portugues de Museus, Lisbonne : 161
Photo Zodiaque : 211
Prisma : 100, 107, 116, 119, 128, 146, 155, 197, 224
Basilio Rodella : 84, 198
José Antonio Silva : 149
The Bridgeman Art Library/Alinari : 12, 33, 72, 73, 77, 83, 86, 88, 89, 162-163, 226
The Bridgeman Art Library/Archives Charmet/Alinari : 24
The British Library, Londres : 96
The Pierpont Morgan Library, New York : 75